一流大学研究文库

大学·知识·政策

全球大学排名简史

Rankings and
the Reshaping of
Higher Education

世界一流的卓越竞赛与高等教育重塑

The Battle fo
World-Class Excellence
2nd Edition

（第二版）

【爱尔兰】埃伦·哈泽尔科恩 著
（Ellen Hazelkorn）

马春梅 陈 庆 译

上海交通大学出版社
SHANGHAI JIAO TONG UNIVERSITY PRESS

内容提要

本书对于来自世界各地的高等教育领导者、学生和主要决策者的观点，以及来自国际学术研究和国际毕业生研究团体数据库有关学生择校的最新数据进行纵向评估，反思排名对高等教育决策和主要利益相关者行动的重要性和意义。通过全球化与声誉竞赛，排名评价的内容，排名的影响——来自高等教育内部的观点，排名、学生择校和招生，排名和政策选择，重塑高等教育等六个章节深刻解读了世界大学在争夺一流过程中的得与失。

图书在版编目(CIP)数据

全球大学排名简史：世界一流的卓越竞赛与高等教
育重塑/(爱尔兰)埃伦·哈泽尔科恩
(Ellen Hazelkorn)著；马春梅，陈庆译. —上海：
上海交通大学出版社，2023.3
　　ISBN 978-7-313-28308-5

　　Ⅰ.①全… Ⅱ.①埃…②马…③陈… Ⅲ.①高等教
育-研究-世界 Ⅳ.①G649.1

　　中国国家版本馆 CIP 数据核字(2023)第 031261 号

上海市版权局著作权合同登记号：图字：09-2018-384

全球大学排名简史：世界一流的卓越竞赛与高等教育重塑
QUANQIU DAXUE PAIMING JIANSHI：SHIJIE YILIU DE ZHUOYUE JINGSAI YU
GAODENG JIAOYU CHONGSU

著　　者：[爱]埃伦·哈泽尔科恩		译　　者：马春梅　陈　庆	
出版发行：上海交通大学出版社		地　　址：上海市番禺路 951 号	
邮政编码：200030		电　　话：021-64071208	
印　　制：上海文浩科技包装有限公司		经　　销：全国新华书店	
开　　本：880mm×1230mm　1/32		印　　张：9.25	
字　　数：230 千字			
版　　次：2023 年 3 月第 1 版		印　　次：2023 年 3 月第 1 次印刷	
书　　号：ISBN 978-7-313-28308-5			
定　　价：78.00 元			

版权所有　侵权必究
告读者：如发现本书有印装质量问题请与印刷厂质量科联系
联系电话：021-57480129

第二版　序

新兴经济体国家的高等教育投入快速加大,欧洲正在失去其在全球知识和人才竞赛中的领跑者地位……在目前以研究为导向的全球大学排名中,欧洲的世界一流大学寥寥无几……近年来,这种状况没有得到实质性的改善。

——欧盟,2011

排名系统往往遭到大学管理层的公开反对,但由于排名系统已成定局,大多数大学都将排名表现纳入其战略中,并安排 1~2 名全职人员研究各种排名指标。

——一所丹麦大学的首席国际顾问,2014

排名的十年发展

在混沌理论(chaos theory)中,当某地的微小变化或发展导致他处的巨变时,就会出现蝴蝶效应(butterfly effect)。这个概念由爱德华·洛伦兹(Edward Lorenz)提出,其理论依据是飓风的形成取决于远处的蝴蝶是否在几周前扇动过翅膀。同样,没有人预料到上海交通大学的一个小型研究团队会在 2003 年研发出一份改变游戏规则的全球学术排名。作为对(学术)世界秩序的解读,他们发布的"世界大学学术排名"(Academic Ranking of World Universities,简称

ARWU 排名)以及紧随其后问世的"泰晤士高等教育—QS 世界大学排名"(Times Higher Education-QS World University Rankings,简称 THE-QS 排名)[①],一石激起千层浪,引发了对排名的讨论。

全球排名迅速吸引了决策者、学术界、媒体和其他利益相关者的关注。面对排名,世界各国反应不一,但对发达国家而言,全球排名立即成为衡量全球竞争力的明确标准,成为(经济)权力关系(再)分配的晴雨表,并及时反映不足之处(Montes & Popov, 2011, p. 119 - 147)。尽管关于排名方法适当性等方面的批评声不断,但全球排名被广泛认为是衡量质量的国际标准。

跻身"百强大学"(top 100)已经让国家和高等教育机构不加批判地将"世界一流"(world-class)变成了一种战略和愿景。事实上,"世界一流"除了成为学术研究的主题外,还几乎被应用于所有的目标(Sirat, 2013, p. 207)。它出现在同行评议和非同行评议的期刊论文、硕博论文、新闻评论、线上文章和网页以及会议、讲习班和研讨会之中,数量之巨以至无法一一追踪。截至 2014 年 7 月,"大学排名"(university ranking)一词在谷歌学术(Google Scholar)中的检索结果达 200 多万条,在谷歌(Google)中的检索结果超过了 2.5 亿条。

与此同时,人们对排名影响和国际比较的关注与日俱增。本书将通过展示大量证据来阐释排名如何持续推动高等教育系统和院校的深刻变革(见第一章)。面对全球化以及成为具有国际竞争力的知识密集型经济体的压力,我们很难厘清排名影响的特殊性。现代化、管理主义、职业化、市场化和问责制的力量共同冲击着高等教育,这些因素的共同作用使高等教育、研究及其投入在国家政治和政策议程上占据了重要地位。

发达国家普遍认为,全球排名对其全球高等教育和知识生产的

---

① 译者注:THE-QS 排名因 THE 与 QS 于 2010 年结束合作,二者独立发布其排名。详见第一章。

主导地位带来了明显挑战。相比之下,中等收入国家和发展中国家对排名的看法往往更为乐观。排名可以成为有用的问责工具,特别是在排名文化和实践尚不成熟的社会和高等教育机构中。排名也可以是"与世界顶级学术机构平等参与全球知识网络"的标志(Altbach & Salmi, 2011, p. 1),揭露"高等教育系统的腐败"(Okebukola, 2013, p. 150)或"帮助改善人类价值体系",成为人类进化的一部分(luo, 2013, p. 181)。一个国家出色的排名表现被认为是"比拥有大规模杀伤性武器更强大的国家资本"(Billal, 2011, p. 2),是一种"具有竞争力和影响力的工具"(俄罗斯联邦教育与科学部前部长Fursenko 转引自 Kishkovsky, 2012),或类似于"国足在国际联赛中的表现……将影响人们对国家整体形象的感知"(Chapman et al., 2014, p. 41)。

　　过去十年里发生的重要事件有助于理解排名的重要性和影响力。21 世纪的头几年,不受监管的金融资本所推动的长期经济增长走向尾声,在全球化的世界中,全球排名成为不可避免的事实。接下来几年则是大衰退(the Great Recession)所带来的挥之不去的影响。当经合组织(OECD)国家在奋力摆脱 60 年来最严重的经济下滑时,发展中国家 2012 年和 2013 年的 GDP 年均增长达到了 6%。最有能力扩大投资(尤其是在生物科学和技术领域)的国家将获得最大的收益,其中包括许多新兴的发展中国家。尽管欧盟希望通过"地平线 2020"计划(Horizon 2020)2014—2020 年间在科研与创新领域投入800 亿欧元,但巴西、俄罗斯、印度和中国似乎更有可能超过欧洲和日本并主导未来的研发增长,加之人力资本的可获得性和投入的增加,其投资规模最终将媲美美国(Hazelkorn, 2013b; Europa, 2008c)。在欧盟内部,一些国家的高等教育与研究经费累计减少超过 30%,而另一些国家则追加了新的投资或是进一步扩大了既有资助规模,二者之间差异明显(EUA, 2013; Hazelkorn et al., 2014c)。

由于高等教育现在已成为衡量国家和院校竞争力的晴雨表,全球排名显得格外重要。

我们对百强大学的过度关注忽略了高等教育的复杂性,同时也模糊了学术活动的地域变化。欧美国家的老牌大学仍然是主要的赢家,但若我们放眼顶尖大学之外的群体,就会发现高等教育和科学知识的日益多极化。即便是在美国和欧洲,情况也是如此。以 2014 年泰晤士高等教育世界大学排名(Times Higher Education World University Rankings,简称 THE 排名)为例,美国大学在前 100 名中占 46%,而欧洲大学仅占 35%。但如果把排名范围扩大到前 400 名(相当于全球高校的前 2%),美国的份额将下降到 27%,而欧洲则提高至 41%。这表明,美国在顶尖大学数量方面表现不俗,但在为整个高等教育领域提供高质量教育方面,欧洲更胜一筹。

由于排名前列的院校大都根基扎实、捐赠基金雄厚,因此,"要把这些老牌名校拽下神坛并非易事"(Altbach, 2012, p. 28)。

> 财力雄厚的研究型大学要想在排名体系中保持主导地位,除了学费以外,还需要私人捐赠和科研收入等其他资金来源(Calhoun, 2006, p. 26)。

这就解释了为什么排名前列的院校变动并不多,但新上榜的院校(主要来自亚洲)呈现出上升的趋势。在 THE 排名百强大学中,亚洲大学占 12%,在前 400 名中占 17%(Li et al. , 2011, p. 923)。

> 大学排名表现出的国家(地区)差异很大程度上可以归于收入、人口规模、研发投入和国家语言四个社会经济因素。若以国家拥有的资源来论,美国的表现其实要差 4%~10% 左右。相反,新兴的经济大国——中国在排名中的地位迅速上升,超越了资源水平相近的国家。

相比之下,拉丁美洲、非洲和中东地区只有少数几所大学进入全球前 500 名。撒哈拉以南的非洲地区只有南非的传统白人大学上榜,中东地区国家则仅有以色列长年在榜。

即使某些国家的大学排名在上升,但并不能改变上升缓慢的事实。自 2003 年以来,只有两个国家(塞尔维亚和希腊)成功挤进 ARWU 排名前 400 强。THE 排名中的情况也没有发生太大的改变。自 2010 年 THE 独立发布排名以来,虽然上榜的国家数量未变,但国家(地区)发生了改变;在 2013 年的榜单中,2011 年上榜的埃及和智利消失不见,取而代之的是哥伦比亚和沙特阿拉伯这两个新的国家。这种变化可能是投入、产出和影响之间漫长的时间间隔所致(Mansfield,1998)。另外,如果国家不对治理结构、学术文化和能力进行系统性改革,可能所取得的成就会是有限的。印度因传统大学规模庞大而难以进行"有效管理",其教师招聘和晋升主要基于资历、隶属关系和种姓制度(Altbach 引自 Reynolds,2010);而俄罗斯可能受体制僵化和传统声望因素依赖的限制,与国际文献计量学背道而驰。归根结底,英语国家是主要的"守门员"(Hazelkorn,2013b,2013c)。

全球层面的排名变化既反映也掩盖了国家层面的变革,延续了本书第一版(2011 年)所指出的趋势。首先,伴随着地缘政治焦虑(有时转化为政策恐慌),国家和院校都在努力重组高等教育系统,并重新确定院校的优先事项。全球推行世界一流大学战略的国家数量不断增加,其中包括法国、德国、俄罗斯、西班牙、中国、韩国、马来西亚、芬兰、印度、日本、新加坡、斯里兰卡、南非和拉脱维亚等国家。与此同时,印度、俄罗斯和中东等国家和地区为了提高自身地位,也纷纷授权定制排名。美国也出现了类似的行动,各州相互争夺经费和能带来丰厚利润的州外学生,这与各国做法雷同。在美国新闻与世界报道排名(US News & World Report Best Colleges Ranking,简称 USNWR 排名)的指导下,佛罗里达、亚利桑那、明尼苏达、印第安纳、得克萨斯、肯塔基和堪萨斯等各州通过不同的方式重组公共高等教育系统,嵌入绩效指标或进行其他变革(Hazelkorn,2011d;

DeYoung & Baas，2012）。

大学也不能幸免,高等教育领导者们始终希望在国家和全球排名中获得更高的名次。雄心勃勃当然值得肯定,若不抱有这些雄心壮志,大学又将何去何从？有证据表明,排名在塑造这些远大抱负方面发挥了重要作用。由于对研究的重视,排名经常被用来指导组织变革、院校合并(Liu et al. ，2011；Lo，2014)以及建立国际合作与伙伴关系。事实上,许多政府经常将排名作为国际学生奖学金的授予标准之一。向排名所使用的指标和权重看齐,政府和高等教育机构给予研究与教学、研究生与本科生的重视程度失衡,这对学术专业和研究实践都产生了影响。

虽然学生及其家长仍然是排名的主要受众,但所有的利益相关者(政府、雇主、投资者、高等教育机构及商业伙伴、公众和媒体)都受到了排名的深刻影响。排名有意或无意地融入到全球、国家层面的决策和意见形成过程以及个人和院校的行为中,产生了深远且不利的影响。因此,尽管一些国家和院校行动的初衷是提高其高等教育质量和绩效,但只要进入榜单(不考虑实际名次如何),都会向流动资本、人才、企业和公众发出非常有力的信号。

证据表明,本书 2011 年所指出的趋势仍在延续。综合 2014 年进行的国际调查和其他研究,作者的主要发现如下(详见第三章、第四章和第五章)：

- 83％的受访院校不满意自身排名,而 2006 年这一比例为 58％；
- 32％的受访院校希望成为全国第一,而 2006 年这一比例为 19％；
- 29％的受访院校希望进入全球排名前 5％,而 2006 年这一比例为 24％；
- 院校持续监测其排名位置,但往往更重视其全国排名；

- 84％的受访院校设有正式的排名审查机制,其中这种机制由校长领导的院校占 40％;
- 绝大多数受访院校用排名来指导战略决策、设定目标或确定优先事项,并为国际合作提供信息;
- 大多数受访院校认为排名对声誉的影响利大于弊;
- 52％的受访院校认为排名可以衡量绩效,40％认为排名可以衡量质量,而 2006 年,70％的受访院校认为排名可以提供高等教育的比较信息;
- 84％的受访院校利用排名监测全国同类院校的表现,而 2006 年这一比例约为 76％;
- 近 77％的受访院校监测全球同类院校,而 2006 年这一比例约为 50％;
- 学生、公众舆论和政府一直是排名的最大用户群体,2014 年他们受到排名的负面影响可能高于 2006 年;
- 80％的本科生和研究生(包括授课型和研究型)对排名很关注,且二者的关注并没有实质差异(i-graduate, 2014);
- 高成就和高自尊的学生根据声誉和排名等非财务指标做出院校选择的可能性最高;
- 国际学生继续将声誉和排名作为其选择院校、课程和留学国家的关键决定因素;
- 在国家和院校层面,排名、对质量的看法、院校声誉和求学目的地选择之间存在很强的相关性。

替代性排名或排名的替代方法

尽管受到批评,但排名成功地将高等教育置于更广泛的比较和国际框架下。现在,质量和卓越是国家和全球市场的关键属性,也是所有利益相关者的关注点。公立院校尤易受到审视,但所有的高等教育机构同样需要接受审视,因为人们对经济承受能力和学习成果的关注在增加。争论通常围绕价值"公共和(或)私人投资水平……与所取得的学术成就水平之间的关系"展开(Dill & Beerkens, 2010, p. 3)。虽然有各种工具,但人们对这些工具的稳健性也越来越不满,迪尔和比尔肯斯(Dill & Beerkens, 2010, p. 6)称之为"确保学术规范的传统合议制度的明显恶化"。有人称,排名填补了这一空白。

然而,尽管排名的目的是衡量教育质量,但对于什么是质量或质量应如何衡量却未达成一致。大量的数据与指标被收集起来,但既没有国际公认的定义或方法,也没有一套价值中立的客观指标和通用的国际数据集。国家和全球、公立或私立、学生群体和学习环境等方面可能会从根本上影响高等教育机构的表现,使简单的比较失去了意义。许多指标有效地衡量了财富,并使资源丰富的老牌精英院校受益。

在这种"真空"中,排名已成为衡量和比较教育绩效的首选工具。通过对院校数据进行细分,然后将其货币化,形成新的、更专业的产品和服务,提供给世界不同地区(如亚洲、拉丁美洲、中东地区)和高等教育市场(例如校龄低于 50 年的院校或学科)(见表 2.2)。排名的发布时间十分巧妙,往往与重大国际会议或活动同步,以达到最佳效果。由于"地位焦虑"(status anxiety)(Locke, 2011),加上主要利益相关者过度反应的刺激,现在排名及其相关信息几乎供不应求。这产生了一个利润丰厚的商业组合,包括为世界一流的追梦者们提供定制排名、会议、咨询和讲习班,在这些活动中,跻身百强大学被不加评判地当作一个法宝。排名行业"充斥着利益冲突和自利观念,以及自荐的审计师,在这个后全球金融危机时代,这必然会引起其他行业的担忧"(Hazelkorn, 2014d)。

除了排名,还有越来越多的替代方法,它们大致可归入问责制和透明度工具的范畴(Hazelkorn,2012a;另见第二章讨论)。当然,这些工具中有许多并非新兴事物。美国卡内基高等教育机构分类法(Carnegie Classification of Institutions of Higher Education)自 20 世纪 70 年代就已流行,新的衍生工具强调优势分析,用以增强高等教育的差异化,强调院校特色。学术认证起源于 19 世纪末,但今天的质量评估是教育的核心,也是教育作为一项国际贸易服务的核心。借鉴美国大学学习和参与的经验,欧盟博洛尼亚进程(Bologna Process)确立了学习成果的原则(Norrie & Lennon,2013,p. 3 - 8;Wagenaar,2013,p. 19 - 38)。反过来,经合组织制定了"高等教育学习成果测评项目"(Assessment of Higher Education Learning Outcomes)。与追求院校个体的声誉不同,里斯本理事会(Lisbon Council)和 U21 大学联盟(Universitas 21)等排名将注意力重新集中到整个高等教育系统的公益性上(Ederer et al. ,2008;Williams et al. ,2012 - 2013)。

2009 年,欧盟启动了全球多维排名(The multi-dimensional global university ranking,简称 U-Multirank)的工作,通过交互技术使用户进行个性化排名,这是一种新的排名实践。尽管在这期间其他排名已经迎头追赶,但 U-Multirank 仍然具有优势(CHE,2009;van Vught & Ziegele,2012)。澳大利亚、英国和西班牙加泰罗尼亚地区的政府网站也不同程度地实现用户根据学生和教师数量、毕业率、教师学历、学费等条件来咨询和比较院校的表现。美国政府开发了许多高等教育机构的比较工具,并推出了自己的评级计划,即高等教育机构评级系统(Postsecondary Institution Rating System,简称 PIRS),该计划将入学机会、负担能力和产出联系在一起。

意见和新趋势

自 2003 年全球排名出现以来,关于高等教育绩效和生产力的争论已成为所有关于高等教育政策和机构讨论的核心内容。对百强大学的关注模糊了对更广泛的公共政策问题的考量，也回避了对根据排名决策所产生的影响的严肃评估。在许多国家，政府和院校追求世界一流大学的称号，并有效地根据不断变化的方法目标制定未来计划，却没有充分考虑其影响。在我看来，这种行动是对国家主权和（或）院校自主权的放弃。

在过去的十年里，高等教育参与者的数量不断增长，已经超出了通常的商业媒体公司、国家政府和院校的范畴。最突出的是欧盟、经合组织等超国家组织的参与，而且最近美国联邦政府在各州也扮演着类似的角色。国际组织的参与标志着一个重要的转折点，其将质量监督（和强化监管）牢牢地置于学术界（唯一）职权之外，同时也表明了高等教育对于全球经济安全的重要性。

从"传统"大学排名（ARWU、QS、THE）和新兴排名（U-Multirank）可以看出，二者差异显著。除了新旧之分，其区别包括：前者对精英大学进行排名，而后者则为大众高等教育提供服务；前者选择性地根据指标的契合度对大学进行筛选和排名，而后者则通过众包方式运行，即任何一所院校只要提供数据，就可以进入排名的俱乐部。尽管一些迹象表明 U-Multirank 与其设计初衷发生了些许偏离，但它的出现还是产生了连锁效应，促使其他排名机构重新思考排名方法并坦承其声誉导向。

虽然对全球排名的追捧已经在世界范围内蔓延，但不同国家和地区受到的影响程度不一。在某些国家，国家排名占据主导地位，因为它们更有可能影响资源分配和（本科）学生的选择，换句话说就是关乎生计问题。迄今为止，美国受全球排名的影响相对较小，但深受 USNWR 全美大学排名的影响（可能是由于其高等教育规模和地位），而新兴经济体可能会对全球排名感到焦虑，ARWU 排名就是作为一种战略工具来开发的，目的是帮助国家制定适当的标准和目标，这与今天许多国家将排名作为质量基准一样，即便这种做法存在诸多争议。

　　无论采用何种方法，关键是需要更多地关注高等教育的评价结果。确实有必要摆脱欧莱雅（其广告语"因为我们值得拥有"）式的自我推销，加强外部验证。而且，若非受到排名负面效应的激化，目前关于质量的争论也不一定会发生。学术界迟迟没有展开有意义的质量讨论；混淆、操纵和抵制排名的努力也收效甚微。使用一揽子指标与全球同类系所、院校和国家进行绩效对标，并将其与资源分配挂钩，这是排名的主要精神。正如洛克（Locke，2011，p. 226）所指出的，"与排名的重要性相比，排名的所有问题都不值一提"。

　　对全球排名来说，获取院校数据是个问题，这也解释了为什么除了认为高等教育绩效与科研绩效的相关性最强的观点外，他们还把重点放在文献计量学数据上。U-Multirank 的目标是更广泛的指标，但由于依赖高等教育机构的反馈及其可靠性，也遇到了类似的获取困难。汤森路透（Thompson Reuters）①创建了"全球研究机构概况"（Global Institutional Profiles），ARWU 创建了"全球研究型大学概况"（Global Research University Profiles）；欧盟也进军全球情报信息业务，创建了"欧洲高等教育录"（European Tertiary Education Register），并于 2014 年 7 月首次发布（Bonaccorsi et al.，2010；ETER，2014）。THE 也宣布筹建自己的全球数据库。这些举措将产生海量的高等教育信息，说明越来越多的市场将高等教育机构数据货币化，为政策和院校决策提供信息，同时将削弱院校抵制排名的效力。但是，考虑到对指标意义的争论，当使用排名来支持政策决定时，对现有数据的依赖带来了根本性的问题（Toutkoushian & Smart，2001，p. 41）。近年来，许多决策者、高等教育机构和其他教育利益

---

① 现为科睿唯安（Clarivate Analytics）。

相关者对"数字决策"的兴趣日益浓厚（Hazelkorn，2010c）。指标的选择很少基于任何证据，即证明这些指标实际上是有意义的，或者证明其可以被战略性地用于影响教育成果。

院校在网上公布数据符合"开放数据"（open data）的理念，也符合高等教育机构有责任使其行动和成果透明化的观点；对于接受公共资助的组织来说尤其如此。随着越来越多数据、高等教育和研究资源的数字化，社交网络和新兴技术将能够借此为各类高等教育"消费者"提供新的服务。这些发展迅速将有关质量、绩效和生产力的问题置于高等教育机构甚至政府的影响之外。我们可能会对排名不屑一顾，但回过头来看，排名很可能只是冰山一角（Hazelkorn，2014b）。

大衰退让每个人都注意到公共和私人债务水平的增长以及不平等和分层的加剧（Piketty，2014）。厄舍（Usher，2012b）认为，整个经合组织可能已经达到"高等教育公共投资的峰值"。萨森（Sassen，2011，p. 29）提到，全球金融危机及其后果导致了"赢家和输家的野蛮分化"。近年来，各国都在努力为社会所需的公共服务提供资金，关于高等教育的"公益"角色和高等教育责任的争论重新回到桌面。在很大程度上，这是关于利用高等教育促进社会经济发展和复苏的问题，但也涉及更多根本性的问题。卡尔霍恩（Calhoun，2006，p. 27）特别指出："谁受益，如何受益？"

过度强调院校个体的表现导致了国家高等教育水平只是世界一流大学总和的（错误）信念。这种信念越来越多地鼓励了院校、国家和全球层面的等级分化和社会分层。这是一种被称为"涓滴经济学"（trickle-down economics）的变体，即认为将更多的钱集中到精英手中（例如通过减税）就能起到筛选的作用，创造更多就业机会，减少不平等。然而，国际证据显示，其结果与预期截然相反（Hazelkorn，2011C）。以下两段话代表了各种意见的两种极端：

> 欧洲各国在资源分配方式上将不得不更加严格。欧盟有近

2 000 所大学，其中大多数都希望开展研究并提供研究生学位。相比之下，美国只有不到 250 所大学授予研究生学位，不到 100 所大学被认为是研究密集型大学(Butler, N., 2007，p. 10)。

多样性不一定是可取的，特别是如果以资源差异化的名义，让那些承担着大众化教学和学习重任的院校陷入困境，同时却为少数院校创造卓越的地位。例如，资源的多样性如何与人人均可享有国家公共服务的平等概念相统一？（Neave, 2000，p. 19）

这些意见反映了不同社会对高等教育的评价。换句话说，在高等教育作为一种公共利益被高度重视的社会，"学生来自哪里来并不重要，他们都能够获得入学机会"(Schutz 转引自 Guttenplan, 2014)。这既是一个重要的哲学观点，也是一种政策参照，不仅仅是"获得什么"，而是"由谁获得"。

关键的一点是，前 100 所大学在目前全球将近 1.8 万所高等教育机构中占比不足 0.5%，其学生数量仅相当于全球 1.96 亿高等教育学生总数的 0.4%(UNESCO, 1999—2012)。事实上，有证据表明，随着全球高等教育需求的增长，选拔性正在提高。这是因为，虽然高等教育学生总量在增加，但百强大学的学生人数却相对稳定，其所占的全球比例在下降。

各国政府在追求社会和经济竞争力和可持续性战略时，面临着艰难的政策选择(方框 1)(Hazelkorn, 2013)。排名有助于使这些政策权衡两极化，不仅使人们关注高等教育的优势，而且也关注高等教育的作用(Brink, 2014)。只要将资金投入到排名青睐的精英大学(研究)中，就必然会创造出社会所需的可用知识和溢出效应，这种观点在文献中受到广泛的批评(例如 Fortin & Currie, 2013；Goddard et al., 2014；见第六章的讨论)。越来越多的证据表明，创新源于"网络内不同行为者的互动"，而不是"一家企业"或一所大学各自努力的结果(OECD, 2006a,

p. 124)。事实上,《自然》杂志批评了研究人员的背离:

> 全球超过一半的人口生活在城市里,而且这个数字仍在快速增长。因此,如果科学家们想要帮助大多数人,他们需要把注意力转向城市地区(Editorial, 2010)。

这一讨论超越了传统的"标准化"辩论(排名鼓励单一的高等教育模式),提出了一个更根本性的问题,即为了使高等教育与排名保持一致所追求的世界一流大学模式在多大程度上满足了更广泛的社会需求。

事实上,颇为讽刺的是,当一个国家努力满足所有社会需要,要求高等教育为社会提供更大的影响和利益时,资源密集型的"世界一流大学"却受到越来越多的关注。全球排名并不是服务于院校所在的地区或国家,而是提倡一种"自利型大学"(self-serving university)的概念,不受国家的束缚,不关心社会,致力于实现资金多元化和私有化,招聘国际人才并参与全球事务。追求狭隘的"世界一流卓越"是否被用来将高等教育转变为追求全球地位的私利实体? 公众利益是否已经与私人利益或自身利益混为一谈(Hazelkorn, 2014e)?

方框 1　政策选择和权衡

- 评价容易评价的内容和有意义的内容;
- 根据全球排名进行战略调整与追求高等教育目标和(或)公共使命;
- 追求精英模式的成本与维持大众高等教育的成本;
- 追求卓越与提高人力资本和区域能力;
- 区分教学和研究的使命与加强教学和研究的一体化;
- 奖励传统的学术成果与强调公民和社会责任;
- 促进传统的知识创造和同行评审问责模式与知识的应用、影响和社会问责。

第二版的缘起

我一度以为,我们对排名的热情会日渐消退,很显然,我的判断是错误的。排名对高等教育的影响仍在继续扩大。与排名、世界一流大学或百强大学有关的活动都在增加,参与其中的人数也越来越多。当然,收集和分析的数据量也在攀升。因此,在全球排名首次发布十年后的今天,我们可以做一些纵向评估,反思排名对高等教育决策和主要利益相关者行动的重要性和意义。

本书第一版通过 2006 年经合组织和国际大学协会(International Association of Universities)资助的一项调查,收集了来自世界各地的高等教育领导者、学生和主要决策者的观点。2014 年,我对这些受访者进行了回访,希望借此发现他们对排名看法的变化。与此同时,其他研究者也跟进了对排名影响的研究,其中一些研究者结合其实际情况对我的调查进行了调整,值得一提的如 2014 年欧盟的院校战略与发展进程的排名影响调查(Institutional Strategies and Processes Survey,简称 RISP 调查),而其他研究者则对自己国家的排名现象进行了追踪。

因此,第二版带来了新的排名故事。首先,第二版补充了来自国际学术研究、RISP 调查和国际毕业生研究团体数据库(International Graduate Insight Group,简称 i-graduate)有关学生择校的最新数据。感谢欧洲大学协会(European University Association)的蒂娅·卢科拉(Tia Loukkola)和 i-graduate 的负责人威尔·阿彻(Will Archer)允许我公布相关调查结果。此外,第二版对表格和数据也进行了更新,并利用新的比较数据对部分图表进行了扩充。有关方法的详细说明见附录 1。

与第一版相同,第二版补充的调查问卷和访谈的所有受访者都保证匿名;因此,在信息充分的情况下,全书对受访者的引用都进行了简单的分类标记,比如"高级管理人员,1945年前成立的公立研究密集型大学,德国"。在引用短评时,为确保行文流畅,通常不使用这种分类,所引用的访谈内容均用双引号标出,以与其他参考文献区分开来,例如院校普遍认为更好的排名表现可以提高"与政府关系中的竞争地位"。

特别感谢西蒙·马金森(Simon Marginson)(澳大利亚)、芭芭拉·凯姆(Barbara Kehm)(德国)和米泽彰纯(Akiyoshi Yonezawa)(日本),他们对第五章中的三个国家案例进行了更新。我曾在2007—2008年访问过上述三个国家,进行了大量的访谈和重点小组讨论,但这一次未能成行。

感谢多年来许多朋友和同事与我探讨排名的影响和作用,也深度讨论了高等教育及其面临的挑战,我对此心存感激。感谢路易丝·哈格里夫斯(Louise Hargreaves),她的每日新闻摘要充满有趣且实用的信息,感谢她的定期更新;感谢来自菲利普·阿特巴赫(Philip Altbach)、格奥尔格·克鲁肯(Georg Krücken)、奥西·林奎斯特(Ossi Lindqvist)、蒂娅·卢科拉、亚历山大·麦考密克(Alexander C. McCormick)、西蒙·马金森、弗朗西斯科·马莫莱霍(Francisco Marmolejo)、万·马萨罗(Vin Massaro)、贝诺特·米勒(Benoit Miller)、克里斯·奥兹(Kris Olds)、伊娃·埃格兰·波拉克(Eva Egron-Polak)、苏珊·罗伯逊(Susan Robertson)、贾米尔·萨尔米(Jamil Salmi)、安德烈·苏尔索克(Andrée Sursock)、威廉·蒂尔尼(William Tierney)和亚历克斯·厄舍(Alex Usher)的帮助。感谢社会和教育研究中心(Centre for Social and Educational Research)的西沃恩·基根(Siobhan Keegan)在数据统计方面提供的帮助,并一如既往地感谢都柏林理工学院(Dublin Institute of Technology,简称DIT)图书馆的苏珊·钱伯斯(Susan Chambers)及其同事们。

特别要提到的是共事多年的高等教育政策研究小组（Higher Education Policy Research Unit）的各位同仁：巴里·科尔弗（Barry Colfer）、克里斯·康诺利（Chris Connolly）、艾米莉·弗里茨（Emily Fritze）、安德鲁·吉布森（Andrew Gibson）、西沃汉·哈金（Siobhan Harkin）、凯瑟琳·劳勒（Catherine Lawlor）、阿曼达·莫伊尼汉（Amanda Moynihan）、索尼娅·帕文科（Sonia Pavlenko）、马丁·瑞安（Martin Ryan）和伊莲·沃德（Elaine Ward）。还要特别感谢阿曼达和安德鲁，本书出版全程得到了两位的耐心帮助。

最后，家人始终是给予我支持和鼓舞的源泉。当然，书中若有任何瑕疵或不足，皆是我的疏漏。

第一版　序

国际研究生使用排名来评估他们所申请的大学,就像大学用排名来评估递交申请的研究生一样。

——教师,1945 年前成立的公立研究密集型大学,澳大利亚

如今,所有大学都意识到了排名的重要性,也在关注排名和上榜的院校。

——校长,1945 年后成立的公立教学密集型应用科学大学,德国

政府给大学的拨款会受到国内排名系统的影响。

——副校长,地方公立大学,日本

2003 年,上海交通大学发布了第一个全球大学排名并立即引起政治领袖和高等教育领导者们的注意。在比利时列日召开的欧盟会议上有人指出,ARWU 排名的发布给欧洲高等教育敲响了"警钟"(Dempsey,2004)。短时间内,政策制定者和高等教育领导者们开始用全球排名来展示国家和院校目标。奥斯陆大学(University of Oslo)表示,希望在公认的全球排名中"取得北欧地区的领先地位,并跻身欧洲前 20 强大学的行列"(University of Oslo,2005)。爱尔兰企业和科学政策咨询委员会(policy advisory board for enterprise and science)首席执行官福法斯(Forfás)表示,爱尔兰的目标是"到 2013

年,有两所大学进入全球前 20 名"(Cronin, 2006)。

这项关于排名对高等教育和政府决策影响的研究于 2006 年启动。2003 年发布的 ARWU 排名和 2004 年 THE-QS 排名推动了本研究的开展。在这两年时间里,全球排名明显地吸引了公众和决策者的注意力,高等教育机构也开始关注并采取行动。为了了解这一快速发展的现象,经合组织高等教育机构管理委员会(Institutional Management of Higher Education)和国际大学协会资助了本研究,以了解高等教育机构对排名作何反应以及排名所产生的影响。2008年,在卢米纳基金会(Lumina Foundation)的资助下,高等教育政策研究所(Institute of Higher Education Policy,简称 IHEP)为本研究提供了补充支持。

鉴于排名的知名度和受欢迎程度,本研究试图了解排名对高等教育、高等教育领导者、教师和学生的影响程度:这种影响到底是国际性的,还是在特定国家或特定类型的院校中更为普遍?高等教育机构如何应对,采取何种行动?排名如何影响关键决策者和政策制定者?学生和其他利益相关者的情况如何——他们是否会考虑排名以及在多大程度上受到排名的影响?长期的影响是什么?

本书是首次对国际高等教育排名现象的全面考察。自 2006 年以来,我遍访全球大学,与校长、副校长、教师、高级管理人员和学生们交谈,与主要的利益相关者、政策制定者、学生领袖和工会成员会面,以第一手资料了解排名如何影响高等教育,如何影响(或没有影响)院校决策和政府政策的制定。书中援引了许多以前发表或介绍过的文章、工作文件、报告和演讲,其中一些已列入参考书目。研究方法的说明见附录 1。

调查问卷和访谈中的所有受访者都保证匿名,因此,在信息充分的情况下,全书对受访者的引用都进行了简单的分类标记,比如"高级管理人员,1945 年以前的公立研究密集型大学,德国"。在引用短评时，为确保行文流畅，通常不使用这种分类，而所引用的访谈内容均用引号标记，以与其他参考文献区分开来，例如，院校普遍认为拥有较高排名地位可以提高其"与政府关系中的竞争地位"。

这项研究得到了都柏林理工学院、经合组织高等教育机构管理委员会、国际大学协会和高等教育政策研究所的慷慨支持，后者得到了卢米纳基金会的资助。研究期间，我受到了经合组织、巴黎和澳大利亚墨尔本大学高等教育研究中心（Centre for the Study of Higher Education）的接待。特别感谢经合组织的理查德·耶兰德（Richard Yelland）和国际大学协会的伊娃·埃格隆·波拉克对本项目从始至终的支持，感谢高等教育机构管理委员会的艾丽莎·坎宁安（Alisa Cunningham）和莱西·里格沃特（Lacey Leegwater），以及德国、澳大利亚和日本的同行们（此处不一一列举），感谢他们的热情款待、帮助组织访谈，以及在整个研究过程中提供的宝贵探讨和评论。特别感谢温永真（Oon Ying Chin）、彼得·埃克尔（Peter Eckel）、帕梅拉·埃迪（Pamela Eddy）、格罗·费德基尔（Gero Federkeil）、芭芭拉·凯姆、富美北川（Fumi Kitigawa）、阿黛琳·克罗尔（Adeline Kroll）、刘念才（Nian Cai Liu）、艾利克斯·麦考密克（Alex McCormick）、沃尔夫冈·马茨凯维奇（Wolfgang Mackiewicz）、西蒙·马金森、万·马萨罗、亨克·莫德（Henk Moed）、加文·穆迪（Gavin Moodie）、罗伯特·麦睿彬（Robert Morse）、大场凉（Jun Oba）、克里斯·奥兹（Kris Olds）、雅娜·普科卡（Jaana Puukka）、贾米尔·萨尔米、托尼·希尔（Tony Sheil）、莫什迪·西拉特（Morshidi Sirat）、安德烈·苏尔索克（Andrée Sursock）、约翰·泰勒（John Taylor）、亚历克斯·厄舍、本·威尔达夫斯基（Ben Wildavsky）、罗斯·威廉姆斯（Ross Williams）、山本真一（Shinichi Yamamoto）和米泽彰纯，感谢他们在研究过程提供原始资料，参与访谈以及多年来对我的研究不吝指教。特别感谢在造访日本时的翻译佐藤麻子（Machi Sato）、帮助校读和编审的杰奎琳·史密斯(Jacqueline Smith)以及编制索引的伯纳黛特·法雷尔(Bernadette Farrell)。英国的国际教育和招聘市场咨询公司 i-Graduate 非常慷慨地让我访问其超过 9.5 万名国际学生的庞大数据库,并允许我公布对这些数据的分析。

　　感谢都柏林理工学院的同事们所提供的帮助和支持,特别是约翰·多诺万(John Donovan)、布莱恩·诺顿(Brian Norton)和布莱恩·奥尼尔(Brian O'Neill),感谢我的行政助理保罗·基肯尼(Paul Kilkenny)和艾丁·芬利(Eidin Finlay),以及我的两位研究助理阿曼达·莫伊尼汉和克里斯·康诺利。感谢都柏林理工学院图书馆的苏珊·钱伯斯、戴维·福德(David Forde)和菲阿赫拉·曼甘(Fiachra Mangan),他们在本职工作外,回应我索取文章、论文和报告的急迫请求;感谢菲利普·科恩(Philip Cohen)、弗兰克·科斯特洛(Frank Costello)、珍·哈维(Jen Harvey)和弗兰克·麦克马洪(Frank McMahon)提供了有用的帮助以及关于图书馆、招生政策和系统的比较知识。最后要特别感谢"坚持不懈"的家人埃里克(Eric)、艾拉(Ila)和丽莎(Lisa),他们在整个研究过程给予的支持和信任至关重要。

　　当然,书中若有任何瑕疵或不足,皆是我的疏漏。

目　录

第一章
全球化与声誉竞赛

欧洲大学的研究实力在最近的两次调查中受到质疑,尽管存在一些文化和方法上的偏差,但得出的结论一致:欧洲大学在全球比较中表现不佳。

——欧盟委员会,2004 年

全球 500 强大学的排名显示,伊斯兰国家的学术机构水平堪忧 …… 为 了 改 善 这 种 状 况,…… 伊 斯 兰 会 议 组 织 (Organisation of the Islamic Conference)……决心加强科学和工程领域的精英大学,目标是推动至少 20 所伊斯兰国家大学跻身全球 500 强大学行列。

——伊斯兰会议组织,比拉尔,2007 年

全球化和大学排名

世界各地日益痴迷于大学排名。一开始,大学排名是 20 世纪初在美国兴起的一种学术活动;到 20 世纪 80 年代,排名发展为面向学生的商业"信息"服务;时至今日,排名则已演变成带有地缘政治影响的"声誉竞赛"。在世界范围内,排名意识的迅速上升几乎是不可避

免的,这既是对全球化和追求新知识作为经济增长基础的回应,也是提高公共问责和透明度的驱动力。排名被认为是世界范围内的所谓"卓越竞赛"的一种表现,用以确定院校地位,评估高等教育系统的质量和绩效,以及衡量全球竞争力。随着国际化进程成为政府和高等教育的重点,高等教育的人才吸引和知识生产能力已成为衡量一个国家是否有能力参与世界科学和全球经济的重要标志。在这个过程中,排名正在改变大学,重塑高等教育。全世界有将近1.8万所高等教育机构①,但人们只关注百强院校的地位和发展轨迹,这一数量还不到全球院校总量的0.5%。与餐馆或酒店排名一样,没有哪所院校愿意在排名中垫底。

　　20世纪90年代以来,由政府和认证机构,高等教育、研究和商业组织以及大众媒体发布的排名已经遍地开花。USNWR每年刊发的"美国最佳大学"(America's Best Colleges)特辑从1987年开始作为一份独立的参考指南发行,至今仍是美国最受欢迎的刊物。在世界各地,传媒组织和其他商业利益集团主导了此类榜单的发布,特别是《泰晤士报高等教育增刊》(*Times Higher Education Supplement*)(1992年10月首次发布)、《金融时报》(*Financial Times*)和《星期日泰晤士报》(*The Sunday Times*,英国/爱尔兰)、《明镜周刊》(*Der Spiegel*,德国)、《麦克林杂志》(*Macleans*,加拿大)、《改革报》(*Reforma*,墨西哥)和《华盛顿月刊》(*Washington Monthly*,美国)。多年来,政府、认证机构和高等教育组织建立了自己的系统来对院校进行评估和排名:比如德国的高等教育发展中心(Centre for Higher Education,简称CHE),奥地利的质量保障与认证协会(Agency for Quality Assurance),墨西哥的高等教育机构校际评估委员会

---

① 国际大学联盟世界高等教育数据库(WHED)(http://whed.net/home.php)提供了189个国家近1.8万所大学层次的高等教育机构(提供四年以上高等教育并提供本硕博学位或其他专业文凭的机构)信息。

（Comités Interinstitucionales para la Evaluación de la Educación Superior）、工程教育认证委员会（Consejo de Acreditación de la Enseñanza de la Ingeniería）、国家心理学教学与研究委员会（Consejo Nacional de Enseñanza e Investigación en Psicología），印度的国家评估与鉴定委员会（National Assessment and Accreditation Council）、国家认证委员会（National Board of Accreditation），尼日利亚的大学排名委员会（Universities Commission Ranking）、高等教育委员会（Higher Education Council），土耳其的科学技术研究理事会（The Scientific and Technological Research Council of Turkey）、高等教育委员会（Commission on Higher Education），菲律宾的学校、学院和大学认证协会（Accrediting Association of Schools, Colleges and Universities）。此外，还包括跨国组织制定的倡议，如欧盟的 U-Multirank 和经合组织的高等教育学习成果测评项目，以及各种商业学院的纸质和在线"指南"，例如澳大利亚的《好大学指南》（Good Universities Guide）、英国的《完全大学指南》（The Complete University Guide）、加拿大的研究信息资源公司（*Re\$earch Infosource Inc.*）和美国的"ELS 在线大学指南"（ELS University Guide Online）。随着高等教育全球化的发展，人们关注的焦点已经转移到了世界性的大学排名上，如 ARWU、THE、QS 以及世界大学网络计量学排名（Webometrics Rankings of World Universities，简称 WRWU 排名）等。如今，具有重要意义的全球排名主要有 10 个，以及至少 150 余个不同类型的国际、国家和区域排名。

过去几十年来，许多研究对高等教育环境的转变展开了充分的讨论（特别是 CERI, 2009；Marginson & van der Wende, 2007a；Simons et al., 2009；Altbach et al., 2010；King et al., 2011；Curaj et al., 2012）。尽管观点各异，但学界对这些变革影响高等教育的速度和深度，需要变革的程度或正在实施的应对举措已达成普遍共识。

概括而言,有四个主要的驱动因素:①向知识密集型经济转型;②人口压力和全球对人才的需求;③高等教育对经济和社会的重要性;④学生的知情选择与高等教育的消费主义倾向。

第一,将知识定位为经济、社会和政治权力的基础,推动了经济和财富生产基础的转变,从生产力和效率转向基于人才创新的高价值商品和服务。如果说全球化的第一阶段以"较低的工作成本"为标志,那么现阶段则是以在全球范围内将人与生产过程联系起来,并打破传统壁垒作为衡量标准(Cheese et al., 2007, p. 2),这是马克思(Marx, 1948, p. 125)"重炮……摧毁所有防火墙"的当代版本。弗里德曼(Friedman, 2007)的"全球扁平化"和卡斯特(Castells, 1996)的"网络社会"(networked society)不仅无视国界,而且每天都在积极地摧毁这些边界及其行业,同时创建新的工作习惯和社会网络形式。如今,一个公司几乎80%的价值来自无形资产或软知识——服务、市场、关系、声誉和品牌方面的独特知识(Hutton, 2006)。成功的经济体都依赖于开发、利用新知识的能力,"通过对研发、软件、新工艺创新设计等知识和人才资本以及人力和组织资本的投资,获得'竞争优势和绩效'……"(Brinkley, 2008, p. 17 - 18)。研究表明,"美国的生产力增长主要来自技术进步",而技术进步近年来又由创新所驱动,创新则以工业界和大学获得的专利数量来衡量(Chellaraj et al., 2005, p. 1)。这使得高等教育成为决策的中心,因为高等教育既是新知识和知识/技术转让的主要来源,也是国际教育和人才的灯塔。

各国政府一直努力通过各种方式引导和重组高等教育,在支持自主权的同时,利用绩效拨款和院校契约确保高等教育实现其社会和经济目标。欧盟"里斯本议程"(Lisbon Agenda)的目标是使欧洲成为"世界上最具活力和竞争力的知识型经济体",其方法是将研发投入水平提高到国内生产总值的3%,博士生数量翻番(Europa, 2000)。"欧盟2020战略"(Europe 2020)的重点则是"智能、可持续和包容性增长"(Europa，2010a)。大多数政府都建立了类似的模式。"爱尔兰智慧经济建设"(Building Ireland's Smart Economy，Government of Ireland，2008)，"面向 21 世纪的智力韩国计划"(Brain Korea 21，Korean Research Council，1999)，马来西亚的"愿景2020"(Vision 2020，Government of Malaysia，1991)，阿布扎比的"经济展望 2030"(Economic Vision 2030，Government of Abu Dhabi，2008)和印度的国家知识委员会(National Knowledge Commission，Government of India，2009)等等。2008 年的全球金融危机敲响了警钟，也加快了变革的速度，使金砖国家(巴西、俄罗斯、印度和中国)更坚定地走到了竞争的聚光灯下。排名使高等教育的地缘政治性进一步凸显，因此，国际化(伴随着对世界一流卓越的追求)战略如今成为"许多高等教育议程的优先事项"(Jöns & Hoyler，2013，p. 55)。此后，高等教育被视为提供提高经济竞争力的中长期解决方案的途径，这就解释了为什么"在 60 多年来最严重的经济衰退期中，高等教育的公共投资成为国家和地区预算中的半保护部分"(Douglass，2010，p. 24；OECD，2013，p. 213)。

第二，当下人才对国家发展至关重要，许多国家都面临着人口压力。出现这种情况存在多方面的原因，包括人口老龄化、专业人员的退休以及"婴儿潮"(baby boomer)泡沫的结束和晚育所导致的学生人数减少。到 2050 年，世界人口可能会增加 25 亿，但预计较发达区域的人口将基本保持不变，若非发展中国家向发达国家的净迁入，这些区域的人口将进一步下降。2005 年，发达国家的青年人口比例是其总人口的 13.7%，但到 2050 年，该比例预计将降至 10.5%(Bremner et al. ，2009，p. 2,6)。这将影响到中学生群体的数量，最终对发展知识密集型部门的政府战略带来挑战。因此，日本《读卖日报》(*Daily Yomiuri*)所指的"学生争夺战"(scramble for students，Matsumoto and Ono，2008，p. 1)和英国《经济学人》(*Economist*)所称的"人才争夺战"(battle for brainpower，Wooldridge，2006)是对传统自然资源争夺的延伸。基于教育程度较高的人群移民可能性更高的认识(Europa，2006a)，世界各国政府正在出台政策，吸引那些"对经济贡献最大、最有才华的移民"，尤其是在科技方面(Rüdiger，2008，p. 5；ICREA)。流动的重要性不仅在于其对编码型知识的生产和传播，而且还在于它在最广泛意义上对隐性知识的传播。如果输入国有适当的吸收能力来吸引(回流)并留住高技能人才，那么输出国和输入国(不仅是人才外流，还包括人才环流)都能从中受益(Hvistendahl，2008)。国际化曾被简单地视为一种文化交流政策，但现在已成为增加国际学生(特别是研究生)人数并最终实现增加劳动力的必要机制(Hazelkorn，2008b)。

国际学生市场利润丰厚，其重要性增加了全球竞争的利害关系(Guruz，2008；Green & Koch，2010)。在《服务贸易总协定》(General Agreement on Trade in Service)中，国际学生或跨境学生流动已成为一种公认的、可交易的产业，到 2025 年，这一群体每年可能达到 720 万人(Varghese，2008，p. 11)。经合组织的最新报告显示，在国外接受高等教育的学生数量稳步上升，从 2000 年的 200 万人增加到 2011 年的 350 万人，到 2013 年已经达到了 430 万人(OECD，2013，p. 304)。这一增长与国际高等教育入学人数的普遍增长是一致的(UIS，2014)。从国际学生人数及其占比来看，西欧和北美是世界上最受欢迎的地区；83％的国际学生在 G20 国家(二十国集团成员国)，77％在经合组织国家(OECD，2013，p. 305；IIE，2013；Guruz，2008，p. 230)。主要目的地国分别是美国(17％)、英国(13％)、德国(6％)、法国(6％)和澳大利亚(6％)。亚洲是最大的国际学生来源地，占全球总数的 53％，其中又以中国学生居多，达 18％；美国、日本和澳大利亚是他们的主要留学目的地(OECD，2013，p. 313)。

在澳大利亚，教育服务是 2012—2013 年度第四大出口收入来源,比 2008 年的地位略有下降,但可能仍然是澳大利亚规模最大的服务型行业(AEPL,2009;Connelly & Olsen,2013)。与此同时,"印度、中国、韩国和新加坡(后两个国家在数学和自然科学方面的成就名列前茅)训练有素的国际研究生与技术型移民涌入美国,填补了美国系统内部因其他原因所造成的教育缺口"(Chellaraj et al.,2005,p. 2)。新加坡、中国、马来西亚、日本、约旦和韩国等国家也纷纷效仿,都希望在未来 5 ~ 10 年内大力增加国际学生数量(Wildavsky,2010,p. 24;Anon,2010a)。尽管博洛尼亚倡议的初衷是提高欧盟内部的流动性,但它已经促使世界范围内教育系统的重组,以减少国际流动和争夺利润丰厚的国际学生市场(Bologna,2007;Cemmell & Bekhradnia,2008)。英国大学被敦促"做好准备,迎难而上"(Gill,2008),而日本大学不得不"向高中派遣招生人员,举办未来学生开放日,建造游泳池,翻新图书馆,招收更多外国学生……"(McNeill,2008)。各国政府正在寻求更好地将高等教育、创新和移民政策结合起来,以作为进入全球人才库的应对方式。这是因为"毕业生的全球分布、对高等教育的需求和学术卓越的集中"之间存在着密切关联(van Damme,2014)。

第三,高等教育已从社会支出转变为生产性经济的重要组成部分,因此,高等教育的治理和管理方式已成为一项重大的政策问题。人们越来越强调性价比、生产力和效率,以及确保投资者的信心,这通常被称为"新公共管理"(Cime,2001)或欧盟所称的"现代化"议程(Europa,2006b,2007a)。变革的深度和广度因国家管辖范围和部门而异,但一般包括:调整学术课程,使其更具兼容性、竞争力和吸引力;更加强调研究目标和产出,这些目标和产出是可衡量的,并获得竞争性资金的支持;与产业和技术/知识转让活动建立联系;合并院系,提高效率、规模和知名度,或撤销那些不足以吸引到足够学生或未能达到质量标准的院系。学术工作和雇佣条款的改变,标志着学术工作者从一个在自律的"合议制"准则下的自主职业,变成一个与其他雇员一样地接受"组织管理"的劳动力(Slaughter & Leslie, 1997;Rhoades, 1998;Farnham, 1999;Altbach, 2000a & 2000b; Altbach & Lewis, 1996;Slaughter & Rhoades, 2004;Hazelkorn & Moynihan, 2010)。在制度层面,许多政府正在从平等主义的方式(所有院校在地位和质量上都基本平等)转向竞争性定位和鼓励等级或纵向差异化资助。如果高等教育是经济的引擎,那么高等教育机构的生产力、质量和地位以及研究就成为一个重要的指标。欧盟(Europa, 2006 b)指出:

> 对大学进行资助时更多的应该是考量他们在做什么,而不是他们的身份;把资助的重点放到相关的产出而不是投入上,……竞争性资助应基于院校评价系统(institutional evaluation systems)和多样化的绩效指标(performance indicators),并参考国际标准,明确界定目标和指标。

简言之,"光宣传自己有多优秀是不够的,我们需要将自己与世界上最好的大学进行客观地比较"(Carr, 2009)。

最后,由于教育、毕业生成就、生活方式与高学历、职业机会密切相关,学生(及其父母)已经成为聪明的消费者(Santiago et al., 2008)。这也是由高等教育成本(包括学费和安置费用)上涨和负担能力差距日益扩大所导致的,学生们将院校和课程作为机会成本加以评估。学费不仅反映了实际的教学成本,还反映了供求因素。扩大入学机会和提高受教育程度可能是重要的社会目标,但个体越来越多地将教育回报视为私人利益。因此,学生希望通过指南、比较或基准数据获取更多的消费者类型信息,这些信息越来越多地出现在全球范围内,并可以在线获取;学生对教学和学术活动的满意度调查、就业能力和潜在薪酬的比较,以及对学生体验和校园生活质量的评价都是常见做法。美国的一项调查显示,84%的受访者认为大学必须提供有关毕业率、贷款偿还率和就业率的信息（Hart Research Associates，2013，p. 16）。但由于传统学生市场萎缩和对高分学生的竞相争夺，消费者力量的平衡正在发生变化。总的来说，公众要求提高透明度与建立全面问责制的呼声高涨。

在缺乏院校可比材料的情况下，排名在争议声中填补了空白，成为学生（特别是国际学生）、政府和其他利益相关者获取比较信息的问责制和透明度工具。韦伯斯特（Webster，1992）认为，高等教育管理者对排名的崛起负有部分"责任"；由于高等教育机构没有充分提供自身信息，这导致了其他机构来提供这些信息。

近年来，这些趋势更加明显，说明世界格局和国际知识分工多极化形势日趋明显（Flick & Convoco Foundation，2011；Jöns & Hoyler，2013）。它们推动着排名从一种消费品转变为一种全球战略工具，这也解释了排名的持续影响力。

排名的理论化

排名不仅引起了决策者和高等教育领导者们的关注，也出现了排名相关的学术论文与硕博论文，国际会议与研讨会，新闻报道与政策文件等，甚至还有专门讨论这一主题的大学课程（O'Meara，2010）。这肯定与国家或全球排名的设计师和发起者们的初衷相去甚远。ARWU 排名的制定是为了"揭示……我们（中国顶尖大学）与世界一流大学之间的差距（根据知识生产竞争力的科学计量指标衡量）"（Liu 转引自 Luo，2013，p. 167），以支持"几代中国人的梦想，并呼吁政府提供相应的支持"（Liu，2009，p. 2）。而 USNWR 排名旨在为"未来的学生和家长提供关键的评价信息，帮助他们明智地做出对工作和职业具有重要影响的大学选择"（Morse，2010a）。

夸夸雷利·西蒙兹公司（Quacquarelli Symonds）在 2004 年与《泰

晤士高等教育》（*Times Higher Education*）联合推出了 THE-QS 排名，初衷是"为学生及其家庭服务"，但现在已被"政府和大学领导用来制定战略目标……"（Sharma，2010a）。通过把握时代潮流，这些早期的市场参与者创造了一个利润丰厚的行业。

有关排名的文献大致可分为两类，即方法问题和理论认识。大多数评论者都将重点放在前者，对指标选择的依据、指标的赋权、统计方法和计算上的准确性或适当性提出质疑和挑战。这种关注并不意外，因为排名是一项量化工作，方法正在不断发展，结果可能会有争议。鉴于排名还相对处于初级阶段，排名机构欢迎并鼓励评论者和批评者们参与到排名工作中，并主办了各种会议和研讨会。可以说，这种对话的必然性是其品牌形象和基本理念所要求的；换句话说，如果排名关涉高等教育绩效的透明度，那么发起人就有责任同样透明。这些活动也成为重要的宣传阵地。另外，对话可以说是排名合法化进程中必要组成部分；让用户参与这一过程，澄清他们关注的问题，最终的排名结果就会更容易被用户接受，也更有影响力。

一小部分学者试图对排名进行背景分析，解读其受欢迎的基础，并研究排名对高等教育、教师和利益相关者行为的影响和意义。这些文献试图从以下三个方面来解释排名现象：①国家和国际组织（如欧盟）被锁定在国家竞争优势的战略中；②院校为生存而努力的过程中，组织和院校文化与行为随着外部环境发生改变；③教师与学生利用地位体系中的朋辈及自我认知的正（负）相关性，并作出回应。这些问题大致可归纳为全球化与权力网络、组织行为与变革、社会资本与地位商品三组论点，每组论点都试图将高等教育变革置于一个更广泛的框架中（参见 O'Connell，2014，p. 41 - 66；Lo，2014，p. 41 - 80）。

本节概述了这些观点，为前文的讨论和本书的其余部分奠定了背景。虽然后文讨论的每一种理论框架都可供不同的研究者独立阅读和使用，但笔者认为也可以串联起来阅读。每一种理论方法都描述或解释了排名现象的不同方面,它们之间有很强的联系或重叠。

全书的讨论一语概之,即排名是全球竞争加剧的必然结果。高等教育作为人力资本和知识的发源地,已经成为地缘政治斗争的支点,各国围绕这个支点,争夺更大的全球市场份额。同时,高等教育机构也是知识密集型产业,在竞争环境中与其他行为者或企业并无不同;为了生存和发展,许多院校正在改变战略或调整行动,以适应排名所颁布的标准。院校行为受到这样一种观念的影响,即那些排名表现最好的院校将吸引更多、更有能力的学生,获得更多资源或更高的声望。学生们将排名与更好的教育质量联系在一起,更关键的是他们还将排名与更好的职业机会和生活方式选择联系起来。各国政府也在据此重组或重塑其教育系统,认为排名前列的院校是吸引流动投资和国际人才(二者是全球竞争力的重要组成部分)的灯塔。

全球化与权力网络

全球化是一个跨国融合的过程,也是一个一体化的过程,创造了"单一的世界市场"和"共同的知识库"。根据卡斯特里斯(Castells,1996,p. 92)的说法,全球经济(a global economy)与世界经济(a world economy)有质的不同。在 16 世纪以来就已经存在的后者中,"资本积累在全世界范围内进行";而在前者中,资本具有"在全世界范围内实时进行整体协作的能力"。通过对资本的全天候管理,资本和信息流动既是全球性的,又是不受地方和各国经济实际表现影响的。由于科学、技术和知识可以在不对称的体系中运行,它们已成为在社会、经济和政治权力中的决定性因素。而创新是将知识转化为新产品和服务的关键,因此,以知识和创新体系为基础的国家竞争日益激烈(Slaughter & Leslie,1997)。

在卡斯特里斯看来,知识是全球化资本积累中的一种商品。与

"土地（自然资源）、劳动力（人力）和资本"等传统要素相比，知识是"新的生产要素"（Robertson，2008，p. 4）。因此，学术研究不再仅仅是满足个人的求知欲，而是很大程度上受国家资助重点的驱动，这些重点与促进经济增长和竞争力的国家战略相关联。知识的重要性主要在于其转化为新产品和服务的能力；换言之，"知识被定义为具有商业价值的知识产权"，其"商业价值可以兑现，进而创造经济价值，实现经济增长"（Robertson，2008，p. 5）。

竞争力取决于"国家和超国家组织是否有能力指导其管辖的国家或地区的增长战略，包括建立竞争优势"（Castells，1996，p. 105）。虽然国家（地区）仍很重要，但全球经济的结构和形态建立在经济区域的相互依存上，这些区域"沿着生产性的、信息丰富的富裕地区与经济贬值、社会边缘化的贫困地区之间的轴线两极分化"（Castells，1996，p. 145）。高科技、高度专业化的服务和金融产品聚集在一起，形成所谓的"技术中心"（Castells，1994a）、"全球城市"（Sassen，2001）、"知识区域"（Reichert，2006）；他们构成了网络世界的"组织节点"（Friedman，1995）。根据霍尔（Hall，2006）的说法，这些节点成为"各种专业人才聚集的中心……"，学生和教师被吸引到世界级城市，"他们通常拥有许多著名大学，以及一大批科学、技术和艺术领域的教学、研究机构"。城市国家、区域或国家要想具有吸引力，就需要高等教育机构享有盛名或不断提高其声誉。

这些发展对高等教育产生了重大影响，并将高等教育转变为经济发展的重要工具；新公共管理与新自由主义相结合，将高等教育机构转变为私人市场和绩效驱动的"竞争性的企业型大学"（Marginson，2010a）。这涉及经济和商业原则及管理程序的应用，大力强调问责制、透明度和绩效。参与市场营销、以客户为中心、创业精神和行业驱动的研究，都对学术文化和工作产生了影响。马金森（Marginson，2010 a)认为，这已经导致了两种稍显对立的行动：一种是放松对"企业型大学"的监管，使其能够应对（劳动力）市场以及由此带来的各种变数；另一种是"将学术产出作为绩效的过度监管"。斯劳特和莱斯利（Slaughter & Leslie，1997，p. 36‐37）认为，全球化对高等教育产生了"四个深远的影响"：①"自由裁量领域的资金紧缩"；②与国际市场紧密相关的"技术科学和领域日益占据中心地位"；③跨国公司与国家机构之间的关系日益紧密；④更加注重知识产权战略。通过将教育的方向调整为创造财富和提高经济竞争力，知识和商品之间的区别消失了，"知识变成了商品"，这对大学和教师产生了深远的影响（Slaughter & Leslie，1997，p. 38）。知识、经济／产业政策和知识产权之间的相互联系重塑了本科生和研究生教育以及学术实践。其论点很简单：国家竞争的基础是创新，创新"从根本上说是储存在人脑中的"（Castells，1996，p. 95）；因此，必须对"学术资本"（academic capital）进行投资。

　　由于高等教育在市场环境下发挥着创造竞争优势的基础性作用，因此绩效至关重要。马金森与范德维德（Marginson & van der Wende，2007a，p. 17）认为，各国政府和全球活跃的高等教育机构追求两个相关的目标：①在全球范围内，最大限度地提高"能力和绩效"；②在国家和地方，优化"全球流动、联系和离岸业务的利益"。高等教育格局是一种"关系型格局"（relational landscape），这意味着院校和国家不断地根据全球能力和潜力的指标来相互衡量，从而发现比较优势和竞争优势。罗伯逊（Robertson，1998，p. 224）认为，在早期，政治斗争和人力资本因素"共同推动了高等教育的扩张"，当前时期对这一历史运动提出了挑战："当争取社会平等的斗争……再也无法抵挡时，全世界的统治精英们就会加强院校间的声誉差异（也会带来社会差异）"。

　　虽然个别院校和国家可以自主决定发展道路，但"他们不再完全掌握自己的命运"（Marginson & van der Wende，2007a，p. 13）。他们是更广泛的地缘政治斗争的参与者,在这场斗争中,"政府需要在全球知识经济的背景下振兴国家的创新体系"(Robertson,1998,p. 227),这在全球金融危机之后更加迫切。尽管对世界一流地位的追求在金融危机前已然出现,但大学排名成为推动全球高等教育改革的关键驱动力,凸显出其对建立竞争优势战略的重要性——这取决于高等教育吸引投资和国际人才的能力(Gulbrandsen,1997)。由于研究活动是知识、知识产权和创新的源泉,全球大学排名已经成为一个重要的相关指标,加强了"竞争要素以及院校、国家和世界区域的既有地位",并赋予了权力(Marginson & van der Wende,2007a,p. 34)。虽然排名经常被指责为一种标准化的力量,但由于高等教育的全面市场化,排名也可以被认为推动了更大的独特性(O'Connell,2014)。本章开篇的引言部分和方框 1.1 中的新闻标题说明,高等教育已经成为(被解读为)全球战场。

方框 1.1　新闻标题

"国际损失可能危及澳大利亚的排名",《校园评论》,2009年(Ross,2009)

"亚洲在进步,美国在后退",《小号》,2010 年(Jacques,2010)

"美国大学的没落",《韩国时报》,2010 年(Costello,2010)

"印度大学亟须追赶世界排名",《亚洲科学家》,2014 年(Pushkar,2014)

"卧虎藏龙,蓄势待发",《泰晤士报高等教育》,2010 年(Baty,2010a)

"排名讲述的两个印度故事",《亚洲时报》,2014 年(Nazareth,2014)

"25 年后中国大学将比肩西方大学",《环球时报》,2010 年

(Dong，2010)

"爱尔兰大学在全球排名中垫底"，《独立报》，2009 年(Donnelly，2009)

"沃杜拜弥：大学如何在全球排名中名列前茅"，《泛非》，2010 年(Edukugho，2010b)

"迫在眉睫的挑战——大学必须将目光投向海外以扭转日本的人才流失"，《日本时报》，2010 年(Fukue，2010)

"菲律宾院校在研发方面落后于亚洲其他国家"，《马来亚商业观察》，2010 年(Icamina，2010)

"英国在与美国的竞争中占据优势"，《泰晤士报高等教育增刊》，2006 年(Ince，2006)

"肯尼亚准备好迎接世界一流大学了吗?"，《标准数字新闻》，2009 年(Kigotho，2009)

"'牛津剑桥'可能被中国大学比下去"，《每日电讯报》，2010 年(Paton，2010)

"与麻省理工学院和牛津剑桥相媲美的技术强国：法国人正在唤醒沉睡的巨人"，《独立报》，2010 年(Prest，2010)

"法国：排名促进了大学改革"，《世界大学新闻》，2011 年(Myklebust，2011)

组织行为和变革

竞争性排名叙事的标准化使其迅速扩散并占据了主导地位；接下来的讨论主要借鉴了福柯(Foucault)和葛兰西(Gramsci)的观点。福柯提供了一个有用的理论框架，用以理解高等教育机构和政府如何被迫按照排名所提供的模式来应对高等教育的发展，而葛兰西则讲述了排名主宰高等教育话语的方式。

福柯(Foucault，1977，p. 209)在撰写关于规训、监视和惩罚的文章时指出，控制已从惩罚转向更抽象的"规训技术"(disciplinary technology)，这种技术通过调节人们生活的空间、时间或活动来规范行为。要将"特殊规训图式"转变为"一般意义上的规训社会(disciplinary society)"，权力不是以直接的方式行使，而是通过"具体实践和常规程序"产生的一系列复杂关系来实施。

> ……既不是领土(统治单位)，也不是地方(居住单位)，而是等级，即一个人在分类中所处的位置……。规训是一种等级艺术，是一种改变地位的技巧……（转引自 Sauder & Espeland，2009，p. 69)。

因此，"权力的伟大工具之一"是标准化——通过标准化实现同质化，揭露行为上的差异。巴克与切尼(Barker & Cheney，1994，p. 20)解释道，

> 虽然鞭子(whip)和监视(watch)支配着我们的行为……在这两种"权威"治理类型中，监视是比较不引人注目、比较彻底的一种，因为我们对它的长期服从是一种心甘情愿的自愿行为。

福柯认为，权力和控制是通过持续的、隐匿的监视来行使的，据此，监管者和被监管者以一种嵌入日常实践的方式并置和相互依存。其效果与"按部就班"或"普世观点"等常用的说法相似(Barker & Cheney，1994，p. 24)。

尚德与埃斯佩兰(Sauder & Espeland，2009)借鉴了福柯的观点，说明排名不仅通过胁迫性和诱惑性的手段改变了人们对教育的看法，还通过对绩效的持续监测，形成一种强迫性的控制形式并将其内化。他们认为，高等教育以及高等教育的个体行为者都面临着顺应的压力——对不同的利益相关者和复杂的环境作出回应，以日益

增多的量化措施来展示问责制和透明度。最好将对排名的反应"理解为各种行为者的反应,他们在努力调和自己作为专业教育工作者的意识与强加的市场导向的问责逻辑"(Sauder & Espeland,2009,p. 66)。虽然高等教育可能试图与排名的压力(以及排名影响外界对大学看法的方式)"脱钩",但很难成功实现这一点。尚德与埃斯佩兰(Sauder & Espeland,2006,p. 130)通过对法学院的研究指出:

> 许多管理人员注意到,在校生、教师甚至行政人员等大学内部成员都会受到排名变化的影响;这些影响的表现形式包括士气的起伏、人员调动、对新教师吸引力的变化以及管理人员工作保障的增减。

排名在高等教育领域中持续的"监视"或频繁地出现,可能会引发人们的愤怒和不满,但排名已经成为一种自律性的力量。

在院校比较中,"个人或院校的表现是与其他个人或院校进行比较",从而强加了标准化的过程(Sauder & Espeland,2009,p. 73)。排名通过建立"单一的卓越标准"来构建等级制度,而这种标准被转化为分级的机制或手段,通过测量和量化来"判断和控制这些关系"。这就像福柯的"规训"一样,建构服从的、自我监督的主体,"定义正常、标记偏差,并创造出维护边界的专家"(Espeland & Sauder,2007,p. 4 - 5)。这些标准在影响、激励和改变"超越自身对质量认知"的行为和态度方面发挥着核心作用(Bowman & Bastedo,2009,p. 4),包括鼓励一些学校奉行符合排名假设的使命(Espeland & Sauder,2007)。基于"反应性"(reactivity)和"反射率"(reflectivity)的概念,尚德与埃斯佩兰(Sauder & Espeland,2007,p. 33)认为排名会"使高等教育机构逐渐转变为更符合用于构建排名标准的实体,……促使资源的重新分配,工作的重新定义和博弈"。从本质上说,随着时间的推移,高等教育的参与者们会趋于一致,理性应对"排名对目标对象的干扰性影响"(Espeland & Sauder,2007,p. 6)。

葛兰西的霸权概念也有助于解释排名是如何主导了高等教育质量和绩效的讨论。和福柯一样,葛兰西(Gramsci,1971,p. 419)认为权力不是直接行使,而是通过文化规范(观点、实践、制度等)来间接行使的。这些文化规范无孔不入,从而被视为常态化的"生活经验"或"常识","被各种社会和文化环境不加批判地吸收……"。霍尔等人(Hall et al.,1978)的"道德恐慌"(moral panic)概念来自葛兰西。在这些著作中,作者讨论了政界和媒体通常如何操纵犯罪统计数据,以使公众敏感地意识到某一特定观点;通过这种方式,犯罪统计数据帮助"确定了公共话语的议程"。

> 无论是犯罪率还是民意调查,统计数据都具有意识形态的作用:它们似乎把自由浮动和有争议的印象建立在坚硬的、无可争议的数字土壤上。媒体和公众都非常尊重"确切的数字"——不容争辩的事实(Hall et al.,1978,p. 9)。

排名也具有类似的霸权作用。它们创造了一套强有力的理念或价值观,围绕这套理念或价值观,一种特定的高等教育模式、高质量或卓越的概念成为公认的标准。马丁斯(Martins,2005,p. 704)提到,排名能够证明自己是一种"被参与者视为客观的'社会事实'",从而赋予其权威性。从本质上说,排名属于"软权力"(soft power),其施加的影响是说服性的,而非胁迫性的(Lo,2011,p. 216)。

理性选择理论(rational choice theory)又增加了一个维度,其认为,个人会选择最有可能"给他们最大的满足感"的行动(Scott,2000,p. 128),或者根据"投资回报"做出选择。贝克尔(Becker)认为:"人们会理性地评估活动的收益和成本……无论他们是自私的、利他的、忠诚的、恶意的,还是自虐的"。虽然他们的"行为是前瞻性的",但"可能仍然植根于过去,因为过去会对态度和价值观造成长期的负面影响"(Becker,1993,p. 402)。列维特和杜伯纳(Levitt & Dubner,2009,p. 12)也用经济学来解读行为,认为"激励是现代生活的基石"。无论高等教育领导者是为了减轻对其院校的影响，重新确定目标还是寻求提高绩效，都可以认为他们是在对自身所处环境作出理性的反应。他们的反应说明了排名是如何成功地将自己（通常是无意识/下意识地）嵌入到环境中并驱动行为的。

最后，巴斯特多和博曼（Bastedo & Bowman，2011）运用开放系统理论（open system theory）"帮助我们理解排名是一种组织间的依赖关系"，以说明"组织如何适应和管理环境中的规范、价值观和信念，以增加组织生存的机会"。这包括制定影响排名的策略（例如操纵所提供的数据）、拒绝就排名机构发送的问卷进行同行评议，或战略性地作出回应。后者说明，与认为高等教育机构在高度确定性的环境中无所适从的观点相反，他们积极主动地进行了一系列战略应对，"包括反应性、脱钩和形象管理"，这种方式揭示了"与 USNWR 排名相关的组织间资源流动的依赖性"。归根结底是一种资源依赖关系；"某些合法的第三方通过对外部资源提供者的影响，对其进行评价，可以获得资源和经济利益"（Bowman & Bastedo，2009，p. 26）。由于利害关系如此之高，排名可能会引发报复性或保护性反应。

当对"大学未来理想形象"的看法与当前现实之间存在差距时，特别是当这一差距是基于对"组织在关键成员眼中的形象"的解释时，就会产生紧张关系。马丁斯（Martins，2005）认为，如果排名被认为具有战略影响，也会严重影响高等教育机构的外部形象，那么"感知到的身份-声誉差异"可能会促使其高层管理者发起组织变革。埃尔巴赫和克莱默（Elsbach & Kramer，1996，p. 470）也同样认为：

当组织成员意识到其组织身份受到威胁时，他们会试图保护他人和外界对其组织以及自身的看法。

这种做法可能包括将"成员"的注意力集中在他们应该做什么和为什么要这样做；解读"他们的组织"以重新分类；将注意力引导和集中到其他（更积极）方面的表现；或最终"改变或重塑他们的身份"

(Elsbach & Kramer，1996，p. 472)。

社会资本和地位商品

布迪厄(Bourdieu)、赫希(Hirsch)与弗兰克(Frank)等人的研究表明,排名通过强调声誉价值和获得地位商品的有限机会,加剧了院校和国家之间的竞争。通过这种方式,排名就会提升和推崇特定地位的概念,建立一种评价所有高等教育机构的社会标准,并悄悄地将其渗透到公共话语中。

布迪厄(Bourdieu, 1986)将资本区分为三种:经济资本、文化资本和社会资本。经济资本可转化为货币并以产权的形式制度化;文化资本在某些情况下可转化为货币或以学历等形式制度化;社会资本是权力关系的一种功能,个人据此谋求自身利益和社会地位的提高,经济、文化和社会资源的总体划分也就合法化了。社会资本是"实际或潜在资源的集合体,这些资源同对大家共同熟悉或认可的制度化关系的持久网络的占有联系在一起"。社会资本为"其成员提供了集体资本的支持,这是一种'凭证',使他们有权获得各种意义上的信用"。例如,地位商品(positional goods)的积累和家庭、阶级、部落或学校的成员资格可以赋予个人或群体社会资本或地位和威望。通过社会资本的再生产,这些群体的成员可以获得利润或利益,这就假定存在着"一系列连续的交换,在这些交换中,这种认可得到了无止境的肯定和重申"。

赫希(Hirsch, 1997, p. 6)提出了"地位商品"的概念,即人们获得"社会稀缺的商品和设施……取决于相对的实际收入,而不是绝对收入"。关键因素是"个人在购买力分配中的地位"。然而,鲜少有人竞争地位商品,这意味着在任何时候只有少数人能受益。这就成了一个零和游戏——当一些人获益时,其他人则必然受损。维布伦

(Veblen)此前曾强调,"任何商品、质量或成就的相对价值才是地位价值的来源"(转引自 Sauder,2006,p. 302)。弗兰克(Frank,2001)同样认为,由于其有限性,"地位商品"造成了一种"军备竞赛"或一种"赢家通吃"的局面。对于"大众消费者"来说,成功和失败之间的差别可能微乎其微,但对于"制造商来说,风险往往是巨大的"。在这个过程中,这些"高风险创造了'新贵'阶层";那些关键人物决定了企业成败(Frank & Cook,2003,p. 55;Bowman & Bastedo,2009,p. 28)。赢家和输家之间的差距不断扩大,加剧了对最高奖项和地位的竞争,在此过程中,精英大学被授予了"守门人"的地位,因为他们被认为有能力提升在同行中的相对地位。与赢家通吃市场相对应的另一种描述利益循环的方法是"马太效应"(Matthew Effect),即"精英大学在累积优势的良性循环中获得了过高的信用和资源"(Gumport,2000,p. 4-5)。

这些概念与排名有何关系呢?布鲁尔等人(Brewer et al.,2001)写道,声誉和声望是一种资产,使高等教育机构能够"向客户传达非价格信息";声誉是长期建立起来的,是可以检验的,而声望是无形的,可能是建立在意见或感知基础上的。虽然精英大学和非精英大学之间的界限可能只有少数人才清楚,但在高等教育大众化和知识经济的要求下,这种情况已经不复存在,精英大学的文凭被赋予了特权。对巴斯特多与博曼(Bastedo & Bowman,2011,p. 10)来说,"排名构成了第三方地位体系,构成了大学规范环境的重要组成部分"。张和奥斯本(Chang & Osborn,2005,p. 341)基于德堡(Debord)的"奇观"理论(theory of spectacle),认为排名创造了强大的形象,像广告一样:

> 提供了一幅简单的"画面",透过排名,消费者、家长和学生可以"看到"一所院校。更具体地说,学生们看到了一所院校在《美国新闻与世界报道》创造的宏大经济体系中的地位(即其

"价值")。

排名鼓励"地位军备赛"(positional arms race),精英大学的学位带来的优势因其数量少、门槛高而更加突出(Winston,2000)。认证和排名以不同的方式,通过强调垂直或等级分层建立地位体系;图1.1旨在说明认证制度的影响,但于排名同样适用。

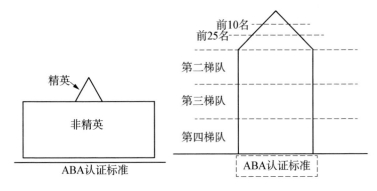

图 1.1　认证和排名所描述的地位体系

来源:已获施普林格科学(Springer Science)和商业媒体(Business Media)的授权;Theory and Society,"Thi rd Parties and Status Position: How the Characteristics of Status Systems Matter",vol. 35, no. 3,2006, pp. 307 - 308, M. Sauder, Figure 1 and 2.

由于地位能带来利益,高等教育机构是构建地位体系的积极参与者(Becher & Trowler,2001)。欧米拉(O'Meara,2007,p. 123 - 124)将院校行为或反应描述为"奋斗",其基础是一些早期概念:

"垂直延伸"(vertical extension,Schultz & Stickler,1965)、"学术漂移"(academic drift,Berdahl,1985)、"上层漂移"(upper drift,Aldersley,1995)、"学术棘轮"(academic ratcheting,Massey & Zemsky,1994)、与研究文化的制度同构(institutional isomorphism,DiMaggio & Powell,1983;Milem,Berger & Dey,2000;Morphew,2002;Riesman,1956)。此外,这种概念被称为"制度同质化"(institutional homogenization)或"制度模仿"(institutional imitation,

DiMaggio & Powell，1983；Jencks & Reisman，1968；Scott，1995）。

那些试图通过提高排名来提高自身地位的大学被认为是在"奋斗"。用"游戏"形容高等教育行为是一种更具贬义的说法，借此表明参与排名符合公认的规则或规范（Corley & Gioia，2000，p. 320；Wedlin，2006）。沃尔克韦恩和斯韦策（Volkwein&Sweitzer，2006）认为，使命、规模和财富会影响高等教育机构的资源部署，以影响其"吸引力"。同样，温斯顿（Winston，2000，p. 16）认为，"地位军备竞赛"促使所有高等教育机构投入更多资金来吸引成绩优异的学生；"比起与上层院校之间日益扩大的差距，来自下层院校的压力（通过加大支出或降低价格）更能有效地引发军备竞赛反应"。

排名是一种表征（Ehrenberg，2001，p. 16），但也是"声誉竞赛"的加速器。虽然高等教育一直都是竞争性的，但"排名使人们对声望和质量的认识变得明确"（转引自 Freid，2005，p. 17）。由于院校和学生数量的增加，加上就读名牌大学与职业和薪资福利之间的联系，一场"高等教育军备战"已然出现。布鲁尔等人（Brewer et al.，2001）和弗里德（Freid，2005，p. 89）认为，"今天赋予精英大学的声誉和威望在一定程度上是基于其选拔性，吸引了最优秀的学生和教师"。范弗特（Van Vught，2008，p. 168）认为，学术规范在院校和教师应对外部环境压力的方式上起着重要作用；在一个"大学和其他高等教育机构似乎特别希望最大限度地提高其（学术）声望和维护其声誉"的市场中，情况更是如此。因为排名有利于传统的学术产出，它们鼓励"模仿行为（模仿排名前列的院校）……"，从而加剧了"声誉竞赛"（van Vught，2008，p. 172）。反过来，通过限制获得而被社会视为关键"地位商品"，排名有助于维护地位体系（Bok，2003，p. 159）。最终，只有一所大学可以成为第一；当一所大学的排名上升时，另一所大学的排名必然下降。同样，一所大学的学生名额有限，就提高了每个名额的价值,加剧了竞争。

小　结

尽管有争议,但 ARWU 和 THE-QS 排名的到来可谓是恰逢其时、大有裨益。可以说,全球排名的时代已经到来。它们与世界范围内公共政策的转变相辅相成,并影响了高等教育与政府的三组关系:提高绩效和生产力、加强院校治理和财政问责制以及市场主导的质量保证和认证(van Vught et al. , 2002)。全球排名提高了竞争标准,加重了高等教育机构和系统的压力,成为重大重组的动因和衡量成败的手段(Ritzen, 2010; Aghion et al. , 2007; Lambert & Butler, 2006; Boulton & Lucas, 2008)。通过强调声誉优势和声望,排名已经影响了所有的高等教育机构,包括那些以前受到历史、使命或治理所庇护的院校。高等教育机构转变为战略性知识密集型企业,参与地位竞争,在现实排名和目标排名之间艰难博弈。无论排名高低,无论面向国际还是聚焦区域,所有高等教育机构都被卷入全球知识市场。通过提高部分高等教育机构的知名度,排名已经成为战略定位和全球品牌的重要工具。

　　顶尖的学术机构正在争相吸引最优秀的人才,若未充分应对国际化的挑战,其危险是巨大的(Universitat Politècnica de Catalunya, 2008)。

因此,高等教育机构受到了可以从排名中获得好处的激励。他们正变得更具战略性,不仅重组结构和程序,将资源分配给具有国际竞争力的学习和研究领域,并且也在重新设计招生工作。

　　在一个理性的世界里,由于对资金的忽视以及被很多人谈论的危机——大学在寻找公共资源的支持、争夺优秀生源、利用私人投资提高研究能力等方面所面临的问题……因此,排名

是一件非常务实的事情,校长必须这样做,因为排名确实影响
到生源质量、私人投资收入、大学声誉和水平,后者在财政困难
时期尤为重要(学生领袖,澳大利亚)。

全球排名意味着人们认识到,在全球知识经济中,仅靠国家优势
是不够的,排名具有更广泛的影响力。作为全球化的产物,排名似乎
是全球知识的排序,并提供了一个"可信"的框架或视角,通过它可以
了解全球经济和国家(以及超国家)的定位。尽管对指标选择和(或)
权重的有效性仍有争议,但排名已经获得了合法性,不仅其方法在统
计学上显得很严谨,而且排名的制定者们也乐于与批评者们交流,并
持续加以改进。排名的受欢迎程度依然令批评者们不解。表 1.1 从
全球排名的角度提供了对全球竞争力的看法,而全球排名反过来又
决定了议程并影响了公众舆论(见表 1.1)。

表 1.1 2004—2014 年世界排名百强大学地区分布

排名	年份	北美洲	欧洲（含俄罗斯）	澳大利亚、新西兰	亚洲（含印度）	拉丁美洲	非洲	中东地区
QS/THE-QS	2014	33	41	9	17	0	0	0
	2011	35	40	7	18	0	0	0
	2008	42	35	8	13	0	0	1
	2004	38	36	12	13	0	0	1
THE	2014	49	34	5	12	0	0	0
	2011	57	30	4	9	0	0	0
	2010	57	28	5	10	0	0	0
ARWU	2014	56	35	4	3	0	0	2
	2011	57	33	4	5	0	0	1
	2008	58	34	3	4	0	0	1
	2004	55	37	2	5	0	0	1
WRWU	2014	64	21	3	10	2	0	0
	2011	73	16	2	7	2	0	0

（续　表）

排名	年份	北美洲	欧洲（含俄罗斯）	澳大利亚、新西兰	亚洲（含印度）	拉丁美洲	非洲	中东地区
	2009	71	21	1	5	2	0	0
SCImago	2014	43	27	5	23	2	0	0
	2011	46	25	4	24	1	0	0
	2009	47	25	4	24	2	0	0

来源：ARWU、THE-QS、QS 和 THE。

　　由于排名将量化作为决定质量和绩效的基础，因此，排名优先考虑历史悠久、资源充足的大学，他们在招收学生和吸引教师方面具有高度选拔性，且其相对优势也是经年积累而成。美国等捐赠来源丰富的大国在这一进程中表现最为突出。希尔（Sheil，2009）估计，在一个由大约 25 所世界一流大学组成的超级联盟中，大多数成员是拥有巨额捐赠基金的美国私立院校。尽管受到经济大衰退的影响，私人收入大幅下降，但 2009 年收入排行榜上的前十所美国大学仍筹集到了 44 亿美元（32 亿欧元）（Masterson，2010a；CAE，2009）。2008 年的自愿捐款一度达到 316 亿美元（234 亿欧元），2009 年下降了 11.9%，而后逐年递增，2013 年达到了近年来的最高水平 338 亿美元（250 亿欧元）（CAE，2013）。然而，若根据 GDP 或人口规模重新计算，美国的排名将会跌至第 10 位，瑞士、中国香港、荷兰和新加坡等规模较小的国家和地区则跃升至排行榜的前列（参见图 1.2—1.4）。因此，衡量标准和方法不同，高等教育的世界格局也会发生变化。

　　尽管耗资甚巨，但追求世界一流的地位已经成为许多政府和高等教育机构的口号，与其对排名的执念相当；或者说，这两者是可以互换的。正如阿特巴赫（Altbach，2003）所说，"世人皆想拥有世界一流大学，于国家而言，世界一流大学也是必不可少的"。失去地位对国家和院校而言都是一种屈辱（EdMal，2005；Alexander & Noonan，2007）。之所以会产生对世界一流地位的迷恋，是因为人们追求精英大学，同时也对高等教育大众化的基础做出了反思，这是整个 20 世纪晚期的政策基石（Altbach，2008，p. 9）。摩曼等人（Mohrman et al.，2008）认为，研究型大学已经成为世界一流大学（world-class university，简称 WCU）的基础，同时世界一流大学作为一种新兴的全球模式，已经渗入到公共和政治话语中（见第六章）。个人、公共和私营组织不知其中细微差别，无形中成为传播者，使用世界一流大学的话语来宣传地区优势或就某项战略进行游说。

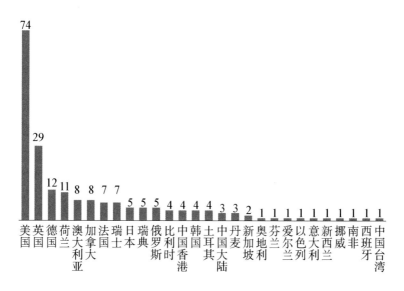

图 1.2　2014—2015 年度 THE 排名全球 200 强大学国家（地区）分布

来源：THE。

注：2013—2014 年度 THE 排名发布于 2013 年 10 月。

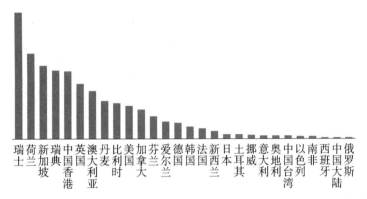

图 1.3　2014—2015 年度 THE 排名全球 200 强大学国家（地区）分布（按人口规模计算）

来源：THE。根据比尔肯斯（Beerkens，2007，2008，2014）计算得出。

注：2013—2014 年度 THE 排名发布于 2013 年 10 月。

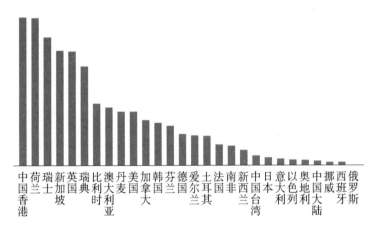

图 1.4　2014—2015 年度 THE 排名全球 200 强大学国家（地区）分布（按 GDP 计算）

来源：THE。根据比尔肯斯（Beerkens，2007，2008，2014）计算得出。

注：2013—2014 年度 THE 排名发布于 2013 年 10 月。

　　虽然提高入学率仍然是各个国家的政策优先事项，但重点已经从提供更多的入学机会转向质量和卓越，其理论基础是"有选择的投资和更集中的研究"以及"大学之间的进一步分层"（Marginson，

2007a)。这个论点有时被认为是在维持质量的成本不断上升的背景下大学太多或学生太多,有时被描绘成平等与卓越之间的矛盾或冲突。社会目标被认为是对立的,而不是互补的。这种推理往往模棱两可,例如,经合组织和世界银行在宣传"处于知识和科学发展最前沿"的顶尖大学时,都提出了这样的问题:世界一流模式是否等同于"西方精英"模式? 以及下述假设是否成立?

> 其他类型的高等教育机构(如教学型大学、理工学院、社区
> 学院和开放大学)也可以成为国际上同类院校中的佼佼者
> (Salmi, 2009, p. 3; Vincent-Lancrin & Kärkkäinen, 2009)。

同样,伯恩鲍姆(Birnbaum, 2007)也认为:

> 世界各地真正需要的不是更多的世界一流大学,而是更多
> 世界一流的技术学院、世界一流的社区学院、世界一流的农学
> 院、世界一流的师范学院和世界一流的地方州立大学。美国拥
> 有世界一流的高等教育系统并不是因为有很多世界一流的大
> 学,相反,美国拥有世界一流的大学是因为有世界一流的高等
> 教育系统。

然而,他们的警示被淹没在夸张的言辞中。伴随当前全球经济和金融危机的政策恐慌加剧了这一趋势,暴露了国家的不安全感,并促使以前持不可知论的国家以排名为由,进行重大政策调整和系统重组。国际研究声望与大众教育需求是相互对立的(Mohrman et al. , 2008, p. 19)。世界一流大学倾向于拥有:

> 讲英语的教师和学生,自然科学学科,能吸引企业和社会
> 资金的研究课题,发表在国际期刊上的文章以及人力资本开发
> 和知识生产互补的非竞争性的研究生课程(Mohrman et al. ,
> 2008, p. 25)。

正如书中所述,这些都是许多高等教育机构和政府正在积极寻求实现的一些成果,其假设是:排名前列不仅等同于拥有更高的质

量,还意味着具有全球竞争力。这种影响在各个层面都很明显。学生(尤其是国际学生)既是排名的目标受众,也是排名的忠实用户,其他利益相关者也是如此,排名的受众群体远远超出了最初的设想。随着院校资源被转移到其他能够塑造声望的领域,囿于教师在国际学术劳动力市场和地位体系中的处境,他们可能既是受害者,也是支持者。在国家层面,排名已经成为一种(方便及时的)政策工具和管理工具。最终,政府和院校利用排名来指导高等教育的重组,因为在全球范围内,那些对研究和创新投资以及高技能流动人才有吸引力的社会将获得更大成功。最后,排名进一步扩大了精英和大众教育之间的鸿沟,提高了对全球竞争力至关重要的关键"地位商品"的价值,并增强了"赢家"的吸引力,从而对社会公平和其他院校及国家产生了影响。

第二章

排名评价的内容

对性质、结构、使命等截然不同的院校进行排名并非易事。但通常情况下，能获取的信息（院校自愿公开）值得在一个国家引入排名。

——教务长，1990 年后成立的私立研究型大学，土耳其

把所有合适的指标都考虑进去，确保它们被准确地衡量，且兼顾所有不同的利益群体，这几乎是不可能做到的。目前编制的指数排名表都不具备充分的有效性。

——高级管理人员，1900 年前成立的公立研究型大学，瑞典

排名的流行

全球排名自 2003 年起已成为一种国际现象，但学术质量排名的起源要早得多。排名发展至今，可分为四个主要时期。

第一阶段（次国家级/精英）：根据韦伯斯特的说法，排名的"发明者"是詹姆斯·麦肯·卡特尔（James McKeen Cattell），其在 1910 年出版的《美国科学家名人录》（*American Men of Science*）中"利用教师的科研声誉，展示了顶尖大学的'科研实力'"（Webster，1986，p. 14，

p. 107 - 119)。阿利克·麦克莱恩（Alick Maclean）和哈夫洛克·埃利斯（Havelock Ellis）作为卡特尔的前辈，都对"精英从何处来"（此处借用了麦克莱恩的著作名称 *Where We Get Our Best Men*，1990）充满了好奇。1904 年，根据国籍、出生地和家庭等特征，埃利斯按"天才"就读的数量排序，编制了一份大学名单（Myers & Robe，2009，p. 7）。卡特尔改进了埃利斯的方法，给每所大学的科学家赋予权重，然后用"明星"科学家的加权总分除以教师总数，得出最终分数。其排名《美国科学家：名人辞典》（*American Men of Science：A Biographical Dictionary*，1906）的出版是一个重要的分水岭。同样在 1910 年，肯德里克·查尔斯·巴布科克（Kendric Charles Babcock）代表美国大学协会（American Association of Universities，简称 AAU）发布了大学本科教育分类，"如此一来，研究生院就能知道哪些申请人最具资格"（Myers & Robe，p. 9）。1930—1951 年，贝弗利·沃格·昆克尔（Beverly Waugh Kunkel）和唐纳德·B·普伦蒂斯（Donald B. Prentice）根据列入《名人录》（*Who's Who*）（Myers & Robe，p. 9）的校友人数对大学进行了排名。

这些早期的排名采用了多个"质量维度"，特别是教师的专业知识，毕业生在以后生活中取得成功的比例以及学术资源（如师生比或图书馆藏书）。研究几乎从一开始就被包括在其中，因为"许多大学已经认为研究是最重要的职能，至少是其中之一"（Webster，1986，p. 17）。这种早期对"杰出人物"的关注主导了 1910—1950 年代的排名，实际上将大多数公立大学排除在外，比如存在于美国西部和中西部的赠地大学（Land Grant University），因为这些院校创立时间不长，办学使命不同于老牌私立大学。

第二阶段（国家排名）：历史性的转折出现在 1959 年，当时强调声誉因素的排名开始取代那些注重"学术渊源"的排名，排名开始发展成为一种全国性的现象。排名形式依赖于《科学引文索引》

(*Science Citation Index*)和《社会科学引文索引》(*Social Sciences Citation Index*)，二者分别在 1961 年和 1966 年问世并每年更新。第二阶段主要由海沃德·肯尼斯顿(Hayward Keniston)的《宾夕法尼亚大学艺术与科学学院研究生的学习和研究》(*Graduate Study and Research in the Arts and Sciences at the University of Pennsylvania*)、艾伦·卡特(Allan Cartter)的《研究生教育质量的评估》(*Assessment of Quality in Graduate Education*)、肯尼斯·D·罗斯(Kenneth D. Roose)和查尔斯·J·安德森(Charles J. Andersen)的《研究生课程评价》(*Rating of Graduate Programs*)、彼得·布劳(Peter Blau)和丽贝卡·扎姆斯·马奎斯(Rebecca Zames Marguiles)在《变革》杂志(*Change* magazine)上发布的专业学校排名(ranking of professional schools)、小埃弗雷特·卡尔·拉德(Everett Carl Ladd Jr.)和西摩·马丁·利普塞特(Seymour Martin Lipset)发表在《高等教育纪事》(*Chronicle of Higher Education*)上的排名(1979)，以及美国国家科学院发布的排名(Webster, 1986, p. 121-140)。尽管卡特的排名没有将院系结果汇总成学校层面的综合排名，但其排名方法因最为全面而广受好评，售出了大约 26 000 份(Myers & Robe, 2009, p. 13)。该排名在商业上的成功为 1983 年 USNWR 排名的问世铺平了道路，后者的出现标志着另一个决定性的时刻。尽管不同排名之间存在着各种差异，但它们都集中在单一国家管辖范围内的院校或课程上，这一点是相同的。

　　USNWR 排名的崛起与意识形态和"促进市场繁荣的时代潮流"相吻合(Karabel, 2005, p. 514)。USNWR 排名最初是一项对 1 300 名四年制学院校长的声誉调查(Brooks, 2005, p. 6)，这些大学按卡内基分类法进行分类(Myers & Robe, 2009, p. 17)。由于在年均发行量达到 250 万册(1987 年)的杂志上发布有关本科教育的信息，USNWR 排名大获成功(Webster, 1992)，1988 年起增加了商业、工程、法律和医学的研究生专业课程排名,并按年度持续发布。USNWR 排名结合了声誉和其他客观数据,采用投入(资源、学生录取等)和声誉指标,是一份面向学生及家长等消费者的大学指南。USNWR 排名采用了调查和重点小组,与之前的排名有质的区别。在随后的几年里,USNWR 排名对其方法进行了多次调整与更新,以回应批评及应对学生和家长最关切的问题。如今,USNWR 排名已囊括近 1 800 所院校。

同样,欧洲排名也受到 CHE 大学排名(CHE-Hochschul-Ranking)成功的影响。德国高等教育发展中心于 1998 年开发了 CHE 大学排名,该中心由贝塔斯曼基金会(Bertelsmann Foundation)和德国校长会议(the German Rectors Conference)于 1994 年创立。CHE 大学排名利用网络技术,允许用户进行个性化或私人定制,2005 年起由德国《时代周刊》(*Die Zeit*)发布。该排名允许用户将那些对他(她)来说最重要的指标进行个性化设置,如学科或科学领域、地点、院校类型、学习目标等,然后据此对高等教育机构进行排名。该排名利用学生的反馈,但并不加总得分;而是用交通信号灯的颜色(绿、黄和红)将结果分成三个不同的组别(顶尖、中等和末等)。最初该排名的目标群体是德国本科生,后来扩大至邻近的奥地利、荷兰和瑞士德语区;法国、西班牙和俄罗斯等其他欧洲国家也引入了改编版。此后,CHE 进一步扩展排名产品,相继开发了 CHE 研究排名(CHE Forschungsling)、CHE 卓越排名(CHE Excellenceranking)和 CHE/DAPM 就业能力排名(CHE/dapm Employability Ranking)。近几十年来,全国性排名和学科性排名的数量不断增加。

第三阶段(全球排名):全球排名于 2003 年问世,采用了声誉和文献计量指标以及来自汤森路透的 Web of Science 或爱思唯尔 Scopus 数据库的引文数据。正如我们所预期的,在一个充满竞争的新兴市场中,全球排名近十年来发生了巨大变化。此外,还出现了一些致力于消除人们对某所最佳大学过度狂热的新举措,包括推出高等教育系统层面的排名等。

如第一章所述,ARWU排名的诞生是为了找到中国大学在世界大学体系中的定位,响应政府建设世界一流大学的号召。该排名的初衷是在特定环境下为若干所大学争取更多资金,实则已经成为"黄金标准",即拥有"先行者"(first mover)的诸多优势。此后,2004年网络计量学排名[Webometrics,由西班牙国家研究委员会(Spanish National Research Council)编制]、THE-QS世界大学排名、2007年研究型大学科研论文质量排名[2012年起更名为台湾大学排名(National Taiwan University Ranking)]以及2008年USNWR世界最佳大学排名(2013年停止发布)相继出现。荷兰莱顿大学科技研究中心(Centre for Science and Technology Studies,简称CWTS)2008年开发的莱顿排名(Leiden Ranking),使用自己的文献计量指标来评估全球1000多所大学的科研成果,而SCImago(2009年)使用的数据来自爱思唯尔Scopus数据库与谷歌。俄罗斯全球大学排名(2009年)只发布了一个版本,使用的数据来自一份发给世界各地大学的调查问卷。

2009年底,THE-QS排名合作终止,继而产生了QS世界大学排名和THE世界大学排名(2010年)。THE一直由汤森路透提供数据支持,这意味着主要文献计量数据库之一的生产商进入了排名市场。QS和THE排名都列出了世界上最好的400所大学,但QS榜单里的大学数量已增至"701+"。QS和THE还根据其全球排名收集的信息编制了其他类型的排名,某些情况下也是出于这些子排名的特定目的,如THE自2012年开始发布校龄低于50年的百强大学榜单(THE 100 under 50 Universities),QS发布亚洲、拉丁美洲、金砖国家的各种区域大学排名,USNWR正在酝酿有关阿拉伯地区的排名(Morse,2013,2014b)。

第四阶段(超国家排名):超国家权威机构的参与,例如欧盟的

U-Multirank、经合组织的高等教育学习成果测评项目，以及美国联邦政府的高等教育机构评级系统，标志着非常重大的模式转变。随着全球化进程的加速、办学机构类别和数量的增长、市场原则的进一步侵入、国际流动性的增加以及公众对价值定位的关注，政府不得不介入对市场的监管。事实上，教育被认为是《服务贸易总协定》下的一项全球贸易服务，是不可避免的发展趋势。由于质量是全球市场中的一个关键区别因素，并且对国家竞争力至关重要，这必然导致政府更多地直接参与到质量过程中或在政策和决策中使用其结果。政府对这项传统学术界职权范围事务的介入，标志着高等教育在一定程度上失去了作为主要质量监护人的作用（Harman，2011，p. 51；Dill & Beerkens，2010，p. 313 - 315）。人们担忧的不仅仅是教育本身，还有全球经济的安全。

U-Multirank 是 U-Map 的姊妹工具，由欧盟 2014 年推出（U-Multirank，2010，2014）。基于 CHE 大学排名的经验，U-Multirank 旨在创建一个多维度的系统，强调用户的个性化选择，既摒弃了院校综合排名，也没有将维度和指标汇总成一个总分数（Europa，2008a；CHE，2010a；CHERPA，2010a & 2010b；Hazelkorn，2013a）。U-Multirank 有四个设计原则：用户主导；代表不同特征的五个维度；在使命相似的高等教育机构间具有可比性；允许从大学到院系及学科领域的多层次分析。U-Multirank 实际上是一个众包工具，为任何一所高等教育机构的参与提供了便利。然而，尽管有悖于最初的主张，但因 U-Multirank 提供了若干现成的排名且每个指标都以数字形式呈现，传统意义上的排名得以编制，且排名结果也可以根据这些指标来解释（例如 Humphreys，2014a；Silió & Fariza，2014）。U-Multirank 面临的其他困难，如缺乏合适的教学指标，许多院校提供的数据有限等，都是评价和比较高等教育机构绩效和质量的典型问题（Hazelkorn，2014b，2014c）。

截至 2014 年底,全世界有 10 个主要的全球排名,其受欢迎程度、可靠性和可信度各不相同(见方框 2.1 和表 2.1),可能还有其他不同类型的全球、国家和地区排名不下 150 余种(Salmi & Saroyan, 2007, p. 63 - 64; Usher & Jarvey, 2010; Hazelkorn, 2013b)。

方框 2.1　截至 2014 年的主要全球排名 (按创建时间排序)

- ARWU 排名(上海交通大学,中国),2003 年
- WRWU 排名(西班牙国家研究委员会,西班牙),2004 年
- 台湾大学世界排名(原研究型大学科研论文质量排名,(中国)台湾财团法人高等教育评鉴中心基金会),2007 年
- 莱顿排名(莱顿大学科技研究中心),2008 年
- SCImago 期刊排名(西班牙),2009 年
- URAP 世界大学学术表现排名(中东科技大学信息学研究所,土耳其),2009 年
- QS 世界大学排名(夸夸雷利·西蒙兹咨询公司,英国),2010 年
- THE 世界大学排名(《泰晤士报高等教育增刊》,英国),2010 年
- U-Multirank(欧盟委员会,布鲁塞尔),2014 年
- USNWR 全球大学排名(《美国新闻和世界报道》,美国),2014 年

注:仅罗列了活跃度高的全球排名。有关全球排名、指标和权重的综合列表见表 2.1。

虽然院校指南本意是为了帮助学生及其父母在本科教育方面做出明智的选择,但如今其受众要广泛得多。排名的影响之盛,实际上

表 2.1　2003—2014 年全球排名的特征

排名	年份	概况	指标和权重	比重（%）
ARWU 排名 （上海交通大学，中国） http://www.arwu.org/index.jsp	2003	该排名的最初设想是让中国大学可以将自身表现与世界顶尖大学进行对标。上海交通大学世界一流大学中心（CWCU）也开发了全球研究型大学概况（GRUP）——一个包括全球约 1 200 所研究型大学数据的数据库（http://www.shanghairanking.com/grup/survey/index.html）。	● 获诺贝尔奖/菲尔兹奖校友折合数 ● 教师获诺贝尔奖/菲尔兹奖教师折合数 ● 高被引科学家数量 ● 《自然》/《科学》》的发表论文折合数 ● 被科学和社会科学引文索引收录的论文数量 ● 上述五项指标得分的师均值	10 20 20 20 20 10
USNWR 全球大学排名 （《美国新闻和世界报道》，美国） http://www.usnews.com/education/best-global-universities	2014	该排名取代了《美国新闻和世界报道》早期与 THE-QS 排名联合发布的全球大学排名，但该排名已于 2013 年终止。该排名从 750 所大学中选出 500 所大学进行排名，综合使用声誉和文献计量指标，采用汤森路透的 In-cites 数据分析和学术声誉调查。为克服可获取数据透明的学术声誉调查有 10 种语言版本，并根据 USNWR 排名要求的"地理分布"进行了重新平衡。	● 全球研究声誉 ● 区域研究声誉 ● 出版物 ● 标准化引文影响 ● 总引用次数 ● 高被引论文数量 ● 高被引论文比例 ● 国际合作 ● 博士学位授予数量 ● 获得博士学位学术人员比例	12.5 12.5 12.5 10 10 12.5 10 10 5 5

（续 表）

排名	年份	概况	指标和权重	比重（%）
莱顿排名 （莱顿大学科技研究中心，荷兰） http://www. cwts. nl/ranking/LeidenRankingWebSite.html	2008	该排名结合汤森路透的科学网数据库，采用独立的文献计量指标，对全球1000多所大学的科研成果进行了评估。与其他排名不同的是，该排名不通过赋权和综合得分来生成一个总排名，而是根据两种不同基于影响力和合作相关的文献计量学指标对院校进行排名。该排名默认提供与规模无关的排名结果，但也可以报告规模相关的结果，这些结果是未按院校规模进行标准化处理的统计数据汇总。	● 出版物数量 ● 平均引文得分 ● 平均标准化引文得分 ● 前10%的出版物比例 ● 机构间合作出版物的比例 ● 国际间合作出版物的比例 ● 与产业界合作的出版物比例 ● 平均地理合作距离	n/a
台湾大学世界排名 （中国台湾） http://nturanking. lis. ntu. edu. tw/BackgroundMethodology/Methodology-enus.aspx	2007	该排名的前身是研究型大学科研论文质量排名，"采用文献计量学方法对世界500强大学的科学论文质量进行分析和排名"。它使用科学和社会科学引文索引的数据，强调当前和过去的科学引文索引论著承认，这种排名方法往往"不能充分反映艺术和人文研究领域的科研质量"。	研究生产力 ● 过去11年的论文数量 ● 本年度的论文数量 研究影响 ● 过去11年的被引次数 ● 过去2年的被引次数 ● 过去11年的平均被引次数 研究卓越 ● 过去2年的H指数 ● 过去10年的高被引论文数量 ● 本年度在高影响力期刊上发表的论文数量	 10 15 15 10 10 10 15 15

（续　表）

排名	年份	概况	指标和权重	比重（%）
QS 世界大学排名（英国）http://www.topuniversities.com/university-rankings/world-university-rankings/home	2010	新版的 QS 排名从 4 个不同的来源获取数据： ● 130 个国家的 2 000 多所大学； ● 爱思唯尔的 Scopus 数据库中每所大学的引文和论文； ● 全球学者调查每年将收集至少 20 万条数据； ● 对大约 5 000 名雇主进行全球调查。	● 学术声誉 ● 雇主声誉 ● 生师比 ● 教师人均被引次数（Scopus 提供的引文数据） ● 国际学生比例 ● 国际教师比例	40 10 20 20 5 5
SCimago 期刊排名（西班牙）http://www.scimagojr.com/index.php	2009	该排名从 Scopus 数据库收集信息，根据各种文献计量指标对期刊和国家进行排名。该排名使用 SCimago 期刊排名（SJR）指标（由 SCimago 根据谷歌 PageRank™ 算法开发）作为期刊科学声誉的评价指标，囊括了所有 2007 年 Scopus 收录论文超过 100 篇的大学。因此，该排名覆盖了 83 个国家的 1 527 所大学。	期刊排名 ● 标题 ● H 指数 ● 当年文献数量 ● 过去 3 年文献数量 ● 过去 3 年引文数量 ● 过去 3 年可引用的文献数量 ● 过去 2 年篇均引文数量 国家排名 ● 文献数量 ● 可引用的文献数量 ● 引文数量 ● 自引数量 ● 篇均引文数量 ● H 指数	n/a

（续　表）

排名	年份	概况	指标和权重	比重（%）
THE-QS 世界大学排名（英国）http://www.topuniversities.com/	2004—2009	该排名采用了研究质量、教学质量、毕业生就业能力和国际化四大"支柱"指标，对各项指标的得分进行加权和汇总，得出一个综合性的总分。该排名很大程度上依赖同行评议和雇主调查。THE与QS的合作关系于2009年终止。	• 同行评议 • 毕业生就业能力 • 教学质量师生比 • 国际学生 • 国际教师 • 研究质量引文	40 10 20 5 5 20
THE 世界大学排名（英国）http://www.timeshigher-education.co.uk/world-university-rankings/	2010	该排名侧重于五大类指标。为了反映生产力而不是规模，并控制各学科的不同引用率，大多数指标都进行了赋权计算。其中，该排名非常重视研究（研究＋引用＝60%），如果再加上行业收入，研究活动的总权重各自独立，合计占比49.5%。研究和教学的声誉调查各自独立，调查由 Ipos MediaCT 进行。THE 一直使用汤森路透全球教育机构的详细数据（http://science.thomsonreuters.com/globalprofilesproject/）。目前，THE 计划自主进行院校数据的收集和分析，并建立自己的国际高等教育机构信息数据库。研究产出的数据来自爱思唯尔的 Scopus 数据库。	总体权重： • 教学 • 研究 • 引文 • 行业收入 • 国际化 教学： • 教学声誉 • 授予博士学位数量与教师数量比 • 生师比	30 30 30 2.5 7.5 15 6 4.5

（续　表）

排名	年份	概况	指标和权重	比重（%）
			● 学校收入	2.25
			● 授予博士学位数量与授予学士学位数量比	2.25
			研究：	
			● 研究声誉	18
			● 研究收入	6
			● 发表论文数（专任教师数＋专职科研人员数）	6
			引文：	
			● 引文影响（标准化）	2.5
			行业收入：	
			● 来自产业界的师均研究收入	2.5
			国际化：	
			● 国际学生比例	2.5
			● 国际教师比例	2.5
			● 国际合作	2.5
U-Multirank（欧盟委员会，比利时）http://www.umultirank.org/	2014	该排名由欧盟委员会高等教育与科研绩效评价委员会开发，借鉴了 CHE 大学排名的经验，与同由欧盟赞助的 U-Map 分类项目密切	● 教学 ● 学生	n/a

（续 表）

排名	年份	概况	指标和权重	比重（%）
		相关（http://www.u-map.eu/）。"院校概览"的多维视角是由利益相关者驱动的，允许用户根据任一维度进行院校比较，不提供综合得分或院校排名。该排名支持多维卓越的概念，并允许在院校和学科两个层面开展分析。	• 研究 • 知识转换 • 国际化定位 • 地区参与度	
URAP排名（中东科技大学信息学研究所，土耳其）http://www.urapcenter.org/	2009	该排名是一个排名系统，旨在通过学术出版物的数量和质量提供评价学术表现的院校与国际同等水平院校进行比较。让处于不同发展阶段的院校与国际同等水平院校进行比较。	• 论文数量 • 引文数量 • 文献总数 • 期刊影响力 • 期刊引文影响力 • 国际合作	21 21 10 18 15 15
WRWU排名（网络计量实验室，西班牙）http://www.webometrics.info/	2004	该排名通过院校的网络存在与度来评价其表现，以院校域名为分析单位，计算大学网站上的文档数量。	• 影响力。对高等教育机构网站域名的不重复外部链接的数量统计，数据由 Majestic SEO 和 Ahrefs Site Explorer 提供。 • 活跃度。①可见性、谷歌索引的主网域托管的网页总数；②开放性，通过高校资源库和谷歌学术访问的文档总量；③卓越，根据 Scimago 统计的 10% 被引频次最高的论文。	50 50

已让竞争性研究评估在内的其他评估活动均被视为排名，评估结果被编制成一份份排名榜单。随着排名数量的增加，受众已经扩大到国际研究生和教师、高等教育机构和组织、政府和政策制定者、雇主、赞助商、基金会、私人投资者和产业合作伙伴。甚至公众舆论也会受到排名效应的影响，而排名反过来又会影响对高等教育的支持，对依赖公共资金的高等教育机构来说排名的正面影响尤其关键。排名数据的用途也在不断扩大，正如下一章将会阐述的那样，如今排名为资源配置和院校认证提供信息，决定和设定质量标准，推动高等教育机构的现代化和变革，以及影响经济战略和国家政策等方面的情况并不鲜见。

排名的流行很大程度上是因其简易性；与餐馆、电视节目或酒店一样，大学排名似乎提供了一个简易的质量指南。它们主要侧重于院校整体，尽管排名也越来越多地关注科学领域排名（如自然科学、数学、工程、计算机科学、社会科学）、学科或专业排名（如商业、法律、医学、研究生院等）或世界区域（亚洲、拉丁美洲、阿拉伯地区）排名。许多排名由商业出版商或网站运营，如《金融时报》、《商业周刊》（*Business Week*）、《美国新闻与世界报道》、《英国优秀大学指南》，以及 *http*：//*www*. *premedguide*. *com* 和 *http*：//*www*. *llm-guide*. *com* 等在线供应商。

另一种看待全球排名的方式是将其视为提高透明度，加强问责制与增加可比性进程的一部分，这种演变始于 1970 年左右的大学指南或手册，到今天已逐渐融入线上社交网站（Hazelkorn，2012a，2012b；Harman，2011；方框 2.2）。虽然各种工具之间存在差异，但它们拥有共同的目标和指标，且具有建设性和不合理性的特征。多工具方法可能是有益的，但能否/应不应该同时使用？例如，排名是否应该与分类、认证或基准挂钩，或者反之亦然？

认证是一种正式的官方程序，由政府直接或委托专门机构进行，目的是赋予某一高等教育机构提供教学和授予学位的合法性。在这一进程中,高等教育机构必须接受评估,以确定所提供的教学或培养质量达到一定标准的能力。认证工作通常不是一个竞争性的过程。认证可以使用类似于排名的指标,如教师声誉和研究生产力、研究生数量和比例等(Salmi & Saroyan, 2007, p. 39)。但(中国)台湾财团法人高等教育评鉴中心基金会既是一个认证机构,也是一个排名组织。

方框 2.2 透明度、问责制和可比性工具的分类

- 认证:由政府直接或通过认证机构对某一特定院校进行认证,使其具有作为高等教育机构和授予学位的权威性/认可度。

- 评估、质量保证和评价:对高等教育机构的质量过程或研究/教学质量的评估。

- 基准:与同类高等教育机构的实践和表现进行系统地比较。

- 分类和概况:高等教育机构的分类或框架,通常根据使命和类型来表示多样性。

- 大学指南和社会网络:为学生、雇主、同行和公众提供有关高等教育机构的信息。

- 排名、评级和分级:根据特定指标和特征,对高等教育的表现进行国内国际比较,从而确定成就的"标准"。

注:修改和更新自 Hazelkorn, 2011b, p. 41.

课程或专业认证对特定的专业也以类似的方式进行,如医学、法律、会计等,如果未经此类专业认证,可能无法获取执业许可。还有与商业等相关的自愿程序;AACSB、ACBSP 或 Equis 认证都是让人梦寐以求的质量标志,因为它们有助于提高声誉,带来国际认可,并被潜在的学生用来甄别求学的好去处(AACSB, 2010;ACBSP,

2010；Equis，2010a）。Equis 强调了认证的重要性：

> 随着公司在全球范围内招聘，学生选择在本国以外的地方接受教育，院校在不同国家和大洲建立联盟，他们越来越需要识别其他国家提供高质量国际管理教育的院校（Equis，2010b）。

专业机构受到排名的影响，而排名又常常被用来为专业认证程序提供信息。专业认证是行业在其职权范围内控制质量和供求的方式。在全球劳动力市场中，无论学生还是院校，认证对于获得国际认可至关重要。

过去几十年来，评估、质量保证或衡量程序不断发展，正规性与重要性也不断提高，其方法各不相同。在学科和院校层面，重点可能是教学和（或）研究。一种是宽松的院校评估，主要侧重于质量提高的过程，根据大学自己的标准进行评估，如芬兰教育评估委员会（Finnish Education Evaluation Council）。欧洲大学协会院校评估项目（EUA Institutional Evaluation Programme，2004）的发起旨在帮助大学在同行交流的基础上加强问责制。学历框架（Qualification Frameworks）的设计则是源于对不同层次院校拥有的竞争力与质量之间关系的模糊性。这些框架提供了一种综合的学习方法，"促进不同学历和学历水平的比较，从而推动地域和劳动力市场的流动以及终身学习"（Europa，2008b）。另一种是提供标准和结果的方法，评估机构拥有广泛的权力，可以根据政府制定的（教学）标准来监管和评估高等教育机构的表现，如澳大利亚的高等教育质量和标准署（Hazelkorn，2013e）。

研究评估可以是公共机构利用定性和定量指标对绩效进行的多方面审查，英国的研究评估活动（RAE 和 REF）就是其中典型代表。自 1986 年起，该评估活动每五年组织一次，基于院校提交的学科领域或评估单位，由学科专家同行评审小组进行排名。评估结果决定了资源分配水平,并提供公众问责制、对标管理和声誉的标尺(REF,2014)。这与荷兰等主要作为质量保证机制的评估系统形成鲜明对比(Spaapen et al.,2007)。近年来,对财政成本、人力和时间资源以及官僚作风的担忧,加上对"操纵"行为的指控,各国采用了基于指标的评估系统,使用的数据来源与排名相同。评估结果也往往以一种称为"排行榜"(league table)的等级形式公布。这种做法导致评估和排名日渐趋同(Clarke,2005)。

对标管理将院校比较过程转变为一种战略工具,通过与同行院校的实践和表现进行系统比较,帮助高等教育机构领导者和政府高效地做出战略性决策并进行资源管理。对标管理利用软实力,通过公开数据、同行学习或指导等形式,突出表现差异,从而提高质量、绩效和竞争力。许多对标管理过程是自成一体的,换句话说,它们是为特定目的而定制的。这使其具有很大程度的灵活性,但也使跨辖区的比较更加困难。经合组织的国际学生评估项目(Programme for International Student Assessment,简称 PISA 项目)和国际成人能力评估项目(Programme for International Assessment of Adult Competencies)都鼓励国家系统层面的对标管理。院校越来越多地将对标管理作为一种战略工具并主动采用,他们渴望了解自己与国际同行的表现,并分享好的做法。高等教育机构可以利用排名来帮助确定一组同类院校进行对标管理。与认证和评估一样,对标管理需要的数据可能与排名相似。数据交换和分析通常是这一过程的关键组成部分。

分类系统提供了一种类型学或框架来"对院校进行描述、定性和分类",院校使命和类型通常是其分类依据。美国卡内基高等教育机构分类法"提供了一种体现……多样性的方法,将大致可比的高等教育机构分为有意义的、可分析管理的类别"(McCormick & Zhao,2005,p.52-53)。借鉴美国的经验,欧洲的分类系统 U-Map 应运而生,其目的是突出院校使命和活动的多样性,使院校、政府和其他利益相关者受益(van Vught,2009;Hazelkorn,2013a)。如今,U-Map被称为"优势分析"(profiling)工具,从积极意义上突显院校(使命)的多样性,而不是带有负面含义的分类。

爱尔兰和挪威等一些国家采用了更宽泛的指标,将"优势分析"作为其系统治理和资源配置战略的一部分(O'Connor et al.,2013;Skodvin,2012);澳大利亚也正在制定新的举措(Coates et al.,2013)。分类结果通常像蛛网一样,直观地显示了高等教育机构之间的差异。QS也制作了一个分类系统(QS,2012)。然而,这样的系统往往是回顾性的,可能呈现的是一个静态的高等教育系统,而非能对变化做出回应的动态系统(McCormick & Zhao,2005,p. 53)。这种分类系统往往与排名一起使用。

编制"大学指南"的初衷是为了向学生和家长提供三种类型的信息:基本统计信息,对某所院校学生"真实情况"的描述,或以受众为中心的指南,帮助学生找到满意的学校(Hunter,1995,p. 5 - 9)。几十年来,随着高等教育成本的上升,人们对经济承受能力、国际国内学生流动的关注,以及学历对未来职业机会和生活质量的重要性,使得这一市场不断发展扩大,提供的信息范围也发生了很大的变化。虽然"大学指南"最初是以纸质形式发行,但如今很多信息都是以在线(见第四章)或排名的形式公布,例如《普林斯顿评论》(*Princeton Review*)把对378所最佳大学的调查结果配置成了62个不同的子排名,包括最佳大学宿舍、对LGBT(女同性恋、男同性恋、双性恋和变性者)最友好的大学、最佳大学图书馆和最佳体育设施等(Princeton Review,2013)。最直接的是社交网站,它们提供了关于高等教育质量、绩效和生产力、大学/校园生活体验等方面的信息,如"学生评论"(*http://www.studentsreview.com*)等评教网站。

近年来,排名和评级越来越受欢迎,因为二者被认为提供了关于高等教育质量和表现的客观信息。它们还被视为大众高等教育与公众和潜在消费者(学生及其家长)之间重要的代言人。近年来,排名行业在全球范围内不断扩张,越来越多的机构提供新的排名产品、咨询服务、专家研讨会、新闻报道和其他宣传出版物,从而加速了这一行业的发展。"高等教育机构排名的柏林原则"(Berlin Principles of Ranking of Higher Education Institutions)(IREG,2006)已作为国际准则颁布,此外还催生了认证或监管职能,称为"IREG-学术排名与卓越国际协会"(IREG Observatory on Academic Ranking and Excellence)(IREG,2014)。

国家排名囊括了特定辖区内的高等教育机构,并经常根据特定类别对院校进行排名。例如,USNWR 排名包括了全美大学、文理学院、本科学院等独立榜单或"迷你排行榜"(mini league tables)(Usher & Medow,2009)。大多数国家排名由《美国新闻与世界报道》《星期日泰晤士报》《卫报》与《麦克林杂志》等私营商业媒体机构制作,但也可能由政府制定排名,如尼日利亚、巴基斯坦和哈萨克斯坦等。全球排名顺理成章地成为国家排名发展的下一步,在全球化的世界里,进行跨国比较的时代已经到来。由欧盟委员会开发的 U-Multirank 将排名向前推进了一大步,因为它代表了一个超国家组织为成员的利益所做的努力。大多数全球排名都推出了区域层面的子排名,尽管《亚洲周刊》的亚洲大学排名昙花一现,但 CHE 研究生课程卓越排名(CHE Excellence Ranking Graduate Programmes)和伊比利亚-美洲排名(Ibero-American rankings)的设计从一开始就瞄准特定的区域院校或课程。近年来,国家和区域排名的兴起(特别是在发展中国家)成为提高教育质量的驱动力,并提高了被全球排名所忽略的院校知名度(Usher & Jarvey,2010;Hazelkorn,2013b)。

评级和分组是排名的一种变体。分组是根据共同特点将一组院校放在一起;这些院校可以在组内进行排名,但这不是必要的。虽然

CHE 大学排名自称排名,但实际上是用户根据自己选择的指标将院校分成顶尖、中等或末等三组。与卡内基分类不同的是,尽管 CHE 大学排名允许用户在大学或应用科学大学(Fachhochschule/University of Applied Sciences)之间进行选择,但它并不按院校功能或类型进行分类。CHE 大学排名声称自己创建了"组别而不是名次"。虽然排名是机构的等级列表,但评级是酒店、餐馆、电影等机构设定"最佳实践"标准的过程,并以此作为达成某种成就的门槛,授予机构相应的等级或星级,如"＊""＊＊""＊＊＊"等。例如,国际标准化组织(ISO)为企业提供的质量分级,澳大利亚的《好大学指南》根据24 个不同指标对大学进行评级。QS 星级系统(QS Star System)是一项基于认证的商业服务,采用了八大类别 30 项指标,评级结果为一星到五星,星级之间可以浮动。评级费用通常超过 2 万欧元(Rauhvargers,2014,p. 34),再加上每年"使用……[QS]标识和……[QS]全球活动标准和结果"的许可费(Sowter,2011;Guttenplan,2012)。尽管评级和排名在指标选择和数据适用性方面存在同样的问题,但评级的好处是没有限制每个等级的"赢家"数量。

美国时任总统奥巴马(Obama)建议建立高等教育机构评级系统(PIRS,2014),把入学率、负担能力和评级结果联系起来,这引起了排名/问责制的争论战。评级结果拟在线公布,并在 2015—2016 学年之前纳入综合大学记分卡(comprehensive College Scorecard),为联邦学生奖学金计划佩尔助学金(Pell Grants)的分配提供依据,该奖学金计划总额超过 1500 多亿美元,占联邦高等教育资金总额的近 97％(US Department of Education,2014a & 2014b;NCES,2013;Hazelkorn,2014b)。政府试图通过评级规避院校自治和各州权力的棘手问题,并有效地将透明度、问责制和可比性连续体的各个环节纳入联邦政府的职权范围(Kelderman,2013;Espinosa et al. ,2014)。

表 2.2 根据范围(全球、国家和区域)和分析单元(院校、学科、专

业和高等教育系统)对不同排名进行了概述。

　　某些排名试图挑战有关学术卓越本质的共识。《华盛顿月刊大学指南》(*The Washington Monthly College Guide*)指出:"当其他指南问大学能为学生做些什么时,我们问的是大学为国家做了什么"。该指南认为,评价大学的标准应该是大学在多大程度上成为社会流动的引擎,培养的学术人才与开展的科研活动在多大程度上推动了经济增长,以及在多大程度上灌输和鼓励了服务精神(Editors WM, 2005)。

　　　　在我们看来,美国的最佳大学是那些尽力帮助经济困难的
　　学生取得就业市场所需文凭的大学,是那些贡献新的科学发现
　　和培养训练有素的博士毕业生的大学,是那些强调学生有义务
　　服务社区和国家的大学(Editors WM, 2005)。

　　《华盛顿月刊》还编制了社区学院排名,强调社区学院在美国教育系统中的重要性,但也有指出了不足(WMCC, 2010)。该排名也因使用了"本不应使用的数据集"而引发争议(Moltz, 2010)。

　　另一个例子是"城市救世主:最佳院校与公民伙伴关系调查排名"(Saviors of Our Cities: Survey of Best College and University Civic Partnerships ranking),它评价"高等教育机构对其所在城市经济、社会、文化方面产生的积极影响"(Dobelle, 2009)。紧随其后的是城市大学排名(Metroversity Ranking)(Dobelle, 2012),其指标包括:参与社区活动的时间长短,投入的实际资金,通过工资、研究和购买力体现的存在感,教师和学生参与社区服务的情况,邻里社区规划的可持续性,通过 K-12 伙伴关系对当地学生入学机会和负担能力的影响,以及对这些机构在社区内影响力的认可。为便于提供有用的基准,排名方法始终一以贯之。

　　除美国外,东南亚教育部长组织(Southeast Asian Ministers of Education Organization)也提出了一项评估"发展中国家大学价值"的

表 2.2　排名样例（按分析单元范围分列，2014）

	院校	学科	特色	高等教育系统
全球	• 4ICU.org（在线） • USNWR 全球大学排名（2014） • 世界大学排名中心（沙特阿拉伯） • 莱顿排名（科学技术研究中心，荷兰） • 《新闻周刊》全球顶级大学排名（2006） • 研究型大学学科研论文质量排名/台湾大学世界排名（中国台湾，2007—） • 世界大学专业排名（法国，2009） • QS 世界大学排名 • SCImago 世界研究机构排名（俄罗斯，2015） • ARWU 排名（中国） • THE 世界大学排名 • THE QS 世界大学排名（英国，2003—2009） • U-Multirank（欧盟委员会） • UniversityMetrics.com G 指标排名 • 世界大学学术表现排名（土耳其，2009） • WRWU 排名（西班牙）	• 《商业周刊》MBA 排名（美国） • 《经济学人》全球 MBA 排名（英国） • 《金融时报》MBA 在线排名 • 全球 MBA 排名（《金融时报》，英国） • 《观点》最佳商学校排名（法国） • 《观点》最佳工程师学校排名（法国） • 蒂尔堡大学 100 所全球经济学研究机构排名（荷兰） • UTD 全球商学院排名百强榜（美国） • 《华尔街日报》MBA 排行榜（美国）	• 国际绿能世界大学排名 • QS 星级评定系统 • QS 最佳留学城市 • QS 校龄低于 50 年的 50 强大学 • QS 全球雇主调查 • QS 世界大学学科排名 • THE 校龄低于 50 年百强大学榜 • THE 世界大学声誉排名	• QS 世界高等教育系统国家实力排名（英国） • 大学系统排名：知识时代的公民与社会（里斯本委员会，比利时） • U21 全球高等教育系统排名（澳大利亚）
国家	• 保加利亚大学排名系统 • CHE/dapm 就业能力评级（德国） • CHE 大学排名（德国） • CHE 研究排名（德国） • Expert RA 大学排名（俄罗斯） • ETC 大学排名指数（美国）	• 《亚洲周刊》MBA 商学院排名（2000—2001） • 布莱恩·莱特法学院排名（美国） • 《数据探索》（印度） • 《今日印度》（印度）	• CollegeNET 社会流动性指数排名（美国） • 乔治敦公共政策评论就业率排名（美国） • 领英职业成就大学排名（美国、英国、加拿大）	

（续 表）

院校	学科	特色	高等教育系统
• 福布斯大学排名（美国） • 好大学指南（澳大利亚） • 《卫报》大学指南（英国） • 高等教育委员会排名（巴基斯坦） • Koofers.com（美国） • 《共和报》大学指南（意大利） • 《麦克莱》大学校园排名（加拿大） • 墨尔本应用经济与社会研究所（澳大利亚，2007） • 国家认证中心排名（哈萨克斯坦 • 哈萨克斯坦最佳大学排名 • 网大中国大学排行榜（中国） • 尼日利亚大学委员会排名 • OHEC大学排名（泰国） • Parchment择校编好排名（美国） • 《远景》大学排名（波兰） • 彼得森大学排名（美国和加拿大） • 《普林斯顿评论》最佳大学排名（美国） • U-Sapiens大学排名（哥伦比亚） • StateUniversity.com大学排名（美国） • 《星期日泰晤士报》优秀大学指南（爱尔兰） • THE大学指南 • 200强大学排行榜（乌克兰） • Unigo排名（美国） • URANK大学排名（瑞典）	• 《瞭望》（印度） • 《新闻报》（印度） • 《新观察家》（法国） • 《薄伽报》（丹麦） • 国家研究委员会博士课程排名（美国） • 《哲学报道》（美国） • Toplawschools.com（美国） • 美国大学招生计划：美国大学本科生国际学生排名（美国） • USNWR医学院排名（美国） • 《直言周刊》MBA排名（波兰） • 《一周》-汉莎研究调查工程院校排名（印度，2013）	• 城市大学排名（美国） • 《纽约时报》最具经济多样性大学排名（美国） • OEDb.org在线大学排名（美国） • 澳大利亚在线学习-网络大学排名（澳大利亚） • 和平队以大学排名（美国） • 《普林斯顿评论》排名（美国） • 城市救世主调查（美国） • 社会流动性指数（美国） • 《华盛顿月刊》大学指南（美国） • 《华盛顿月刊》社区学院排名（美国）	

（续　表）

	院校	学科	特色	高等教育系统
区域	● 《今日美国》大学排名（美国） ● USNWR 大学排名（美国） ● 《华盛顿月刊》大学排名（美国） ● 中国科学评价研究中心大学排名 ● 非洲质量评级机制（African Quality Rating Mechanism, AQRM） ● 《美洲经济》排名（智利、秘鲁、巴西、墨西哥） ● 《亚洲周刊》亚洲最佳大学（香港，2000） ● CHE 研究生课程卓越排名（德国/欧洲） ● QS 亚洲大学排名 ● QS 拉丁美洲大学排名 ● 伊比利亚美洲国家排名（西班牙语国家） ● THE 亚洲大学排名 ● THE 金砖国家和新兴经济体排名 ● USNWR 阿拉伯地区大学排名 ● 伊斯兰国家大学排名（伊朗）	● 可持续性跟踪、评估和评级系统（美国）		

注：表中标明了编制排名的国家，若已经终止的排名则标记了排名年份。

来源：更新自 Hazelkorn 2011&2013b; Usher & Jarvey, 2010。

计划,指标包括入学率、教育公平、社区参与、对环境和区域经济的贡献以及促进"人类安全",后者涉及个人自由、减少性别和政治歧视等价值观以及其他无形的进步指标(Sharma,2010b)。最初该计划被称为排名,自 2010 年起正式命名为"东盟/东南亚国家大学评估系统"(University Self-Assessment System for ASEAN/Southeast Asia),理由是"评估是为了改善,而不是为了证明"(USAS,2010)。由印度尼西亚大学管理的国际绿能世界大学排名(Greenmetric World University Ranking,2010)旨在提供"大学对绿色发展和促进可持续办学的投入概况和方式",其重点与可持续性跟踪评估和评级系统(Sustainability Tracking Assessment & Rating System)类似,对可持续发展的大学进行排名(Wheeland,2012)。

另一类排名则试图将高等教育状况更直接地与学生表现和更广泛的学费负担能力问题联系起来,它们不太关注排名本身,而是更关注透明度和问责制。此类排名的早期代表之一是"美国最佳大学投资排名"(*America's Best College Buys*);该排名最初由《财富》杂志(*Money*)于 1990 年发布,现由《福布斯》杂志(*Forbes*)发布,它根据价值对高等教育机构进行排名,"通过一系列指标分析一所大学的预期成本"(Myers & Robe,2009,p. 18)。美国政府的评级系统是在线大学择校器(College Calculator)的延伸,该择校器提供了近 2 000 所高等教育机构的学费、课程及预期的综合比较信息(Espinosa et al.,2014,p. 3;CATC)。同样地,美国大学学费与绩效中心(Centre for College Affordability and Productivity)联合《福布斯》杂志也根据学生对任课教师的评价(*ratemyprofessors. com*)和"获得高水平职业荣誉的校友比例"(入选 2008 年《美国名人录》)制定了一项排名,两个指标的权重各占 50%(Alberts et al.,2008;Vedder et al.,2009;Chapman,2008)。在比尔及梅琳达-盖茨基金会(Bill and Melinda Gates Foundation)的资助下,18 所美国高等教育机构开发了自愿性院校测量项目（Voluntary Institutional Metrics Project），对成本、辍学率和毕业率、研究生就业率、学生债务和贷款违约率以及学生的学习情况进行逐一比较（Marcus, 2013; HCM, n. d. ）。同样，《华盛顿月刊》也创建了大学性价比排名（Bang-for-the-Buck College Rankings）。越来越多的人关注学习成果评估工具，如大学生学习评价（Collegiate Learning Assessment）和全美大学生参与度调查（National Survey of Student Engagement，简称 NSSE 调查）以及针对不同国家背景的定制版调查，可以说是源于对排名研究权重过高的关注。这些举措与高等教育学习成果测评项目和其他优势分析工具一样，都是试图提供一个更广泛的视角来了解高等教育的成就。

关注教育系统质量的排名已经问世，里斯本理事会和 QS 都是此类排名的开拓者。里斯本理事会是位于布鲁塞尔的独立智库，2008年推出了"大学系统排名：知识时代的公民与社会"（University Systems Ranking. Citizens and Society in the Age of Knowledge）；QS 同年发布了"国家系统实力排名"（National System Strength Rankings）。里斯本理事会根据六类指标评价了 17 个经合组织国家的表现：包容性、入学率、有效性、吸引力、年龄段和应对能力。其对高等教育的认识如下：

> 高等教育不应只是培养少数精英和延续社会不平等的机制……相反，高等教育系统必须能够……尽可能赋予更多人权力，使他们掌握全面的工具，成为社会民主的全面参与者和社会充分运作的经济单位；高等教育系统必须脱颖而出……成为一个世界领先的独立研究中心……（Ederer et al. , 2008）。

由 QS 开发的国家系统实力排名结合了教育系统实力、入学机会、顶尖大学表现和财政投入四组广泛的指标，以评估"国家高等教育系统的整体实力"（QS, 2010a）。此后，萨尔米（Salmi, 2013）提出了一种考察系统健康的模式，U21 大学联盟也创建了一项排名，旨在反映院校在促进经济和文化发展、为学生提供高质量学习体验以及争取海外申请者方面的综合能力(Williams et al. , 2012，2013，2014；U21)。后者目前已发布第三版。

　　排名的多样性和新形式将随着时间的推移不断变化和减少，但这些不同的例子说明，排名是高等教育信息公开化这一大趋势的一部分。最终，随着越来越多的政府要求公共资助的研究以开源形式发布成果，开源出版和搜索引擎很可能会蚕食目前"三大"排名以及汤森路透和 Scopus 数据库的专有地位。也许是考虑到这一点，汤森路透和上海交通大学世界一流大学研究中心(Center for World-Class Universities，简称 CWCU)都开发了大型院校数据库供用户使用，分别是 715 所世界一流大学的全球院校概况项目和 1 200 所研究型大学的全球研究型大学概况项目，因其商业化潜力巨大，THE 已经宣布计划进入这个利润丰厚的市场。随着时间的推移，网络工具(如Google Scholar、Webometrics)、互联网平台(如 Facebook、Rate-my-professor)和数字资源库将越来越受欢迎。美国、澳大利亚、英国和加泰罗尼亚政府已经建立了交互式公共数据库，使学生和其他人群都能够对院校表现加以比较(College Navigator；MyUniversity；Unistats；Winddat)。各国还制定了其他举措，例如墨西哥的"墨西哥大学数据探索比较研究"(Data Explorer Comparative Study of Mexican Universities)，爱尔兰的"迈向绩效评估框架：爱尔兰高等教育概况"(Towards a Performance Evaluation Framework：Profiling Irish higher Education，HEA, 2013)。依此种种，设想未来高等教育的"猫途鹰"(TripAdvisor)①也并非遥不可及。归根结底，任何排名形式的成功都不是简单的数据统计，而是通过有意义的国际比较数据、

① 译者注："猫途鹰"(TripAdvisor)是全球领先的旅游网站，主要提供来自全球旅行者的点评和建议，全面覆盖全球的酒店、景点、餐厅、航空公司，以及旅行规划和酒店、景点、餐厅预订功能。

商定的数据定义、专家数据挖掘和有意义的分析产生附加值。

因此,迄今为止,关于排名的争论主要集中在指标的选择及其作为替代性指标的适切性,是否有可能评价和比较复杂多样的具有不同使命和背景的高等教育机构,赋予其权重及其社会科学的可信度等方面(主要参见:Tight, 2000;Bowden, 2000;Turner, 2005;Dill & Soo, 2005;Usher & Savino, 2006;Usher & Savino, 2007;Sadlak & Liu, 2007a;Marginson, 2006;Marginson & van der Wende, 2007b;Taylor & Braddock, 2007;Saisana & D'Hombres, 2008;Usher & Medow, 2009;Billaut et al. , 2009;Myers & Robe, 2009;Stolz et al. , 2010;O'Meara & Meekins, 2012;Rauhvargers, 2011,2013,2014;Marope et al. , 2013;Marginson, 2014;Erkkilä & Kehm, 2014)。由于进行国际比较存在困难,排名依靠的是可以(易于)测量的内容,而不一定是最合适或最有意义的内容。最常见的测量内容是文献和引文数据,因为它们很容易获得,Web of Science 和 Scopus 数据库收录了这些数据。因此,国际可比数据的可用性对方法论和结果都具有影响,但后一点往往被忽视或低估。

本章讨论了大量评论与批判内容,同时借鉴丰富的国际文献,为广大读者提供了一份最新的报告卡(report-card),这些内容不是探究排名的细节,而是提供一种更宽泛的视角,并为其余章节提供背景知识。

排名评价内容的比较

排名使用一系列不同的指标对高等教育机构进行比较,这些指标根据"排名编制者认为……评价或反映……学术质量的某些指标或一组指标"而赋予不同的权重(Webster, 2001, p. 5)。指标得分汇总后按降序排列,通常称之为"积分榜"(league table),这一说法常用于体育赛事(Tight，2000)。得分最高的大学，其排名被冠以最小的数字，如第 1 名或第 2 名，而得分次高的院校则依序往后排；但院校之间统计意义上的差异往往并不显著。排名突出了"院校间的差异，并对每个指标赋权，然后将若干指标的得分汇总，评出一所'最佳院校'"(Usher & Medow，2009，p. 4)。这是因为排名基本上是一维的，这种单一维度主要是由于每个指标都相互独立，而在现实中，"多重共线性①是普遍存在的"(Webster，2001，p. 236)；例如，与校龄不长的公立大学相比，财力雄厚的老牌私立大学更有可能拥有较高水平的生师比和生均支出。

　　　例如，可以这样说，学生 SAT 成绩影响到一所院校的学术
　　声誉。学生保留率(Retention rates)、入学率、校友贡献等都可
　　能受学术声誉的影响，而学术声誉又会影响学校的财政资源、
　　生均支出、生师比、教师收入等(Webster，2001，p. 236)。

归根结底，指标和权重的选择反映了排名制定者的优先事项或价值判断，不存在所谓的客观排名。此外，由于排名号称代表了整个院校的办学活动，其可信度进一步受到质疑。可以说，关注范围越窄、越精确，排名就越能以客观自称。

排名信息主要有三个数据来源(Usher & Medow，2009，p. 6)：

(1) 独立的第三方数据，如政府数据库掌握着广泛的高等教育数据，这些数据主要是以统计的形式提供，而且往往是院校对监管报告的回应；

(2) 高等教育机构数据，如院校公布的数据，通常以问卷或数据调查的方式直接提供；

(3) 学生、同行、雇主或其他利益相关者的调查数据，如问卷调

---

① 译者注：多重共线性(multicollinearity)是指线性回归模型中的解释变量之间由于存在精确相关关系或高度相关关系而使模型估计失真或难以估计准确。

查、焦点小组或学生满意度调查。

　　每种形式的信息都各有其优缺点，也常常遭到一些指责，如：数据的可获得性决定了排名评价的内容，又或是信息本身可能被利用或操纵。

　　政府数据库被认为是最准确的，但此类数据的收集出于国民核算目的，通常不具备各类排名组织所需的可比较形式。此外，定义和背景的差异使得跨界比较尤为困难。另一个来源是文献和引文数据，通常由汤森路透的 Web of Science 或爱思唯尔的 Scopus 数据库提供，非专有的、可自由访问的谷歌学术也越来越常见。这些数据仍被用来作为研究生产率和影响力的证据，但对艺术、人文和社会科学固有的不公平性、自引的重要程度以及英语语言偏见等问题还存在相当多的争议。还有一种假设是，期刊质量是文章质量的代表。高等教育机构的源数据是最丰富的信息来源，但也可能严重失真或被操纵；其"主要的缺点是，即使有一套标准的调查问题，也不能保证院校向排名机构报告的数据口径绝对一致"（Usher & Savino，2006，p. 11）。这可能是由于国家或高等教育系统的背景、不同院校计算学生人数或报告研究收入的方式差异，或者院校希望展现自己最好一面的想法导致的。最终，调查数据可以捕捉到利益相关者对各种问题的宝贵意见，并衡量其重视程度，但因受到愈演愈烈的质量观和博弈论的影响，声誉数据较易出现偏差。此外，数据还存在样本量方面的问题。每个排名系统从制定者的角度和数据的可获得性来评价不同的内容，这引发了几个重要问题。首先，许多排名声称要评价学术或教育质量。然而，衡量高等教育活动的广度是非常困难的，例如，教和学、每所高等教育机构对学生学习的"增值"（相比入学时的水平）、研究生产力及其影响、知识和技术转让活动、社区参与和第三使命，以及社会和经济影响。全球排名依赖于国际比较数据，但这些数据可能是复杂且有瑕疵的，国家（地区）背景的巨大差异不允许进行简单随意的比较,况且各国在数据定义、设置、收集和报告方面严重缺乏一致性,即使在一国之内也很难统一(Liu & Cheng,2005;Wellman,2007;Adelman,2009;Hauptman,2009)。可以说,全球排名有意将重点放在研究方面,因为研究数据更容易获取,评论人士和排名机构也已做出了合理的解释,说明为什么这是最好的方法。ARWU 排名将这一争论转化为自己的优势,强调大学已经过"慎重评估",其方法是"具有学术严谨性和全球包容性的"(ARWU,2010)。

为了解决数据问题,排名指标很少有直接相关的,而是由替代性指标组成。入学分数通常被用来评价学生质量,但这是不是评价教育经历质量的适用指标? 同样,选拔性指数(selectivity index)被用来评价院校质量;换句话说,某一课程选拔性越强或录取率越低,课程质量就被认为越好。论文、引文、诺贝尔奖或其他奖项获得者的数量和研究收入都被用来衡量学术质量;预算和支出的规模等同于图书馆等基础设施的质量;毕业生就业率评价的是课程质量和毕业生的就业潜力。替代性指标的使用会产生两个相互关联的问题:替代性指标的选择和指标本身是不是有意义的、合适的评价标准? 换句话说,能否证明该指标是潜在特征的有效代表?

让问题变得更加复杂的是,尽管每项排名都是为了评价质量和院校表现,但它们包括不同的指标或指标组合,每个指标的权重也不尽相同。表 2.3 展示了各项排名所使用的"大相径庭的质量定义"和在不同类别指标中的分布情况。但这些排名也拥有若干共同的主题(Usher & Medow,2009,p. 12;Richards & Coddington,2010)。全球排名重视依靠文献计量和引文数据的研究,与之不同的是,国家排名或评估活动则由于大量数据来源和可获得性而拥有更大的指标范围(表 2.4)。

如果将研究指标和研究相关指标(如学术声誉、博士学位、研究

表 2.3　国家和全球排名权重（阴影部分为国家排名）

	初期特征	学习投入—教师	学习投入—资源	学习环境	学习成果	最终成果	研究	声誉
ARWU排名（上海交通大学，中国）	0	0	0	0	0	0	100[①]	50[②]
《亚洲周刊》最佳大学排名（中国香港，2001）	25	23	10	0	0	0	17	20
USNWR全球大学排名（美国）	0	0	0	0	0	0	100	25
校友会中国大学富豪校友排行榜	0	0	0	0	0	100	0	0
《每日电讯报》英国大学排行榜（英国，2007）	100	26	0	0	0	0	0	0
《金融时报》全球MBA排名（英国）	6	65	5	12	1	55	20	0
大中华地区排名	10	15	15	0	10	10	85	25
《卫报》大学指南（英国）	15	31	22	20	0	35	0	0
《共和报》大学指南（意大利）	17	40	40	0	10	0	20	20
《麦克林》杂志大学最佳大学排名（加拿大）	10	0	6	0	0	10	26	40
哈萨克斯坦最佳大学排名	0	60	31	0	0	40	60	15
网大中国大学排行榜（中国）	12	22	0	0	0	0	45	25
《远景》欧洲大学排名（波兰）	18	26	0	0	0	0	0	0
世界大学专业排名（法国，2009）	0	0	0	0	0	100	0	0
QS世界大学排名（英国）	5	80	0	5	0	10	70	50
伊比利亚美洲国家排名（西班牙语国家，2012）	0	0	0	0	0	0	100	0
SCImago期刊和国家排名（西班牙）	0	0	0	0	0	0	100	0
《星期日泰晤士报》优秀大学指南（爱尔兰）[③]	28.571	28.571	0	0	28.571	14.286	14.286	0
THE世界大学排名（英国）	7	69.75	0	15	0	8.25	93.25	33

（续 表）

	初期特征	学习投入—教师	学习投入—资源	学习环境	学习成果	最终成果	研究	声誉
THE-QS世界大学排名（英国，2009）	5	25	20	40	0	10	60	50
THE大学指南（英国）	3.3	53	7	0	3.3	3.3	30	0
大学排名（乌克兰）	15	49	19	0	9	8	0	0
世界大学学术表现排名（土耳其）	0	0	0	0	0	0	100	0
USNWR全美大学排名（美国）	12.5	12	10	30.5	0	12	0	22.5

注：第1—6列合计为100%。第7列和第8列分别计算"研究"和"声誉"，故存在部分重复；如上所述，计算基于学术声誉与研究/研究相关活动之间有很强相关性的假设。表中标记了编制排名的东道国，对已终止的排名标注了终止年份。U-Multirank不包括在内；该排名有各自独的指标，但不对指标进行汇总或加权处理。

① 厄舍和梅多（Usher & Medow，2009）将10%的权重赋予子教育产出，但由于教育产出出衡量的是"校友获得诺贝尔奖和菲尔兹奖的数量"，这可以说是一个研究指标，这一点在表中有所体现。

② 包括高知名度的《自然》《科学》杂志的声誉（20%），加上奖项（10%＋20%），合计50%。

③ Murphy，2014。

来源：更新和修正自 Usher，A. & J. Medow，2009，p. 10 – 11；Hazelkorn，2011。

表 2.4　研究指标

指标	排名系统（国家）
拨款（金额）	斯洛伐克
师均拨款（金额）	奥地利、德国、意大利
师均拨款（绝对值）	意大利
欧盟资助的研究项目	意大利、挪威
参与国际研究项目	波兰
出版物数量	瑞典、斯洛伐克、荷兰
研究人员人均出版物数量	德国、斯洛伐克、瑞士
师均引用频次	英国
出版物平均引用频次	德国、斯洛伐克、瑞士
国际出版物数量	波兰
发表后两年内被引用的论文比例	瑞典
引用频次高于 5 次的出版物数量	斯洛伐克
进入前 5% 的高被引论文	瑞典
专利数量（绝对值）	德国
师均专利数	德国
研究生与本科生的比率	英国
研究质量	德国、英国、澳大利亚、荷兰
研究声誉	奥地利、德国、挪威
研究影响	英国、澳大利亚、荷兰
灰色文献	大学和研究委员会常常使用

数据来源：Hendel & Stolz, 2008；Hazelkorn et al., 2014；Europa, 2010c.

收入、引文、学术论文、教师和校友奖项、国际化）结合来看，就能更真实地反映出许多全球排名的研究倾向。两类指标相加以后（见表 2.3），研究的比重显著上升，例如 URAP 排名（100％）、ARWU 排名（100％）、THE 排名（93.25％）、QS 排名（70％）。这符合 QS 的假设：

> 虽然高度国际化的学生或教师群体本身并不是质量标准，但国际招生与学术声誉及引文等其他方面的成功有显著的相关性。将高分数与国际视野结合在一起的大学往往是那些已经成功转变为国际卓越中心的大学（Byrne, 2013）。

而 THE 排名（2013—2014 年度）的假设是：

研究生密度高的院校是知识密集型的,活跃的研究生群体标志着研究型的教学环境,这受到本科生和研究生的重视。

从各种变量之间的多重共线性来看,当附加权重时,这种多重共线性被进一步放大,这说明了排名本质上是对研究的评价,而所有其他指标只是掩盖了这个事实。

这是全球排名的致命弱点,其指标范围狭窄,特别是在教学方面缺乏国际可比的数据。THE 排名试图通过引入教学声誉调查来弥补这一缺陷,尽管目前还不清楚世界各地的学术同行如何能够真正了解其他院校的教学质量。QS、THE 和 U-Multirank 使用生师比作为替代性指标是有待商榷的,此外,U-Multirank 还使用了学生满意度指标,这同样具有争议(下文将具体讨论)。

这些弱点凸显了多维度排名的吸引力。理论上,多维度排名可以提供一份多元化的指标清单,允许用户从中选取最适合自己的指标。在"众包"方面也颇具吸引力,因为最终的院校库取决于院校的参与而不是排名的选拔性。这使整个排名过程民主化。南非就是一个典型案例,其"五大"(Big Five)精英院校出现在 ARWU、THE、QS 或莱顿的一项或多项排名中,但其他 18 所大学只出现在 SCImago 和 Webometric 排名中(Matthews,2012;MacGregor,2014)。欧洲应用科学大学集团对 U-Multirank 的积极回应也反映了这一点,该大学集团迄今为止尚未进入过其他排名榜单。

另一个问题与年度排名结果的波动有关。QS 和 THE 不断对排名方法进行修订,这导致了院校排名位置的波动,也引起了学术界和政策界的极大焦虑,或者说引起了消费者的关注。USNWR 对方法论的变化有着不同的看法,认为修订标志着改进(Morse,1995,p. 94),THE 在解释其与汤森路透的合作关系时也持这一立场(Baty,2010b)。一所大学的地位也可能会因特定指标的权重而改变。这导致了各类排名的不一致,也凸显了权重的随意性(Clarke,

2004；Marginson，2014）。大多数的变动发生在榜单的中段，细微的统计变化会使一所院校的排名位置发生巨大的改变（Usher，2014a），一项对 USNWR 排名的研究显示，位于排名前列的大学发生的波动最小（Gnolek et al. ，2014，p. 6）。

图 2.1 以 THE-QS 排名和 THE 排名为例，根据地域和使命多样性选择了一组大学，展示了排名结果的波动情况。从 2009—2010 年度 THE-QS 排名的最后一次发布到 2010—2011 年度 THE 排名的首次发布，指标权重的变化带来了重大影响。部分院校的排名下滑，如哥本哈根大学从第 51 名跌落到第 177 名。相比之下，那些排名前列的院校几乎没有发生任何变化。200 强大学排名榜单中段和下游变化很大但上游无变化的状况在前后几年里持续存在，这说明了 THE 排名的"噪音"，而不是院校本身发生了任何真正的变化。ARWU 排名自成立以来一直未曾改变其方法，因此排名结果一直稳定。虽然 2011—2012 年度 QS 排名结果变化小于 THE，但马金森（Marginson，2014，p. 54）认为，QS 声誉调查的高度使用将不可避免地导致排名结果的波动，因为其基于"收益的逐年变化"。

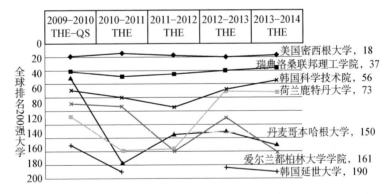

图 2.1   7 所 THE-QS 和 THE 世界大学排名 200 强大学的波动情况（2009—2014 年）

资料来源：编自 http://www. timeshighereducation. co. uk/world-university-rankings/；http://www. topuniversities. com/university-rankings/2009

表2.2说明了不同的排名如何给相同的指标赋予不同的权重，而表2.5则具体探讨了不同的权重如何影响一所大学的排名地位，即不同的排名如何定义卓越。因为不同指标表现不同（Grewal et al.，2008，p.6），"排名前列的大学从不断增长的财政资源中获得更多的砝码，而排名靠后的大学则从学术声誉的改善中获得更多的砝码"。例如，都柏林大学学院在2009—2010年度THE-QS排名中的上升是因为其在"雇主对其毕业生质量"这项指标获得了"非常正向的反馈"（Flynn，2008）。一所大学也可能综合排名较高，但分类排名表现一般，例如，在2014—2015年度QS排名中，与产业界合作紧密的加州理工学院的雇主排名为第107名，伦敦经济学院的引用率排名为第401名；相反，综合排名在551~600名的都柏林理工大学的国际学生排名为第135名。分类排名可以根据其标准对院校进行重新排名，从而影响综合排名。未来的学生常常被认为是排名的目标受众，然而，很多排名信息并不直接与本科生相关。将统计结果汇总成一个数字，排名不一定能反映出用户认为其所代表的内容。

结果的波动削弱了排名的可信度及其可比性的实用价值。此外，众所周知，大学的变化非常缓慢，很难真实地从院校本身理解排名变化是如何产生的（Casper，1996），尽管变化确实有助于保持其每年独特的价值。

但排名结果的波动可能会掩盖掉其他问题，即排名的相对一致性。拉德利与柏瑞娜（Ridley & Berina，1999）、泰特（Tight，2000）、迪尔和苏（Dill & Soo，2005）、特纳（Turner，2005）、厄舍与萨维诺（Usher & Savino，2006）、厄舍与梅多（Usher & Medow，2009）以及洛克等（Locke et al.，2008a）诸多学者都注意到了排名之间的不一致性以及潜在的一致性。尽管表面上排名榜单出现了变动，但是对某些院校而言（也许对另外一些院校并非如此），排名具有高度一致性(Usher & Medow，2009，p. 13)。各所院校在不同排名中位置可能略有不同，但所有排名榜单前列基本上都是同一批院校。这并不奇怪，因为这些排名本质上衡量的是相同的内容。在1999—2006年期间，有47所同样的大学都出现在USNWR年度排名50强榜单中，此外，哈佛大学、普林斯顿大学、斯坦福大学和耶鲁大学每年都占据着前五的位置。类似的结果也出现在THE-QS排名中，在2004—2009年期间，39所同样的大学出现在THE-QS排名的前50强榜单中；THE排名照样延续了这种一致性，在2009—2013年期间，有35所相同的大学位列其前50强。从QS排名问世到2013年的最新排名中，前50强囊括了同样的45所大学，2013年ARWU前50强榜单中有41所大学与2003年重合。

表2.5　不同的质量评价方法（2014—2015年度QS世界大学排名）

大学	综合排名	同行评议	雇主	引文	生师比	国际师资	国际学生
		40%	40%	20%	20%	5%	5%
剑桥大学（英国）	2	1	2	40	18	73	48
麻省理工学院（美国）	1	6	4	10	14	42	57
加州理工学院（美国）	8	26	107	1	6	109	106
伦敦大学学院（英国）	5	15	22	41	35	59	15
海德堡大学（德国）	49	43	125	218	100	276	225
伦敦经济学院（英国）	71	61	6	401	196	24	7
新加坡国立大学（新加坡）	22	9	10	185	71	23	62
莱斯大学（美国）	129	251	401	55	141	169	115
都柏林理工学院（爱尔兰）	551~600	n/a	391	n/a	n/a	300	135

来源：http://www.topuniversities.com/qs-world-university-rankings
注：百分比表示指标被赋予的权重。

　　很显然，从这些例子中可以看到，尽管都被称为排名，但不同排名之间差别明显。"哪一所大学最好"，提问者不同，可能问法也会不一样(Vedder，2010)。事实上，排名所呈现出的不同质量视角可能是有益的，不同的院校有不同的使命和背景，不同的用户需要不同的教育产品和服务。但在全球层面缺乏国际可比数据。从根本上讲，数据推动了排名。

排名是否评价了重要的内容

人们被排名所触发的情绪反应大多是泾渭分明的，几乎没有灰色地带，要么坚决反对，要么强烈支持。之后，人们将大部分的精力都花在讨论各种指标的利弊上，几十年来争论不断，具体个例又有所不同。利用厄舍和梅多(Usher & Medow，2009)设计的框架，本节概述了教学—知识转移谱系或学生生命周期中最常用的指标，这些指标通常以不同的方式组合在一起，出现在教学或教育质量的标题下。它们分为八大类：初始特征、学习投入—教师、学习投入—资源、学习环境、学习成果、最终成果、研究和声誉。本节借鉴国际文献，广泛讨论了它们的优缺点(详见表 2.6)。虽然经常有人问，排名是否评价了我们认为其所应评价的内容，但更基本的关键问题是：排名是否评价了重要的内容？

初始特征

新生的受教育水平通常被认为是一项能很好反映学生成就的指标，其基本假设是：在整个高等教育生涯中，可以预期所有学生达到大致相同的成就。基于已有研究表明：同龄人对学生在大学期间的表现以及在某些领域的收获存在很大影响，特别是在态度、价值观以及个人发展等方面(Kuh & Pascarella，2004，p. 53)。

在美国，学术能力水平考试(Scholastic Achievement Test，简称SAT)的平均分数与毕业率、新生保有率(Webster，2001，p. 240；Pascarella，2001，p. 21；Palmer et al.，2011)、未来收入、研究生录取

率(Ehrenberg,2005,p. 30)和职业成就息息相关(Scager et al.,2012)。

然而,也有研究表明,入学分数和标准化测试往往只是反映了社会经济优势,并因此无意中排除了不同文化和种族背景的学生(Beatty et al.,1999)。一些美国院校已经选择将 SAT 成绩作为一个选项,把"更多权重放在学生的学业成绩、高中学习课程和定性评价上"(McDermott,2008),但一些评论人士认为,这种做法实际上篡改了学生的入学水平(Robinson & Monks,2002)。库赫与帕斯卡雷拉(Kuh & Pascarella,2004,p. 56)对此有如下警示:

> 如果不对这些学生的大学前特征进行限定,可能会得出这样的结论:学生经历中的差异是由院校效应导致的,而事实上,这些差异可能仅仅是由于进入不同院校的学生特征差异造成的。

同样,在其他国家,考试是许多高等教育系统和院校选择学生的基础,并为学生选择院校提供信息(参见 Carroll & Chetwynd,2006)。

在评估"名牌大学所带来的回报"时,也应抱持同样的谨慎态度。虽然大学是影响长期收入的重要因素,但戴尔和克鲁格(Dale & Krueger,2002,2011)认为,职业成就可能是其他"未观察到的特征"所带来的,而不仅仅是名牌大学本身。为此,1996 年有 46% 的哈佛学生被评为"A",82% 的毕业生获得荣誉称号的情形也就不足为奇了(Rosovsky & Hartley,2002,p. 6;Primack,2008)。另一方面,"如果成功的标准是'增值'"(Trow 引自 Burrage,2010,p. 579),那么社会经济背景较差的学生很可能比具有优势背景的学生获得更高的回报(Dale & Krueger,2011,p. 24)。

表2.6　常用指标的优缺点

指标		优点	缺点
初始特征	例如，学生入学成绩、国际学生比例	• 成绩与成就的相关性 • 国际学生（和教师）评价国界之外的重要性	• "学习与认知成长"与录取选择之间无统计学显著关系 • 国际学生的不同定义使比较变得困难
学习投入—教师	例如，生师比、学历及产出	• 评估"对教学的投入" • 根据教师的学历和产出来考量学术质量	• 教师素质、教育质量与学生体验之间不存在线性关系 • 假设所有高等教育机构的学生都处于同一水平
学习投入—资源	例如，预算、物质资源、图书馆藏书	• 大学生人均预算与研究绩效呈显著正相关	• 学校的财政资源与学生的学习不存在相关性 • 价值和成本之间不存在相关性，本质上是财富的评价指标
学习环境	例如，学生满意度、学生参与度	• 用于了解学习环境质量和学习收益	• 有助于提高表现，但很难用于比较或排名 • 学生满意度不是一个有意义的评价指标
学习成果	例如，毕业率或结业率	• 评价教育的成功和失败	• 教育绩效受多种因素的影响 • 会破坏"扩大入学"议程吗？
最终成果	例如，就业能力和就业首选地、工资或税收	• 将教育与职业、薪水和生活方式联系起来	• 就业能力、与市场力量和经济条件有关的薪酬
研究	例如，出版物、引文和产出	• 衡量研究和学术活动、生产力和影响	• 文献计量学和引文实践是对研究活动的不准确测量 • 跨学科的不同实践 • 不能充分衡量影响和效益
声誉	例如，同行和利益相关者的认同	• 被学术同行或关键利益相关者评价和获得肯定的程度	• 受评审者偏好、光环效应和博弈的影响 • 评审者可能不太了解特定范围以外的院校

来源：更新自 Hazelkorn，2011，p.60.

　　这一讨论说明了使用入学分数来评价教育质量的局限性。经合组织（OECD，2011a）提出：

每所大学为学习过程带来了什么,即增值的测量。顶尖大学招收 A＋学生并培养出 A＋毕业生,没有人会意外。但那些接收 B＋学生并培养出 A＋毕业生的大学呢? 哪类学校更胜一筹?

毋庸置疑,有很多聪明的学生在身边会给学术环境带来更大的挑战性,但正如霍金斯(Hawkins, 2008)所言,"很多大学招收了优秀的学生,然后又培养出了优秀的毕业生,[但]这是大学的功劳,还是由学生自己造就?"库赫与帕斯卡雷拉(Kuh & Pascarella, 2004, p. 53)发现,在排名前 50 的"全国性大学"中,大学的排名与其平均入学成绩的相关系数为－0.89,这意味着"院校排名地位近 80％的变化由新生的入学前准备导致"(McCormick & Kinzie, 2014, p. 14)。但是,"学习和认知成长"与选拔性均是独立的变量(Kuh & Pascarella, 2004, p. 56)。对美国学生学习研究(US National Study of Student Learning)和 NSSE 调查的研究证实了这一结论,"发现有效教学实践与录取的选拔性之间没有统计学上的显著关系……"(Carey, 2006a)。最终,对选拔性的关注"成为提高录取标准的诱因,这反过来又加剧了对有限优质生源的竞争"(Kuh & Pascarella, 2004, p. 37)。

国际学生(和教师)比例通常被用来衡量某一院校的全球声誉以及在多大程度上被认为具有吸引世界各地顶尖学生和教师的能力。该比例还可以反映一所院校通过招收国际学生来寻求资金基础多样化的水平。但真实情况要复杂得多,特别是对于拥有大量"非本国"常住人口的国家和院校(Asmar, 2005)。一个人尽皆知的例子是,2004—2005 年间,THE 排名将少数民族学生统计口径修改为国内学生而非国际学生后,马来亚大学(University of Malaya)的排名从第 89 位骤降至第 169 位,这也导致其校长在 2006 年 3 月被撤换(Marginson, 2007a)。欧盟则呈现出另一种复杂的局面,欧盟规定某成员国学生入读另一成员国的大学,有权享受该国国内学生学费待遇。因此,欧洲院校通常将国际学生计作支付非欧盟学费的学生。排名机构可能无法核实院校所使用的定义,这使不同排名之间的比较变得棘手。更重要的是,"大量海外学生的存在可能会告诉我们……[一个国家或院校的]招生方法[或经济状况]有多好,而不是学术环境的质量"(Taylor & Braddock,2007,p. 252)。大城市的院校可能更具吸引力,但反观澳大利亚大学的外国学生申请量下滑了40%(Healy,2010),这是否真的意味着澳大利亚的教育质量下降了呢?

学习投入—教师

评价教师生产力是一个充满争议的复杂过程。除了关于学术资本主义的争论外,公众往往对教师工作的内容以及非教学类的工作存在误解。在面授、辅导、备课、委员会工作、研究等方面所投入的时间,不同院校会因院校使命和学科差异而有所区别,他们在教学、研究、校园和社区服务方面制定了不同的方法和指标(Webber,2011,p. 110)。研究工作的评价最为成熟,但教学工作正在制定新的评价方法,目前主要围绕工作量,如课程数量和学生数量以及周课时或学分。由于教师生产力与教学或教育质量之间存在复杂的关系,且这种关系往往是间接相关的,因此采用了替代性指标来进行评价。

其中一种替代性指标是学历和薪酬。学历通常是计算拥有博士学位的教师比例。之所以使用博士学历,是因为以研究为基础的课程和教学法被普遍认为是高等教育教学环境的必要前提(Trowler & Wareham,2007)。数据通常由院校层面提供,也可以是全国性的数据。USNWR使用薪酬数据的依据是,市场力量将确保最好的大学能吸引到最好的教师。然而,教师薪酬和教育质量之间并不存在线性关系。薪酬可以说是市场条件的一个因素,也是院校财富的一个指标,对教师或教育质量可能没有任何实质影响。另一种替代性指标可能是给本科生上课的高被引、获奖或资深教授/学者的比例,旨在说明研究对教学的影响。

大多数情况下,人们的注意力集中在生师比上,QS认为,生师比是唯一具有全球可比性的指标,可实现评估教学质量的目标。虽然他们承认,生师比并不能说明教学环境的实际质量,但可以认为,生师比确实可以评估"对教学的投入"。替代性指标应该"与教学质量水平密切相关,甚至完全相关"(QS,2010b)。但真是如此吗?

尽管公众和专业人士都做此假设,而且在少数情况下,生师比的确至关重要,但所有证据都指出,教学质量对学生成绩的影响远比班级规模重要;在中小学教育和高等教育中都是如此(Hanushek,1999,p. 163;Barber & Mourshed,2007,p. 11)。经合组织(OECD,2010c,p. 72)也认为,"虽然小班教学往往被认为能够提高教育质量,但关于班级规模对学生成绩影响的证据却不尽相同"。根据国际学生评估项目(PISA),表现最好的国家[中国(上海)、韩国和日本]的班级规模都超过了经合组织的平均水平(OECD,2011b,p. 392–404)。

实际上,较小的班级规模也可能更多地说明了院校和高等教育系统的资金或效率水平(有时也被称为单位成本)。无论院校是公立或私立,研究密集型或教学密集型,位于欧洲还是美国,都各有各的意义和影响(Schenker-Wicki & Inauen,2011,p. 31–50)。很多私立院校捐赠基金雄厚,采用小班教学,与顶级教授面对面,而公立院校可能会认为同样的学习环境成本太高。规模相近的院校可能有截然不同的学习环境(Kuh,2003)。班级规模也具有规制的功能,较小的班级规模可能掩饰了院校间大型本科生班级或课程中存在的要求过低或不公平的问题。现实中一所院校可能拥有一个被认为是很合宜的生师比,但顶级教授可能从不上课,讲师和教授可能对学生应付了事或毫不关心,学生可能会失去学习兴趣。人们通常认为,优秀的研究人员会成为优秀的教师,但争论从未停止(Hattie & Marsh,

1996)。

另一方面,数据可能存在定义差异、误报、误传或不当比较(University of Toronto,2008)。截至 2014 年,只有 QS 和 U-Multirank 在全球排名中报告了生师比。根据雅席克(Jaschik,2009a)的说法,"在这一类别中得分最高的两所大学(都声称 100% 的全职教师)都坦承……他们的统计不包括兼职教师"。反过来,院校也可能会将兼职教师或研究生助教作为核心师资的一部分(Jaschik,2009a,2009b)。另一个问题是如何统计兼职教师。无论哪种方式,都会对最终结果产生重大影响,因为世界上许多大学都严重依赖兼职教师,而且有证据表明这种依赖正在增强(Altbach,2000b;Weingarten & Cortese,2007,p. 5 - 6;Altbach et al.,2009,p. 89 - 96)。一位爱尔兰大学领导者表示,将不惜一切代价维持大学的排名地位,即使这意味着要重新划分教师的类别。

根本问题是,生师比对教学质量和学生学习究竟存在怎样的影响。如果一所大学

> 以较低的薪酬聘请全职教师完成更多的本科教学工作,并将节省下来的资源用于提高其终身教职教师的平均工资,在其他因素不变的情况下,其排名就会上升……但若终身教职教师授课比例较低,是否会对学生产生不利影响呢?(Ehrenberg,2005,p. 32)

陶克新和斯玛特(Toutkoushian & Smart,2001,p. 53)的看法则与普遍观点相反,认为几乎没有证据表明生师比对学生的学习成果有显著影响,"这一发现尤其应该引起将过度依赖生师比作为评价院校质量或表现的质疑"。在大多数情况下,生师比的使用常出于政治目的,因为它看上去很有意义,然而结果是成本增加且预期不明。

学习投入—资源

国家排名通常包括通过资源水平反映学习环境质量的某种评价

指标。与生师比指标类似,其假设是高水平的投资反映了投入,通常衡量的是预算规模或图书馆的藏书量。衡量藏书量并不奇怪,因为一所院校是否拥有开设课程所需的文献非常重要;因此,核查图书馆和教学资源通常是所有认证过程的关键环节。然而,在一个发展中国家或一所新院校建立一座图书馆可能耗资巨大(Oni,2010)。许多院校的图书馆已经升级为电子访问,但成本也在上升。另外还要衡量的是年度预算规模、实验室投资或互联网使用等,通常以生均支出来核算。

　　毫无疑问,教育投资水平至关重要;经合组织始终强调需要持续投资,欧盟政策提倡将 3% 的 GDP 投资到高等教育。经合组织秘书长指出,多数欧洲国家高等教育生均支出水平下降,不及美国一半水平,这一状况与欧洲大陆的院校没有跻身"2007 年 THE 世界大学排名 20 强"(Gurria,2008)之间存在着相关性。阿吉翁等(Aghion et al.,2007)也评论道,在 ARWU 排名中,大学预算与研究表现之间存在显著的正相关。这使所有院校,尤其是"精英"大学面临压力。如果院校要持续获得高额的学费和捐赠收入,就必须继续"提供有吸引力的产品",但"……不可避免地,这种产品是昂贵的"(Tapper & Filippakou,2009,p.61;Brewer et al.,2001)。然而,对预算规模或资源水平的过度关注忽略了"证据的重要性",这些证据表明,要么额外的资金(包括增加的学费)并不一定用在对学生培养真正有意义的事情上(Gillen et al.,2011;Orr et al.,2014),要么这些支出对教育质量或学生学习的意义远不如想象的那么大。帕斯卡雷拉(Pascarella,2001,p.20)曾指出:

　　　　在定义本科教育的卓越性时,教学质量、学生与教师和同伴互动的程度和性质、学生事务计划的有效性、学术体验的重点和强度及学生的整体参与度等几个维度,比院校的声誉、选拔性或资源要重要得多。

特伦兹尼等学者(Terenzini et al. , 2010，p. 21；另见 Pike，2004)的文章指出，与资源本身相比，院校内部和组织特征更为重要，二者塑造"学生的体验类型，从而间接地影响到学生在大学的学习内容及其在大学经历中的变化"。换言之，与其关注资源投入，不如关注成果的质量(包括学生的学习成果和研究成果)。

最终，生均支出让"那些试图压低支出的院校"(Ehrenberg，2005，p. 33)以及试图让学费"远低于全国同类学校平均水平"的院校(Dean，2000；Turner et al. , 2000)吃尽了苦头。生均支出"很少或压根没有提供关于学生使用这些资源的频率和受益程度"(Webster，1986，p. 152)以及"资源是否充足"(Lawrence & Green，1980，p. 28)的信息。埃伦贝格(Ehrenberg，2001，p. 16 - 17)提醒人们：

> USNWR 的排名方法并不妨碍院校与竞争者合作来改善本科生和研究生教育……[该]方法强调增加支出，[但]并不会惩罚那些重新分配财政储蓄来改善学生教育经历和成果的院校。

在这种情况下，"资源过剩是声望的标志"，而资源不足则说明情况相反(Münch & Schäfer，2014，p. 60)。因此，存在这样一种危险，重视投入但忽略了价值、成本和效率的问题(Badescu，2010)，而且该指标本质上是对财富的评价(Carey，2006b)。

学习环境

早在 20 世纪 30 年代就有研究关注促进学生学习关键特征的界定，因为学者们意识到，除学生入学分数或投入外，其他因素也对学生的发展和结果具有影响，中小学教育和高等教育中出现的许多问题也出现在 STEM 等专业学科中(Gamoran et al. , 2011)。这包括"与同伴合作解决问题、出国留学、服务式学习、与教师一起做研究、学习社群等"(Kuh，2003，p. 23；Pace，1982)。

最初,研究的关注点聚焦于完成任务所需要的时间和努力的程度上(Tyler,1949)。后来,研究重点转向了大学经历对学习发展的影响(Pascarella,1985;Pascarella & Terenzini,2005)和学生的参与度(Kuh et al.,2006;Kuh,2008;Kuh,2014)。国际研究指出,学习环境的质量是影响学生成绩的主要因素,以下因素则不是。

> 常用的院校声誉/质量指标(例如,更低的录取率、更高的教师平均工资和[或]更低的生师比),[这些指标]无助于提升学生在知识、人际交往技能或研究生准备方面的收益(Toutkoushian & Smart,2001,p.56)。

面临的挑战是,如何确定最合适的评价方式(Norrie & Lennon,2013;Kuh,2001)。

在许多国家,学生满意度调查已成为记录学生对学习环境质量看法的一种常见方式。学生满意度调查的价值在于,国家调查可以相对容易地收集数据、解释结果并将信息反馈给院校。然而有文献表明,在使用学生的自陈报告时需要谨慎,尤其是当报告要求"被调查者在'不太符合事实的'项目上进行大量推断"时,如"教学质量、院校的知识/学术环境性质,或大学成长"等。这是由于学生的观点与"该院校的学生特征"之间可能存在混淆(Pascarella,2001,p.22),在这方面,这些主观的陈述和声誉调查没有什么区别。

学历和职业之间的关系带来了新的困扰,时常有学生在报告中表示,他们不得不积极评价自己的大学,因为这对其职业机会存在潜在的影响,而其他学生也抱有类似的顾虑(Kenber & Taylor,2010;Locke,2014,p.85)。

> 我从巴伐利亚的一所大学了解到,教授们告诉学生要把系里的真实情况往好了描述,因为他们觉得评价更高的大学会获得更多的拨款。所以,他们担心的是资金被削减(数学系学生,1945 年后成立的公立研究型地区大学,德国)。

2008 年,英国金斯顿大学(Kingston University)心理学系的教师被发现指导学生伪造满意度,一时引起舆论哗然(Coughlan, 2008b)。诺丁汉大学的排名下滑被认为在一定程度上由满意度调查导致,因为学生们借此表达了"他们对与导师的交流时间不足、缺乏反馈和缺乏教师支持的不满"(Patel 转引自 Gadher, 2010)。

在进行国际比较时,学生调查的问题会被放大,这主要是由于调查工具之间的背景和文化以及不同学生群体的反应方式差异(Trigwell, 2011,p. 173－176)。这对 U-Multirank 提出了特别的挑战,因为它不仅严重依赖学生满意度调查来评估教育经历,而且还据此评估研究对教学的影响。

那么,要如何才能了解学生的学习质量呢? 这个问题并没有一个简单的答案,因为所有的证据都表明,影响学生学习的关键因素不是资源本身,而是课堂内外的情况。国际学生评估项目(PISA)由经合组织开发和管理,旨在评估即将结束义务教育的学生在多大程度上掌握了全面参与社会活动所必需的知识和技能(OECD, 2010a)。项目通过对这些学生进行统一测试,收集了大量关于学生学习的国家和国际比较数据。这些实用数据作为系统层面的政策工具与决策者关系紧密,但与特定院校可能不存在任何关联。但结果一旦公布,很快就会被解读为各国表现的排名。基于国际学生评估项目的成功,经合组织推出了高等教育学习成果测评项目(OECD, 2010b),旨在确定和评价良好教学的关键影响因素。该项目是为了改变全球研究排名的突出地位而制定的,但在院校层面对不同国家管辖范围和院校使命进行比较且避免与标准化有关的问题(即无意中迫使所有知识探究方法和培养方案采用共同或标准方法)仍未得到解决。目前该项目处于搁置状态,经合组织教育政策委员会正在考虑其未来的走向(OECD, 2010b; Tremblay, 2014)。

评价学习环境的另一个方法是了解学生的参与度。NSSE 调查评估的是学生在学习和其他有教育意义的活动中所投入的时间和精力,以及院校如何分配资源、组织课程和提供其他学习机会,以鼓励学生更多地参与到那些多年研究表明与学生学习或学习收益有关的活动中(Ewell,2010,p. 83‐98;Kuh,2009;McCormick & Kinzie,2014)。该调查采用了八个不同的指标:师生交流、学生合作、主动学习/任务时间、及时反馈、高期望值、教学质量、与其他学生有效互动和支持性的校园环境。其成功经验已被澳大利亚、加拿大、中国、爱尔兰、新西兰和南非复制,日本、韩国和墨西哥也制定了类似的举措(Coates & McCormick,2014,p. 2;HEA-UK,2007;Terenzini et al.,2010,p. 22)。

学习成果

高等教育资助方式最显著的变化是,从投入转变为产出和结果;换句话说,不再根据院校的入学人数提供资助,而是向在确定的时间范围内完成学业并毕业的学生提供资助。资助方式被认为是一种评估,不仅是对院校的吸引力进行评估,也是对该系统能否促进学生成长的能力进行评估。作为教育成功/失败的指标,其结果对国家和院校预算以及人力资本发展政策都具有影响。可以说,院校有责任确保被录取的学生(在满足入学标准的基础上)能够顺利毕业。USNWR试图通过评价一所院校的预测毕业率来控制平均入学考试分数和生均资助额度。

然而,教育表现受到许多因素的影响,包括学生群体的社会经济状况(Smith et al.,2000,F384;Denny,2010,p. 6;Gater,2002,p. 14‐15)以及"性别、种族和民族、专业等因素"与学生自身的意向(Selingo,2012)。评价毕业率意味着使用的标准是平均学业年限,这可能不利于社会经济地位较低和种族弱势群体或因生活或家庭环境打乱正常学习模式的大龄学生,可能还包括被迫推迟学业或打算重返校园的学生(Espinosa et al.,2014,p. 4;Quinn,2013,p. 61)。

因此,系统跟踪可能会破坏那些正在努力为新生群体和试图转入拥有更高排名或其他大学的学生提供更多入学机会的院校。

> 当毕业率和保留率被报告为生均水平时,为大量富裕家庭学生提供教育服务的学校可以在数字游戏中获胜。相反,为众多弱势学生服务的学校则遗憾败北(Jones, 2009)。

根据 NSSE 调查的数据,40%的美国高年级大学生是从另一所院校开启大学学习,几乎一半的硕士和博士生都有转学经历(Kuh, 2003, p. 29)。澳大利亚一所 1970 年后成立的教学密集型公立大学的受访者称,由于评估方法只记录了学生的毕业院校,副学士学位水平的课程正在逐渐被淘汰。美国全国州长协会最佳实践中心(US National Governors Association Centre for Best Practice)提醒道,不要依赖那些可能无意中"忽视大多数学生经历,只关注少数学生里程碑"的方法。

> 公立高等教育资助公式最常用的评价指标是学生入学率。这种评价指标不能激励学生完成学业……另外,严格的毕业率公式可能会不利于那些为弱势学生提供教育服务的学校,因为这些学校的毕业率不可避免地会降低。此外,一味强调毕业率的做法可能会阻碍开放招生政策的实施,因为招收尖子生的做法能改善院校的表现(但也排除了那些可能会从高等教育中受益最多的学生)。如果学校急需资金而又没有达到毕业目标的话,毕业率资助公式也可能会迫使学校降低其毕业标准(Bearer-Friend, 2009)。

根据高分学生的比例来评估教育质量同样存在问题。盖特(Gater, 2002, p. 6)声称,"当大学生获得较高的成绩时,他们不太可能重修,而且会更快毕业"。

审视这些数字的另一种方式是对分数膨胀的指控,以及排名在多大程度上会刺激分数膨胀(Baty, 2006; Murphy, 2009; Garner,

2008)。最近,爱尔兰的一则博客提出了如下建议:

> 如果一所入学分数较低的院校,学生毕业时获得一等荣誉的比例很高,这可能表明,与入学分数高但一等荣誉比例低的同类院校相比,该院校的毕业标准较低(O'Grady et al.，2014)。

然而,如果不控制学生的入学分数,就很难在成绩和教育质量之间建立任何联系。事实上,一所将低分入学学生培养成功的院校,可以说比一所单纯培养聪明人的院校更有价值(Salmi & Saisana，2013)。

最终成果

对投入指标的批评以及对高等教育机构有效性的广泛政策的关注,促使人们重视衡量院校产出以及院校培养学生具备"毕业后幸福生活"的能力(Myers & Robe，2009，p. 27)。就业能力或职业准备已经成为高等教育政策制定者和院校主要的关注点。经合组织一直认为,高等教育是一项战略投资,因为教育、人力资本开发、社会经济进步之间存在着生成性的联系。拥有大学学位的人可以预期在其一生中获得更高的总收入溢价,拥有更健康的体魄,更关心政治,同时也更信任他人(OECD，2009)。这一主题在欧洲博洛尼亚进程中得到重申,如《伦敦公报》(London Communiqué)所指,大学必须考虑与每个学习周期有关的就业能力和终身学习的时代背景。这将涉及所有利益相关者的责任。政府和院校需要与雇主和其他利益相关者就其改革的理由进行更多的沟通。

虽然这引起了一部分认为高等教育广泛使命正在消失(Alderman，2008)的学者们的关注,但高等教育机构面临的压力正在加剧,因为它们需要确保学生拥有个人和雇主所需的知识、技能、能力和素质来承担起培养就业能力的责任。由于教育、职业、薪资和生活方式之间的联系,学生也越来越关注所报考的院校毕业生的就业记录。在经济大衰退之前，政府就已经将资金与就业能力联系起来；现在更是如此，各国将就业能力纳入到一揽子绩效指标中（Tysome & Goddard，1999；Smith et al.，2000；Gill，2008；Estermann et al.，2013）。这些信息通常来自毕业生就业目的地的调查。因此，排名开始关注就业能力只是一个时间问题，因为"无论公平与否，简历上排名前列的院校名字一定比排名靠后的学校更容易敲开工作和研究生院的大门"（Morse，1995，p.93）。国家排名最能收集到这方面的数据，但如表2.2所示，其权重各不相同。

就业目的地数据的一个主要缺陷是时间窗口，此类调查通常集中在毕业后的前6～9个月，这意味着对"大幅度的年度变动"不敏感（Smith et al.，2000），而且无法区分"毕业生就业岗位或待业"等情况（Dill & Soo，2005，p.509）。许多有能力的毕业生在就业或继续深造前会有一个间隔年，或者他们刚毕业时为了偿还债务有可能会接受任何一份工作（Best Value HE，2010）。

其次，虽然在经济增长活跃期，时间窗口可以提供有用的信息，但在经济衰退或地区经济下滑时，这种信息是否能准确地反映质量是有争议的。根据学科的不同，学生们可能会发现，要找到合适的工作多少都有些困难。例如，2007年英国医学专业毕业生6个月后的失业率为0.2%，护理专业毕业生的失业率为1.7%，而IT专业毕业生的失业率为9.5%，艺术和设计专业毕业生的失业率为8.5%（Prospects，2010）。职业导向型课程的失业率往往比文科类课程低很多（Taylor & Jones，1989，p.206）。

第三，史密斯等人（Smith et al.，2000）提醒道，"在早期职业轨迹中，不同学科、学位等级、性别、背景和就读院校也存在重大差异"。艺术、设计、音乐和媒体类从业学生可能很难归类，因为他们通常不会全职受雇于一家公司，而是将他们的艺术实践与教学或其他自由职业相结合。因此，纵向调查（如在学生毕业后的一年、三年、五年、十年、二十年,按学生人口统计学分类)考量了若干因素,提供了评价大学成功的最佳方法。院校层面的综合数据开始超越特定劳动力市场和特定时间的变化(Carey, 2010)。最终,能力被认为是影响/冲击就业能力的关键因素,而不是第一份工作(就业)或学历,而且这并不是通过排名来评价的。

用毕业生的工资或税收贡献作为评价教育质量的替代性指标也会引发类似的问题。研究表明,"教育质量较高院校毕业生的平均收入差异约为 6%……[但]大学质量和收入之间的关系是高度非线性的,在分布的顶端有更高的回报"(Hussain et al. , 2009, p. 3 - 4)。无论教育水平如何,女性的收入往往低于男性同行。薪酬反映的是市场的供求关系,可能与课程的质量关系不大,这一点与用教师薪酬作为评价教师质量的替代性指标的困难类似(Anon, 2010b)。如果我们将薪酬作为一个指标,那么那些金融机构和银行从业者(尤其是在全球金融危机前的辉煌时期)将是受教育程度最高、知识最渊博的群体。

另一种评价韦伯斯特(Webster, 2001, p. 149 - 150)所说的"毕业生成就"的方法是,通过利益相关者调查(见下文声誉部分)来游说雇主。由巴黎国立高等矿业学院编制的 2009 年世界大学专业排名,评估了《财富》杂志全球 500 强所划分的国际顶尖企业 CEO 或同等职位高管的教育背景。该排名机构表示,"这个指标指向高等教育机构提供的培训课程质量,而不是在研究方面取得的成绩"(EMPT, 2008)。同样,法国咨询集团 RH Emerging 与德国民调机构 Trendence 合作,采访了 20 个不同国家的 5 000 多名顶级猎头,编制了一份以就业能力为主要评判标准的大学排名,由此产生了对 150 所大学的排名"全球就业能力大学排名"(Global Employability University Ranking)。这些猎头称,该排名注重大学能否满足雇主的需求和期待。尽管这项排名很新颖,但如果不控制其他因素,比如生活的环境(或者说运气、天时地利等),就很难将个人成就与教育质量联系起来。

最后,校友数据也可以作为教育质量和成就的指标,例如ARWU、USNWR 和中国大学亿万富翁校友排行榜等。这是对上述毕业生薪酬的一种变通,但也可能包括校友的成就,如所获奖项等。然而,正如帕斯卡雷拉(Pascarella,2001,p. 21)所警示的那样,很难将就读某一特定大学获得的成就与学生个人特征区分开来,因为这些特征"无疑是学业成绩的最佳预测指标"。"除非根据校际间的学生投入差异对校友成就差异进行调整,否则不太可能得出关于本科教育机构成效的有效差异"。

研究

大多数排名将研究或学术生产力作为评价教师或院校质量的指标。这一做法得到了 2006 年国际研究受访者(见第三章)的认可,汤森路透社的一份报告指出,其中 90% 以上的受访者表示,教师在出版物和引文方面的产出是对院校进行比较的一个较好或者说必要的评价指标(Adams & Baker,2010)。文献计量数据库除了会议论文集外,还收录了大量同行评议文章(Web of Science 约有 1.2 万篇,Scopus 约有 2.2 万篇),但这些只是已发表文章的一部分。为了解决这个问题,Web of Science 最近与谷歌学术合作,扩大捕获灰色文献(GreyNet)的能力和容量,并与 SciELO 和 RedALyC 合作,收录拉丁美洲的作者。Scopus 正在开发捕捉艺术、人文和社会科学(AHSS)研究的技术,而 THE 也正在制定获取研究影响、创新和知识转移相关内容的方案。

虽然这些举措将收录范围扩大到 AHSS 期刊和发展中国家的作者,但物理、生命和医学科学仍然是主要受益者,因为这些学科的成果经常是多位作者合作发表。相较之下,社会和人文科学的成果可能是由一位作者独立完成,且以多种形式(专著、政策报告、译著等)

发表；艺术学则主要创作艺术作品、作曲和媒体作品；工程学则侧重于会议论文和模型(Mustajoki，2013)。这意味着其他重要的成果来源或出版形式，如著作和会议论文、对技术标准或政策报告的影响、电子格式或开源出版物等被忽略了。新的研究领域、跨学科研究或挑战正统观念的想法往往很难发表，或者不太可能在高影响力的期刊上发表(Hazelkorn，2010b；Gómez-Sancho & Pérez-Esparrells，2011；Hazelkorn et al.，2013)。

冲刺高影响力期刊的做法正在增多。ARWU 排名将 20％的权重授予《科学》和《自然》这两种出版物。SCImago 使用"期刊的科学声望(即 SJR 指标)，根据引文加权方法对学术期刊进行排名"(González-Pereiraa et al.，2009)。它使用特征因子(Eigenfactor)指标对期刊质量进行分析，其原理是"高质量期刊的单次引用可能比二级期刊的多次引用更有价值"(Bergstrom，2007，p. 314)。许多政府和研究机构都采用了这种做法，以突出研究的卓越性和(或)为研究评估提供信息。欧洲科学基金会 ERIH 项目(欧洲人文科学参考索引)对 15 个领域的期刊进行了分类，根据声誉和国际影响力，将期刊划分为 A、B、C 三类(ESF，2010；Howard，2008)。然而，这种方法受到诟病，因为其假定期刊质量是文章质量的代表；范·瑞安(van Raan)警告道："永远不要用期刊影响因子来评价一篇文章或个人的研究表现"(转引自 van Noorden，2010)。

> 由于发表在新期刊上的文章不会被大多数引文索引收录，所以对所有的排名系统而言这些新文章都是不可见的。这种不可见性极大地扭曲了学术研究……暗中鼓励了保守主义(Adler & Harzing，2009，p. 78)。

这种做法可能会阻碍知识上的探险；正如马金森(Marginson，2008b，p. 17)所指出的，"并非所有突破性创新都能在早期获得同行认可，有些创新正是因为挑战了既定观念而被排挤"。语言或国家壁垒可能是另一种阻碍。国际数据库往往更偏好英文出版物；例如，2012 年，"只有 4% 的拉美同行评议期刊被 WoS 收录（5 000 余份期刊中的 242 份）"（Alperin，2013a）。汤森路透对此的解释是，"英语是这个历史时期的通用科学语言"。这有利于以英语为母语的国家以及英语期刊出版量最多的国家。尽管其他语言群体的规模很大，但英语的主流地位对应着一个简单的相关性，即受众越多，阅读和引用也就越多。这也会使社会科学和人文科学处于不利地位，因为它们关注的是与各自国家相关的问题，并以本国语言出版，甚至环境科学或农业科学等自然科学也会因类似原因而受到影响。

这种不同学科和世界各地区之间的差异进一步反映在文献引用上。秉承"站在巨人的肩膀上"这句格言，引文旨在评价研究对教师知识的影响。期刊影响因子是由加菲尔德（Garfield，1955，2005）提出的，用于区分期刊的重要性和出版物总量或引用次数。它被用来甄选最重要的科学期刊，以纳入科学引文索引；汤森路透出版的《期刊引文报告》（Journal Citation Reports）是传播最广的文献计量出版物。然而，该系统在不同学科中发挥着不同的作用，且有天然的局限性（Moed，2006）。一些研究引用更频繁的原因可能有很多，包括仅仅是为了在论文的引言中设定背景。赫希指数（Hirsch Index，简称 H 指数）偏向于职业生涯较长的、年长的研究者以及活跃在高被引领域的研究者。相比之下，标准化引文影响试图纠正科学子领域之间的引用差异、论文类型的预期引用频次差异以及被引论文的"年龄"差异；m - 商数（the m-quotient）也试图解决这些差异（Harzing，2008）。但还有许多难题尚未解决。

引用频次"近似于对科学研究的尼尔森评级"（Lindsey，1989）。一些研究主题的引用频次较高是因为其时效性，例如纳米技术或生物信息学（Lutz，2010；Higgins，2002），而另一些研究主题被频繁引用可能是为了争论某个观点（THE，2009；Adler et al.，2008；

Webster，2001，p. 147）。《自然》杂志的一项研究认为，"期刊影响因子高可能是少数论文被多次引用的倾斜性结果，而不是大多数论文的平均水平，这降低了其作为评价单篇论文的客观价值"（Venkatraman，2010）[1]。低影响期刊也可能包含有价值的研究论文。此外，作者最有可能引用他们认识的或本国的其他作者。鉴于引用国内同行或英文出版物的内在倾向，声誉或光环因素意味着某些作者比其他作者更有可能被引用。阿特巴赫（Altbach，2006）称，非英语研究的发表量和引用量均较少，是因为美国大学的研究者倾向于引用他们认识的同事。这可能是因为他们研究工作的重要性，也可能是因为非正式的网络关系。

作者自引也会产生有益的连锁效应（Fowler & Aksnes，2007；Toutkoushian et al.，2003）；还有一些证据表明，在撰写投稿过程中，研究人员/作者遭遇了引用特定来源的压力（Wilhite & Fong，2012）。许多排名以大学为分析单位，得出总的文献量和引用次数，但某一领域的表现往往与大学的综合表现截然不同（不分好坏）（MacRoberts & MacRoberts，1996；Moed，2009）。有证据表明，性别偏见对女性学者不利，她们的作者身份代表性不足，"与女性在整个人口和研究人员群体中的相对数量相比"偏低，而且她们的成果"很少被男性作者引用，反而是女性作者引用得多一些"（Davenport & Snyder，1995）。

鉴于这些问题，连汤森路透（Thomson Reuters，1994；另见Garfield，2005）都提醒道，不要在没有"审慎关注影响引用率的诸多现象"和"未经同行评审同意"的情况下使用影响因子。越来越多的

---

[1] 这个问题反映在埃及亚历山大大学（University of Alexandria）在2010年THE排名中获得了很好的名次，因为该校凭借其中一位学者在一本杂志上发表的有关理论物理和数学方面的高被引论文而获得了高分。据称，2014年土耳其也出现了类似的情况。参见Holmes，2010，Guttenplan，2010 and Usher，2014c。

学者主张采用更广泛的方法来评估以大学为基础的研究（Europa，2010c），并放弃使用引文，尤其是当这些指标被用于人事决策或根据"与研究人员发表成果的期刊影响因子相对应的浮动标尺"来提供资助时（Walter et al.，2003）。英国英格兰高等教育资助委员会（HEFCE）曾考虑将引文作为其研究评估工作的基础（Corbyn，2010），但从2014年起终止了这一做法，改而采用更广泛的研究影响力指标（见REF），该指标也已被纳入欧盟委员会的重大研究计划"地平线2020"。问题不仅仅在于文献计量和引文是否能很好地评价卓越研究的替代性指标，还在于这些指标在多大程度上歪曲了知识生产及其对研究人员个人乃至整个社会的影响和益处。这种担忧引发了一场关于评价高等教育"公益"作用的广泛讨论（Kelly & McNicoll，2011；Wellman，1999），以此考量影响和利益。这些讨论远远超出了指标选择和数据解释的范围。

基于网络数据接口（如谷歌学术）、院校资料库或其他标准化网络技术的使用越来越普及，但它们也有利有弊（Pagell，2009）。这些技术的好处是扩大了研究的传播范围，有利于公共利益，有助于克服文献计量方法的局限性，确保获取到全面的研究活动和产出。但这些技术也对以下概念提出了挑战，即影响只能通过同行的读者群来评价，而不是通过对社会和经济的更广泛影响来评价。目前正在制定改进或纠正影响因子的新举措。其中一个例子是替代计量学（Altmetrics），它为灰色文献、社会和新闻媒体中的分享、数据库和资料库中的引用、下载等提供了帮助（Alperin，2013b）。这种方法已经被各类国家系统、网站和出版商采用，以寻找更多的指标来捕捉更广泛的影响。

与此同时，对出版商控制所做出的回应以及更广泛的政策视角（即公共资助的研究成果应广泛传播，以增强公共知识和促进知识交流创新）共同推动了开放获取与开放科学运动的发展（Dunleavy，

2013；Willinsky，2006）。尽管追踪"点击率"作为评价教师成就的指标可能与引用率一样有问题，包括潜在的博弈等（Walter et al.，2003），但有研究表明，开放获取可以显著推动传播、增加学术使用和引用率，具体取决于学科，最高可达 580%（Swan，2010；Gargouri et al.，2010）。全球排名依赖于教师成就的其他指标，最主要的是奖项和荣誉。ARWU 最值得关注的是对诺贝尔奖或菲尔兹奖的使用，包括校友（10%）和教师（20%）。时间差有利于老牌院校和"历史上始终保持相同名称"的院校，并给过去的成就和老牌院校增添了优势（Billaut et al.，2009，p. 10）。ARWU 将教师归属定义为"获奖时所在院校"，该指标仍有利于院校在几年甚至几十年前所开展的工作。这鼓励了大学在教师获奖前夕招募"明星"学者，正如下文两个例子所示：

> 我们与[X 教授]的合作非常密切。如果这位教授[在获得诺贝尔奖时]是我们大学的一员，那我们的排名就会比现在高 100 或 150 名（1900 年前成立的公立科技大学校长，德国）。

> 还有一个案例，X 大学从[另一所]大学招聘了一名教授，因为他很可能会获得诺贝尔奖。有了诺贝尔奖得主，引用次数就会增加，X 大学在《泰晤士报》上的排名就会提高（利益相关者，日本）。

2013 年，两位著名的神经科学家从公立的加州大学洛杉矶分校转聘到了私立的南加州大学，这很好地说明了这一指标是如何与财富挂钩的（Gordon & Brown，2013）。借用体育方面的术语，英国设立了一个转会季，研究团队可以合法地从一所院校转到另一个所院校，以免损害研究评估过程的完整性。

声誉

排名试图评价一所大学的声誉，因为院校声誉受到教师同行和主要利益相关者的重视。有关声誉的信息通常是通过同行调查的方式收集,调查中会要求受访者确定他们心中符合标准的院校。对教师的工作进行评估,需要详细了解该领域及其对知识的贡献,特别是研究质量。同行评议是学术界的基石,是评估和评价、质量保证、认证和排名的重要组成部分,因此,同行评议自然地成为排名的一部分。声誉调查的工作原理也与此类似,因为"在确定最佳院校方面,教师们是最了解情况的"。THE-QS 赋予教师同行评议调查的权重最高,达到 40%(Baty,2009b),并使用了雇主和学生的反馈,但这两种方法都存在缺陷。

声誉调查很容易出现主观、自我推断和自我延续的情况。当受访者被要求选出他们所知道的顶尖大学,或者根据自己个人或专业经验从备选名单中做出选择时,就会出现评价者偏差。博曼与巴斯特多(Bowman & Bastedo,2011)指出,大多数人都会从自己可获得的特定价值出发,然后据此调整自己的最终判断。这种现象被称为"锚定效应"(anchoring effect)。在 THE-QS 调查中,每位专家只是被要求列出他们认为在其领域内最好的 30 所大学,而没有提供或要求提供任何绩效数据;然而,他们的信息可能相当有限,答案依赖于简单的印象。教授对教学质量的评估为 CHE 大学排名和 THE(2010)排名中的学生信息提供了依据。同行评议:

> 对教学质量、文明程度或人性化程度、师生互动培养学术热情的程度等很少涉及或根本没有涉及(Lawrence & Green,1980,p. 13)。

然而,无论是通过阅读学者发表的作品还是聆听他(她)在会议上的发言,都不能确定如何对教学质量开展可信的评估,尤其是在国际层面上(Ioannidis et al.,2007)。

当对一所大学的了解(无论是好的方面还是不好的方面)影响到该院校的一切时,就会产生光环效应(halo effect);例如,普林斯顿大学被誉为拥有全美最佳法学院的大学之一,但它没有法学院

（Marginson，2007b）；海德堡大学（Federkeil，2009，p. 22）和美国多所大学的地理系也存在类似的错误信息（Leiter，2011）。当一所大学某个学院或中心的得分高于学校时，也会出现这种情况，但这也可以以一种积极的方式来解读（Webster，2001，p. 143）。劳伦斯和格林（Lawrence & Green，1980，p. 19）不解道，为什么大学与其组成部分之间要有关联，毕竟"质量应该通过专业课程和教师所属学科的专业化程度来评估"。

这些例子说明，对一所大学的高估"可能与其过去的良好表现有关，而低估则可能是由于办学历史不够悠久"（Becher & Trowler，2001）。这可能是时间滞后因素（需要一段时间来建立声誉）导致，也可能是由于简单地将声誉与实际表现混为一谈，这也对年度评价的价值提出了质疑（Usher，2014b）。范·瑞安（van Raan，2007，p. 95；Morse & Tolis，2013）坦言：

> 有名望的院校在维持自身地位方面是很有优势，因为他们拥有最大的可能性来吸引最优秀的人才，这种机制为这些著名院校提供了一种累积优势，进一步加强了其研究表现。

这也可能是由于评估者只参考了其他来源（通常是另一个排名的背景信息），依据是"一所院校如今的声望往往会影响其未来的声望"（Brewer et al.，2001，p. 29）。

这也引出了一个问题：所谓声誉是哪些群体间的声誉，为什么要讨论声誉？理由是声誉等同于"特定社会群体/利益相关者对能力、高绩效或质量的社会归属"，因此，声誉可能是相对的，且与社会环境相关。换句话说，"大学的声誉在不同的社会群体之间可能是不同的，例如雇主与教授……不同的学科可能会因国家和地区的不同而有所不同"（Berghoff & Federkeil，2006）。德国的一项研究表明，雇主对私立商学院的评价很高，但教授对这类学校的评价较低（Federkeil，2009，p. 23）。

　　声誉调查也有博弈的成分,被调查者会试图影响结果。这种行为会直接或间接地发生。间接而言,同行群体的构成(人口规模或地域或学科代表性)会影响调查结果。THE-QS 调查曾被指出同行群体的地区代表性存在失衡,来自"西方"顶尖大学的学者比例过高,这也可能与样本量或回收率有关。

　　偏向性还体现在从那些将 THE 公认为一个著名品牌的国家所回收的调查结果比例过高,如英联邦国家(澳大利亚等);2008 年,从印度回收了 236 份问卷,从德国回收了 182 份,从英国回收了 563 份(Baty, 2010c)。自此,THE 就注意到 THE-QS 排名中的"同行评议"或调查要素存在偏颇。为解决这个问题,THE 试图增加其他地区在年度学术声誉调查中的比例,这也是 THE 排名声誉要素的基础。遗憾的是,由于 THE 的方法除了对区域的简单介绍外仍然是不透明的,因此仍然很难判断在解决其排名的结构性偏向方面(有利于那些具有品牌知名度的国家)有多大程度的变化[①]。大量使用声誉调查有助于解释 THE 和 QS 中的区域偏向性,而 ARWU 没有使用这些调查(Vidal & Filliatreau, 2014)。

　　由于教师和其他同行"愿意将那些与自己的大学类型相同、重点一致的院系排在前面"(Webster, 2001, p. 44),或者将那些他/她认识的学者排在前面,这种做法对牛津剑桥/常春藤联盟和(或)英语国家的老牌大学有利。也可以说,声誉排名本质上是对研究的另一种评价,从而进一步影响了权重平衡(见表 2. 2)。

---

① 在 2013 年调查中(于 2012 年 3—4 月进行),回收了来自 144 个国家的 16 639 份问卷。其中,43%的受访者讲英语,来自北美洲和大洋洲,虽然没有从国家层面加以区分,但可以解读为澳大利亚和新西兰,或许还有一些其他国家。西欧的受访者占 17%。2014 年的调查回收了 133 个国家的 10 536 份问卷(于 2013 年 3—5 月进行),35%的受访者来自北美洲和大洋洲。相较之下,北美洲的受访者降幅最大,从 2013 年的 33%降到了 2014 年的 25%。东亚和南美的比例仅有一两个百分点的微量增长,更强的增长来自南欧、西欧和东欧。余下地区,如西南亚和中亚、东南亚、中东和撒哈拉以南非洲的比例要么保持不变,要么有所下降。

类似的问题也影响到了 THE-QS 雇主调查。该调查通常选择一些大型跨国公司,因此,所呈现的院校情况及全球情况并不充分。被调查者也可能会直接影响调查结果,将其他院校都评为一般,而将自己的学校评为优秀。学生在给自己的院校打高分时通常感到压力,既有教师传递的压力,也有因为这与学生自己未来的职业发展有关而带来的压力(Kenber & Taylor,2010)。一位美国大学校长承认,"今年比往年更诚实地填写了[调查问卷]……除了这所[我所在的]大学,我[此前]对每所大学都勾选了'不了解'……"(Finder,2007b;Bastedo & Bowman,2011)。声誉指标与其说是评价成绩的标准,"更应该被视为社会归属[标准]"(Berghoff & Federkeil,2006)。

这些方法论上的问题影响着声誉排名的可信度。大学校长或其他利益相关者能否真正地充分了解其他机构的广泛情况,从而对其进行公平的评分?此外,THE-QS 和 USNWR 都遇到了低回复率、不回复和随意回复等困难。一位美国大学校长表示,他的工作不是为了"给《美国新闻与世界报道》一个更好的答案",而要为问卷上的每一所院校花上 10~15 秒的时间来作答(Lee,2009)。美国一些院校也有意退出声誉排名,理由是此类排名"意味着一种虚假的精确性和权威性,而其所使用的数据并不能保证这种精确性和权威性"(Butler,D.,2007;Farrell & van der Werf,2007;Hoover,2007;Jaschik,2007d)。

在与汤森路透的合作中,THE 试图通过重新评估排名方法和扩大同行评议专家队伍,使之符合联合国对全球教师研究人员的地理区域分布比例的估计(Baty,2010c)。除英语和西班牙语外,该调查现在还推出了中文、日文、法文和德文版本,这可能会对那些以前因英联邦国家和英语国家比例过高而获益的国家和院校产生不利影响(Trounson,2010a)。然而,这些变化无法克服声誉调查的内在波动性,因为它们完全取决于谁实际作出答复,至于他们来自哪个地域、哪所院校或哪个学科,这一点无人知晓(Usher,2014a)。

小　结

指标选择并赋予权重只是排名的一部分。是否有可能评价或比较院校的"整体"情况?是否有可能通过量化来评价质量?人们普遍认为,高等教育机构提供从本科到博士阶段的教育、开展研究、参与社区活动,是创新和创业的源泉。高等教育机构是国家建设水平的象征,是一些国家的经济引擎,也是一些国家生态系统(也被称为三重、四重或五重螺旋或"知识三角")的"重要成员"和关键伙伴。除了开展教育外,高等教育还是人力资本的来源,作为地区、国家和全球门户,吸引高技能人才和投资,通过知识和技术转让与各种利益相关者积极互动,支撑国家和地区的全球竞争力。许多大学拥有医学院、博物馆、剧院、美术馆、体育设施和咖啡馆,所有这些都在其社区、城市和国家中发挥着重要作用。作为一个群体,高等教育机构处于不同的国家背景下,由不同的价值体系支撑,满足人口、种族和文化多样性的群体需求,并应对复杂且富有挑战性的政治经济环境。在这种情况下,很难想象有一种简单的方法能够将复杂的大学活动转化成"海量的量化信息",并将其汇总成一个代表院校整体质量的排名。但这正是排名的目的所在。

高等教育机构需要保持透明并担负起责任,这是毫无疑问的,但所有的排名方法都会带来偏差,最重要的是这种偏差是否会造成扭曲(Usher,2010)。这也是排名的指标选择和评价内容如此重要的原因。时间跨度也很关键,尽管许多评价内容对院校战略规划和公共政策而言非常重要,但年度比较是有误导性的,因为院校不会也不可能每年都发生重大变化。此外,许多指标或其替代性指标充其量只能对教师或教育质量产生间接影响，实际上甚至会产生反作用。虽然越来越多的排名允许按学科（如 CHE 大学排名）或院校类型（如 USNWR、Maclean's、U-Multirank）进行比较，但其他许多排名是根据同一套标准来评价所有院校，实行"一刀切"的评价方法。通过这种方法，院校排名基本上是根据他们与"最佳"大学之间的差距来评价的；换句话说，评价的是每所大学与哈佛大学存在多大的差距。这样一来，排名机构基于其选择的指标，定义了一个狭隘的卓越概念。然而，很明显，排名既没有一套客观的指标或权重，也没有阐明一个基本的事实，"也没有任何内在的理由，说明为什么指标需要加权或汇总"（Usher & Savino，2007）。CHE 大学排名和 U-Multirank 使用户能够根据有限的指标对院校进行个性化排名，而 ARWU 和 QS 等排名则允许按学科领域进行有限的排名。这种限定只是为了突出按整体综合得分进行院校比较的缺点。

　　排名以更隐蔽的方式赋予了卓越单一的定义。排名机构通常只对 500 所左右的院校进行排名（有的排名甚至更少），但他们收集的信息量明显超出了 500 所。这种限制是由各个排名组织设定的，因为在排名过程中，院校之间的统计差异是无效的，但这也有助于维护排名集团的公信力。全球有超过 1.8 万所高等教育机构，那些排名前 500 的院校都位列全球前 3%，但排名却让公众、政策制定者和利益相关者产生了这样一种观念，即只有那些进入前 20、前 50 或前 100 的院校才有资格称得上卓越。可以说，这些排名将终结对世界一流地位的争夺，因为除了少数几所大学外，所有大学都无法跻身这一行列。然而，从过去的表现来看，这很可能会加速声誉竞赛，并将政策关注点聚集到少数精英院校。相反，越来越多的独立排名产品意味着院校可以根据自己的需要在不同的指标上进行竞争，无论是作为一所年轻的大学（QS 校龄低于 50 年的 50 强大学排名或 THE 校龄低于 50 年的百强大学排名），还是作为一所金砖国家的大学或亚洲大学。

　　除了背景和使命方面的差异，排名所评价的内容往往不适用于某些院校。对文献计量和引文数据的偏好使生物科学享有优势，而采用期刊影响因子以及（ARWU）采用在《自然》和《科学》上发表论文作为评价教师质量的指标进一步巩固了这种优势。伦敦经济学院一开始就毫无优势，因为文献计量方法不能充分囊括社会科学成果。类似的问题也困扰着部分国家系统，因为在这些系统中，研究工作往往是在大学之外的自治机构开展，如法国国家科学研究中心（French CNRS），德国弗劳恩霍夫研究所（German Fraunhofer）、马克斯—普朗克研究所（Max Planck Institutes）等。另一个问题来自于各种指标的无意义性，如上所述，有大量文献表明，大多数指标与提高教育质量关系不大。政府和高等教育机构非但没有质疑其方法论逻辑，反而被这股潮流裹挟，并努力重组其研究系统和院校，以更好地契合排名所设定的准则。

　　在承认高等教育机构多样性，并让使用者构建一个能够满足自身需求的排名浪潮中，U-Multirank 是一个典型案例。多年来，商业排名和其他（政府）排名都在寻求加入更多的互动性，开发专业度更高的排名和指标，满足更广泛的用户需求和目的。尽管在多维层面上取得了重大进展，但真正的挑战仍然是如何找到有意义的方法来评价和比较高等教育的表现和质量。表现和质量这两个概念虽然可以交替使用，但本质上却是截然不同的。将二者混为一谈的做法使人们简单地认为拥有更多的东西/数量（如预算规模、研究或国际学生或教师）就一定更好或等同于质量；相反，也有假设认为生师比越低越好。总而言之，尽管难以采用简单的方法进行教育质量的跨国比较，但仍然有必要创建一个全球通用的数据集。

　　讨论强调了文献、评论以及排名本身存在的矛盾。排名既一致又不同，尽管共享同一个名称，但彼此间似乎又差异显著。"哪所大学最好"可能会有不同的问法,这取决于提问者是谁。这给那些认为最终结果具有直接可比性的用户带来了问题。院校的使命与背景各有不同,不同的用户需要不同的教育产品与服务,而排名呈现出关系质量的多维视角。同时,主要的国家和全球排名的结果是相似的(参见 Richards & Coddington 于 2010 年制作的交互式图谱)。

迪尔和苏(Dill & Soo,2005,p. 499)认为,与公认的观点相反,"国际上出现了一种评价高等教育质量的通用方法",该方法以新生和教师的质量为基础。根据厄舍和梅多(Usher & Medow,2009,p. 13)的观点,这种共性源于潜在的"附带现象"(epiphenomenon),而"高质量"的学生和教师只是其表象。换句话说,排名评价的是社会经济优势以及年龄、规模和资金带来的好处。这些好处更多地向大型院校和大国倾斜,因为他们长期以来已经在国内和国际上建立了更高的影响力,拥有更多的研究人员,相应的,产出也更多。塔普尔与菲力帕库(Tapper & Filippakou,2009,p. 58)强调,"建立必要的硬件设施需要时间,吸引必要的人力资本(明星学者团队)则需要更多时间"。实现和维持两者的成本(从而提高大学在排名中的地位)应该受到重视。

在因排名而愈演愈烈的声誉竞赛中,公立院校和公立高等教育系统的不利地位日益明显。

> 政府对高等教育资助的削减带来了一系列后果。虽然我们不是大学排名的拥趸,但一个排名系统 25 年的变化证明了公立高等教育资助匮乏所带来的影响。在 1987 年的"USNWR 全美大学排名"中,有 8 所公立大学进入前 25 名,2 所进入前 10 名。但在最近的一次排名中,没有公立大学进入前 20 名,有且仅有 2 所进入了前 25 名,分别是第 21 名和第 25 名(Archibald & Feldman,2012,p. 11)。

美国私立大学在各种排名中都占据了前 20 名的醒目位置,其中，THE 有 14 所大学，QS 有 11 所，ARWU 有 12 所；USNWR 前 20 名中有 19 所是私立大学。不平等的分布在全球排名中亦是如此，美国和欧洲的大学在世界排名中占主导地位，尽管亚洲国家的大学在增加，但非洲和南美洲的大学仅占少数席位（Marginson & van der Wende，2007b）。排名靠前的大学招收的国际学生数量也最多（van Damme，2014）。在全球金融危机后的世界里，这些差距进一步加剧。

如果声誉决定排名，那么排名是否决定声誉？尽管大学之间的统计学差异很小，但因结果以排名形式呈现，差距被放大。博曼与巴斯特多（Bowman & Bastedo，2009，p. 1）认为，"公开的大学排名对未来的同行评估有重大影响，但独立于组织质量和绩效的变化，也独立于之前的同行声誉评估"。学生和其他利益相关者依靠这些排名来进行大学或政策选择，在这样的环境下，大学的排名与毕业生的成功密切相关，院校地位与其利益和资源的增加密切相关。由于排名前列院校是"通往提供六位数起薪的专业职位的大门"，他们推动了对精英教育文凭的需求，"这解释了院系排名越来越重要的原因"；与其他市场不同的是，这里名额有限（Frank，2001，p. 6；Jaschik，2010b）。

高等教育成为一个赢家通吃的市场，其统计学上的细微差异导致了声誉和资源的巨大鸿沟（Frank & Cook，2003，p. 28）。巴斯特多与博曼（Bastedo & Bowman，2010，p. 177）认为，结果总体上"符合从制度理论中得出的预测……[其中]未来同行对声誉的评估受到（a）综合排名、（b）层级和（c）层级变化的实质性影响"，形成了自我复制的特权循环，主要是为了"维持现状"。排名不仅是追求卓越的地缘政治斗争的体现，也是其驱动力。

普遍观点认为，某种形式的国家和国际比较"将继续存在"。排名之所以成为当前最受欢迎的形式，是因为它们能够向广大受众提供简单的信息,但这也是其致命弱点。由于难以确定和商定有意义的、可靠的、可核查的国际比较指标和数据,排名评价的是容易和可预测的内容,关注过去的表现,强调以量化数据作为质量的替代性指标。各种指标或替代性指标都存在偏颇,而且研究表明,一旦控制了学生群体的选拔性,资源、声誉与教育质量之间的相关性并不明显。有学者对排名指标的意义提出了根本性的质疑,认为排名并不能评价教育质量,而是在评价和强化社会筛选性的累积优势(见 McGuire & Flynn,2011)。根据库赫与帕斯卡雷拉(Kuh & Pascarella,2004,p. 52)的说法,"只要简单地了解学生的平均 SAT/ACT 成绩,就能在很大程度上重现[美国]最佳大学排名"。排名结果扭曲和破坏了教学、学生参与、知识交流和技术转让等高等教育活动和成就的广度。于是,更广泛的社会需求被忽视了。通过强调特定大学(标准)或国家将永远占主导地位,排名巩固了一种静态高等教育系统的观点(Grillo et al. ,2010,p. 16)。

正如接下来的章节所述,排名的影响范围远远超出了进入排名前 20、前 50 或前 100 名的院校。院校、学生和其他利益相关者以及国家和超国家组织都在进行重大的高等教育改革,以符合排名组织设计的标准,这些改革既促进了积极的改变,也带来了消极的影响。这究竟是排名机构的问题(其中许多是利用一切机会推销排名产品通用性的商业组织),还是因为人们对排名结果的使用和过度解读?

第三章

排名的影响——来自高等教育内部的观点

> 在激烈的竞争下,大学都在寻找可以提高排名的方法。他们经常调整课程和使命,争取与知名大学合作。
>
> ——教师,波兰

> 长此以往,大学将只专注于自然科学,不承担任何社会活动的责任,对教学活动的投入也会减少。
>
> ——教师,丹麦

排名的经验

每年大学排名的发布都会掀起一股席卷全球高等教育系统的热潮。很少有大学领导不知道全球排名,大多数领导者对国家或全球排名如数家珍(Adams & Baker, 2010; Jaschik, 2009c)。尽管许多领导者声称不会过度强调排名,但他们都很清楚自己和国内外同行的排名。围绕排名的讨论愈演愈烈,院校的态度有担忧、有怀疑,但也越来越多地参与到收集必要数据和对排名结果作出回应的行动中。据称,大学管理人员是收集排名数据和结果(Keller, 2007; Meredith, 2004; Provan & Abercromby, 2000)或向汤森路透和 QS

提供分析信息（QS，2010c；Jobbins，2010）"最投入、最执着"的群体。大学实际上陷入了两难的局面，"不愿公开强调排名……背后却在尽力避免排名下滑"（Griffith & Rask，2007）。根据尚德与埃斯佩兰（Sauder & Espeland，2007，p. 24）的说法，正是"学生、校友、媒体和同行的反应（才）让法学院的管理者逐渐'认识到'排名的重要性"。

墨西哥一所1900年后成立的公立研究型大学领导者评论道，这是一种"做与不做皆是错"的困局。一位法学院院长讲述了她的应对机制（Whitman，2002）：

> 我养成了保护性的本能，在排名结果公布前我会闭上眼睛，这样我就不必真的面对它们了。当上一次《美国新闻与世界报道》排名发布时，我就是闭上眼睛，瞄了一眼第四梯队，确认我们不在那儿，我生活在恐惧中，害怕在我的任期内学校跌落到第四梯队。这太荒谬了！我们明明是一所非常优秀的法学院。

这种反应很普遍，即使在排名表现一般的高等教育机构中也是如此。高等教育领导者们有一种强烈的看法（越来越多的国际证据证明了这一点），排名有助于建立和维护院校的地位和声誉。特别是在研究生阶段，优等生们利用排名来筛选大学，而利益相关者利用排名来做出他们在资金、赞助和员工招聘方面的决定。其他高等教育机构则利用排名来帮助确定潜在的合作伙伴，评估国际网络和组织的成员资格并制定基准。排名有一个滑动的标尺；但即便是排名靠后的院校，只要被列入排名榜单中，就可以获得重要的国际国内知名度。排名可以提供品牌和广告价值。由于人们认为排名可以带来直接好处，所以，关于校长或高级管理人员因其所属院校的排名表现获得奖励或遭到解雇的故事也比比皆是。据洛约拉大学（Loyola University）称，在排名中表现出色"将直接推动收入的增长"(转引自 Morphew & Swanson，2011，p. 188)。尽管受到指摘，但这些方面已成为院校招聘和市场营销战略的重要属性，这是竞争激烈的市场中必不可少的元素。因此，高等教育机构对排名采取一种看似随意的态度，却利用排名机构的网页宣传自己的成就，这类情况并不罕见。无论好恶，校长和高级领导者们都非常重视排名结果。

正如第二章所述，关于排名主题的讨论已经很多，但大多都集中在排名方法上，只有少量的文章和报告研究了排名对学生择校的影响(例如 Clarke，2007；Meredith，2004；Monks & Ehrenberg，1999；Roberts & Thompson，2007；Caruso et al.，2011a & 2011b；Hazelkorn，2014a)。关于排名影响和使用的轶事、内部报道及新闻评论一直是最常见的写作形式，研究论文和报告的数量并不多。早期的一个特例是 2001 年由美国管理委员会协会(Association of Governing Boards)对美国大学校长进行的调查。美国的案例很有趣，因为美国是早期唯一一个拥有长期排名经验的国家。管理委员会协会的研究表明，76％的大学校长认为 USNWR 排名对他们的学校"有一些重要/非常重要"；51％的大学曾试图提高自己的排名；50％的大学将排名作为内部基准；35％的大学在新闻或网络上公布了排名结果；4％的大学校长成立了一个专门小组或委员会来应对排名问题(Levin，2002)。随后的报告显示，排名对学生择校和大学行为具有着持续且不断增长的影响；根据美国大学招生咨询委员会(US National Association for College Admission Counselling)的数据，超过 70％的大学将排名用于宣传和市场推广，近 50％的大学因排名而持续(或间或)进行课程改革；一些受访者表示，他们个人受到大学校长、理事或教师的压力，要求他们采取能够提高大学排名的措施(Caruso et al.，2011a，p. 9,11)。

类似的结果在其他地方也很常见。几乎"30％的日本大学的目标是在各个特定领域达到具有国际竞争力的标准",在 86 所国立大学中,有 47％的大学将世界一流大学排名作为明确的管理目标,而私立大学仅有 9％(Yonezawa et al. , 2009)。汤森路透进行的一项调查也揭示了类似的结果:40％的英国院校领导认为分析比较"极其/非常有用",还有 45％表示"有些用处"(Adams & Baker, 2010)。2014 年对欧洲高等教育机构的 RISP 调查显示,排名正在产生重大影响,超过 90％的受访者表示,他们对自己在排名中的表现进行了监测;近 60％的受访者表示,排名在其院校战略中发挥了作用;39％的受访者表示,他们利用排名结果为战略、组织、管理或学术行动提供信息;另有三分之一的受访者正计划采用前述做法(Hazelkorn et al. , 2014, p. 38)。

　　另一种极端是,大学选择无视或抵制排名,拒绝提交数据或参与调查。最轰轰烈烈的抵制运动发生在加拿大和美国,两地的大学联合起来,分别试图削弱《麦克林》和 USNWR 排名的可信度(Thacker, 2007; Arnoldy, 2007; Morse, 2010b; de Vise, 2010; Tetley, 2006)。1999 年,有 35 所大学拒绝参加《亚洲周刊》的排名(Stella & Woodhouse, 2006, p. 5)。2013 年 1 月,欧洲研究型大学联盟(League of European Research university)以担忧 U-Multirank 的必要性和成本为由,正式撤回了对 U-Multirank 的支持(Grove, 2013),而一些英国大学则拒绝允许高等教育统计局公开数据(Locke, 2014, p. 84)。然而,更典型的反应是,大学的参与往往是不得已而为之,因为他们担心一旦不参与,就会被忽视。

　　本章通过借鉴调查和访谈结果、国际经验和国际研究,探讨排名如何对院校产生影响以及院校如何应对排名。其中包括根据 2014 年的最新调查结果进行了内容更新,并对 2006 年和 2014 年的两次国际高等教育排名调查结果进行了比较(Hazelkorn, 2007,2008a;方法见附录)。

对排名和院校地位的态度

排名作为一种评价竞争力、提供透明度、问责制以及帮助制定高等教育绩效基准的方法，已经快速传播开来。高等教育领导者和高级管理人员们坦承，尽管他们对排名的方法及其影响感到担忧，但"不管我们喜不喜欢，排名都是大环境的一部分"（Labi，2008b），而且"会持续存在"。对世界上许多高等教育机构来说，他们对每年公布排名都会有一种紧张的期待，接下来是对年度排名表现的仔细审查，评估对主要利益相关者、舆论和决策者的潜在影响。

> 我们关心排名的原因很简单，就是因为外界很关心排名。我们不得不关注排名，因为我们的受众群体，无论未来的学生或在校生，还是企业的招聘人员，都相信排名是有效的。因此，不管我们对排名的观感如何，我们都必须关注它们，就这么简单（资深高等教育管理人员转引自 Martins，2005，p. 714）。

因为前 25 名的大学很少发生变化，所以有一种观点认为，那些"前 100 名，也许前 200 名……努力保持原来的位置，并试图爬得更高一些"（教师，荷兰）的大学最关心排名。然而，现实情况更加复杂，各类高等教育机构都会跟踪、解读排名并采取行动，包括那些排名位置不高甚至没有上榜的院校。研究密集型和教学密集型院校之间的区别往往是：雄心勃勃的院校会进行适当的资源分配，并采取行动"克服弱点，改善不良表现"，而排名靠前的大学则"更关注'前 10 名的大学应该做什么'"（Locke，2011，p. 218）。

冰岛大学宣布，"为了更好地服务冰岛……（它）为自己定下了跻身世界百所最佳大学的长期目标"（University of Iceland，2006；Hannibalsson，2008）。同样，哈塞特佩大学（Hacettepe University）的战略规划称，作为"土耳其参与国际大学排名的著名高等学府之一",其目标是"在未来五年内,进一步巩固其地位并提高在全球排名中的位置"(Hacettepe University, 2007, p. 54)。对许多大学来说,进入排名前列成为一件关乎民族自豪感的事情。

> 就在 THE 排名问世后不久,我应邀到印尼一所排名前 5 或前 6 的顶尖大学演讲。当我抵达这所学校时,立马就有人想和我探讨这些排名,并表示他们的校长已经定下了"必须进入前100 名或类似"的目标(高等教育政策利益相关者 A,澳大利亚)。

乌干达的马克雷雷大学(Makerere University)在两年内跃升了44 个名次,其目标是在 ARWU 排名中跻身非洲前 10 名,因为它认为排名是"评价大学影响力和声望的指标,也是评价大学传播研究成果责任的指标"(Bareebe, 2010)。对另一些大学来说,上榜(即在竞争日益激烈的环境中被看到)就足够了。

绝大多数接受调查的高等教育领导者仍然不满意他们目前的排名地位,并希望有所提高。2006 年,58%的受访者表示不满意自己所在院校的排名,其中 93%和 82%的受访者希望提高其国内或国际地位。到2014 年,83%的受访者对自己院校的排名不满意;80%的受访者希望提高自己的国内排名,88%的受访者希望提高自己的全球排名。

图 3.1 和图 3.2 比较了 2006 年和 2014 年受访者对所在院校目前排名的看法,以及他们在国家和全球排名中的目标位置。综合许多不同的排名,在 2006 年,4%的受访者表示他们在国家排名中位列榜首,19%的受访者希望所在院校成为排名第一的院校。到 2014年,17%的受访者表示其所在院校名列第一,32%的受访者希望成为排名第一的院校。对比 2006 年和 2014 年,希望成为排名第一的高等教育机构增加了 68%。2006 年,虽然没有任何一所受访的高等教育机构在国际上排名第一,但 6%的受访者表示希望成为第一;2014年,4%的受访者表示他们排名第一,5%的受访者表示希望成为第一。尽管从统计学上看,每所院校都不可能达到所期望的地位和承

受相应的经济代价,但这并没有阻止世界各地的许多院校(以及教育部长和其他决策者)提出将某一排名位置作为一种战略目标或使命。

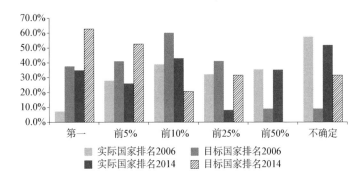

图 3.1 受访院校 2006 年和 2014 年实际国家排名与目标国家排名分布

注:2006 年:实际国家排名,$N = 56$;目标国家排名,$N = 63$。
2014 年:实际国家排名,$N = 23$;目标国家排名,$N = 19$。

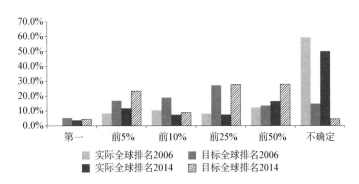

图 3.2 受访院校 2006 年和 2014 年实际全球排名与目标全球排名分布

注:2006 年:实际全球排名,$N = 47$;目标全球排名,$N = 51$。
2014 年:实际全球排名,$N = 24$;目标全球排名,$N = 21$。

可以看到,总体趋势是高等教育领导者们希望在国内和国际上都获得比目前更高的排名。因此,2014 年有更多的高等教育领导者希望跻身前 5%,而 2006 年,他们的目标只是进入前 10% 或前 25%。例如,在 2006 年,70% 的受访者表示希望跻身全国前 10%;到 2014

年,总体比例不变,但有 58% 的受访者希望跻身全国前 5%,其中
32% 的受访者希望排名第一。全球排名也出现了类似的趋势:2006
年,71% 的受访者希望进入前 25%;如今,这一比例仍然保持不变,但
29% 的受访者希望跻身全球前 5%,而 2006 年这一比例只有 18%。
换言之,虽然证据表明大多数高等教育机构都希望跻身国家和全球
排名的前 25%,但他们现在已将目光投向这个区间内更高的位置。
考虑到绩效与资源分配和(或)招聘等之间的联系,高等教育机构更
重视追求国内排名目标,而不是全球排名。

无论国内排名还是全球排名,1970 年前成立的高等教育机构比
1970 年后成立的高等教育机构更有可能上榜。同样,那些自诩研究
型大学或研究密集型大学,比教学密集型院校更可能进入排名的前
10%。但高等教育机构的态度模糊,他们既对自己的排名位置感到满
意,同时又在努力提高排名。2006 年,研究密集型大学对自己的排名
地位最不满意,这并不奇怪,因为排名主要关注的是研究表现,研究密
集型大学对这一指标非常敏感;2014 年,研究型和研究密集型大学都
不满意(见图 3.3)。排名前 10% 以内的院校最渴望提高自己的地位,
而没有上榜的院校也热切地想要提高,希望至少能出现在排行榜上。

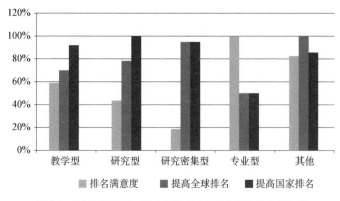

图 3.3   不同类型院校对排名的满意度及希望提高排名的比例

注:N = 94。

　　世界不同区域存在一些有趣的差异（见图 3.4）。考虑到社会内部对排名的重视，亚洲、中东和澳大利亚/新西兰地区都希望提高自己的排名地位。前两个地区受排名影响的程度几乎已经将排名作为战略目标和客观的质量基准。在一些发展中国家，排名被视为或用来矫正（学术）裙带关系依赖或进行推广宣传的一剂良药。

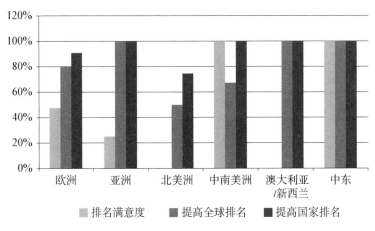

图 3.4　2006 年世界不同区域的排名满意度与希望提高排名的比例

注：$N = 94$。

　　对院校地位的不满体现在以下方面。首先是对排名方法的广泛关注，如指标的选择或加权，指标不能考虑到不同院校的实地情况或"特殊性"，或过分强调研究、声誉和奖项，而忽视了教学和社会参与等更广泛的教育角色和责任。

　　　　在我们这所颇具规模的大学（约 4 万名全日制在校生）里，教学条件比不上小规模的私立大学；没有足够的时间开展研究并顺利获得额外的研究基金（第三方资金）；只有降低教学强度和招生人数，才能在研究方面取得更卓越的成绩（高级管理人员，1945 年前成立的公立研究密集型大学，德国）。

诺贝尔奖得主这样的指标将一众大学排除在外,"仅仅是因为该学科未设诺贝尔奖"(政府官员,丹麦)。

其次,高等教育领导者们对排名的不安不仅仅是方法问题。他们认为,排名对利益相关者的意见和行动产生的负面影响日益加剧。图3.5显示,排名对衡量绩效、确定质量和资源分配的影响越来越大。2006年,超过70%的受访者认为排名的主要功能是提供有关高等教育的比较信息。虽然在2014年这仍然是主要目的,但这种功能已经减弱;如今,排名被认为在评价绩效(52%)和确定质量(40%)方面具有更积极的干预作用。8%的受访者认为排名影响了资源配置,而2006年持此看法的受访者仅3%。

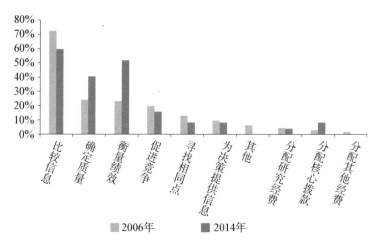

图3.5   2006年和2014年院校的排名目的

注:多选题(2006年:$N = 94$;2014年:$N = 25$)。

由于排名旨在提供有关高等教育表现的比较信息,学生仍然被视为排名的主要目标受众和使用者(见图3.6)。但自2006年以来,排名的实际使用者发生了一些重大变化。2014年,家长、雇主和行业很少使用排名,而政府和公众舆论对排名的使用比例更高。

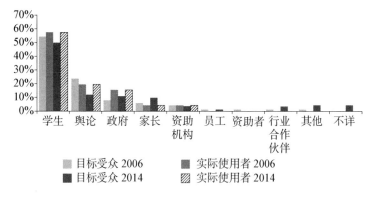

图 3.6 排名的目标受众与实际使用者分布

注：多选题。2006 年：目标受众，$N = 90$；实际使用者，$N = 92$。2014 年：目标受众，$N = 26$；实际使用者，$N = 26$。

高等教育领导者认为，排名对主要利益相关者的影响是始料未及的（见图 3.7）。2006 年，受排名影响最大的群体依次是学生及其家长、政府、教师、雇主和捐助者。2014 年，教师、合作伙伴和合作者也被认为受到了排名的强烈影响。另一方面，由于排名通常被当成一种简化的质量标志（见图 3.5），高等教育领导者们担心主要利益相关者可能会广泛得出负面结论，然后用来作为支持或拒绝资助、合作或认证的理由。到 2014 年，24％的高等教育领导者认为学生受到了排名的负面影响，18％的受访者则认

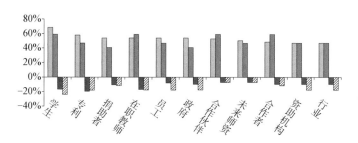

图 3.7 排名对主要利益相关者的影响分布

注：多选题（2006 年：$N = 59$；2014 年：$N = 17$）。

为家长、教师、雇主、政府资助机构和行业都受到了负面影响。

排名会影响政府和利益相关者群体对高等教育的反应。2006年，10%的受访者认为排名影响了核心拨款的分配，近20%的受访者认为排名影响了研究经费的分配。如今，大多数受访者（近35%）都认为排名正在影响高等教育机构的分类（见图3.8）。虽然受访者的观点显示出高等教育领导者们对排名影响的看法有所转变，但证据可能不够充分，因为很难将排名影响本身与其他政策行动区分开来，也很难将院校层面的决策与那些可能由于全球化、市场化、竞争力等因素引发的决策区分开，这也是 RISP 调查的一个特点。表3.1展示了各类院校关于排名如何左右利益相关者的看法。

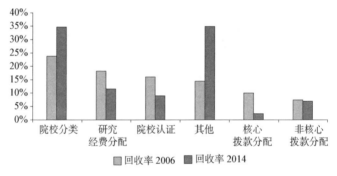

图 3.8　排名对政策制定的影响

注：多选题，"其他"表示排名对政策制定没有影响（2006 年：*N* = 70；2014 年：*N* = 18）。

表 3.1　高等教育领导者关于排名对主要利益相关者影响的不同看法

主要利益相关者	受访者关于排名对利益相关者影响的看法
捐助者	• "这完全取决于排名" • "捐助者不想和失败者产生联系，他们希望自己的形象只和成功者联系在一起"
合作伙伴	• "愿意加入共同项目" • "在国际上享有良好声誉"
学者	• "提高对发表高质量研究报告重要性的认识" • "排名下滑的院系负责人更容易促使其改进" • "口碑好，招聘就容易了"

（续 表）

主要利益相关者	受访者关于排名对利益相关者影响的看法
雇主	• "使任命/晋升标准更加清晰和透明" • "来自高声誉大学的毕业生有更好的就业机会（反之亦然）" • "雇主们得到了质量的信号" • "雇主们感到放心。那些不向我们敞开大门的雇主会变得更容易接受我们"
政府	• "负面声誉的重复" • "认证更容易" • "少找借口，多一些开放" • "地方政府倾向于为一所优秀大学追加投资"
学生和家长	• "更多的学生愿意入读" • "优秀学生通常都会申请优秀的大学" • "特别是在国际市场中，地位和声望是决策的重要因素……" • "建议子女上一流大学"

高等教育的监测结果和利益相关者的反应都取决于一所院校的排名高低。例如，高等教育领导者们表示，亮眼的排名表现可以提高院校在"与政府关系中的竞争地位"，政府和资助机构更青睐排名高的院校。这可以通过口头支持，增加"促进教学和研究卓越的资金"（副校长，1945年后成立的公立研究型大学，澳大利亚）或推动认证工作。德国一所1945年前成立的公立研究密集型大学的高级管理人员表示，"政府倾向于为一所优秀大学追加投资"，而研究资助机构也利用排名"将资金分配给声誉更高的大学"。排名位次靠前既保证了潜在的赞助商和捐助者的支持，也让他们放心，将企业形象与成功联系起来，"捐助者不想帮助失败者，也不愿与之产生联系"；相反，他们希望自身形象只与"优胜者"或者"一所成功且有声望的大学"联系在一起（高级管理人员，1945年前成立的私立研究型大学，墨西哥）。雇主也积极回应道："来自享有良好声誉大学的学位持有者拥有更多就业机会，反之亦然"（高级管理人员，1945年前成立的公立研究密集型大学，德国）。

每个排行榜和质量排名都受到了极大的关注。学生、政府，特别是媒体都对其异常重视。正因为如此,排名对大学声誉产生了巨大的影响,并通过这种方式促进竞争和影响政策制定(高级管理人员,1945年后成立的研究和教学密集型大学,德国)。

政府编制的排行榜本是用来分配教学和研究经费,而非进行排名活动,尽管这也是人们对它们的看法(校长,第二次世界大战后的公立研究密集型大学,澳大利亚)。

高等教育领导者们表示,利益相关者是感到放心还是毫不关心,取决于一所院校的排名。对于那些排名地位不高的院校来说,人们担心排名会产生马太效应或进入不利的循环。

2006年,50%接受调查的高等教育领导者认为,排名有利于知名大学,而且容易出现歪曲和不准确的情况;47%的受访者认为排名提供了可供比较的有用信息,有助于院校制定战略规划目标,但对于排名能否评估绩效,看法不一(见表3.2)。然而,排名有助于挑战关于绩效的假设,例如认为"我们就是全球最佳"。排名可以为市场推广、招生、学术合作和其他合作提供帮助,并提振教师士气:

例如,我们可以自称是ARWU排名的500强大学,这样我们在认知度不高的市场中也能被看到(管理人员,1945年后成立的教学研究型大学,澳大利亚)。

表3.2   受访者关于"排名的影响和好处"的观点

	正确	错误
有利于知名大学	89	70
建立院校的等级制度	82	17
可能会出现歪曲和不准确的情况	81	17
提供可比较的资料	73	26
强调研究优势	72	26
帮助院校制定战略规划目标	63	34
提供院校绩效评估	50	47
促进问责制	45	48

（续　表）

	正确	错误
决定一所高等教育机构声誉的好坏	42	57
提供高等教育质量评估	40	58
促进院校多样性	36	59
使院校能够识别真正的同行	35	60
鼓励公平竞争	23	75
提供一所院校的全貌	10	89

注：2006 年，$N = 115$。

　　尽管对排名有担忧和争议，但在 2014 年接受调查的院校中，超过半数的受访者认为，排名对院校声誉有积极影响，其作用是帮助而非阻碍（见图 3.9），当然这也取决于具体活动。超过三分之二的受访者认为排名可以提高院校声誉，近 50％的受访者利用排名进行宣传，包括新闻稿、官方介绍及网站，多年来始终如一（见 Hazelkorn et al.，2014，p. 34 - 35）。

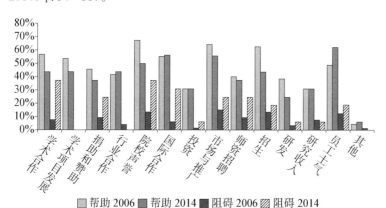

图 3.9　关于排名作用（帮助或阻碍）的看法分布

注：多选题。2006 年：帮助，$N = 65$；阻碍，$N = 65$。2014 年：帮助，$N = 16$；阻碍，$N = 16$。

　　关于排名的看法视具体情况而定。

由于某个不良排名结果,许多其他领域的优秀研究或教学
成果得不到应有的承认,声誉受到严重损害(高级管理人员,
1945 年前成立的公立研究密集型大学,德国)。

在综合性大学中,我们处于中间位置。排名地位既没有高
到足以产生显著的积极影响,也没有低到足以引发负面效应
(高级管理人员,1945 年后成立的公立研究型大学,加拿大)。

以下两种言论体现了排名影响的模糊性,一种说法是院校正经
历"学生减少"的困境,另一种说法则是院校现在"得到了广泛认可",
而最终的说法是"成功是成功之母"。正向的排名结果带来了"更宽
广的市场",有助于争取"舆论支持",对决策者产生"积极影响",反之
亦然。

公众舆论除了影响毕业生就业外,还影响到招生人数和对
院校的财政支持(校长,1970 年后成立的公立教学型大学,约
旦)。

排名地位低被认为是"未入围 ARWU 排名 500 强而引起的负面
宣传"所致,并迫使院校"把时间浪费在降低损失上"。学生们可能会
对就读一所"排名地位一般"的大学望而却步。

战略规划

排名已经潜入了高等教育的董事会(IHEP,2009)。随着"大学
竞争全球化,世界排名变得越来越重要"(资深高等教育领导者,1970
年后成立的私立研究型大学)。尽管当欧洲大学在思考一系列时代
发展时,认为排名的重要性不及博洛尼亚进程、质量保证或国际化
(Sursock & Smidt,2010,p. 26),但排名"对内部决策有很强的影响"
(Bowman & Bastedo,2009,p. 417)。

排名与院校战略利益紧密相连,2014 年,84%的受访高等教育机

构表示,他们有正式的程序来评估自身地位,而 2006 年这一比例为 56%;评估通常是由校长领导的委员会实施(2006 年为 56%;2014 年为 41%),但在部分院校,则由管理部门来完成(2006 年为 14%;2014 年为 18%)。同样,在 RISP 调查中,85%的受访者表示排名由院校最高领导层(校长或董事会)来审议(Hazelkorn et al.，2014，p. 28 - 30)。

欧盟绝大多数的决策者认为,排名或分类工具影响了欧洲 77%的院校决策,尤其是在战略决策和目标制定方面(Europa，2010e)。日本的一项调查同样发现,半数的国立大学已将排名用于战略目标(Yonezawa et al.，2009)。相比之下,尽管存在调查方法、国家(地区)背景和时间滞后等方面的差异,2002 年对美国大学校长的一项调查发现,20%的大学校长没有将排名当回事(Levin，2002)。

影响高等教育对排名反应的一个关键因素是,相信排名会带来好处,即政府、学生、教师、同行、雇主、捐助者和其他利益相关者给予了更多的支持和认可。正如一所德国大学解释道:

> 我们希望培养出对企业非常有用的毕业生,所以企业当然会看重排名。我们之所以对排名十分关注,正是因为企业都在关注排名(副院长,1970 年后成立的应用科学大学公共学院,德国)。

至少,排名引发了争论:"在大学内部,我们讨论过排名现象……"(资深高等教育领导者,墨西哥);其他人则将排名"作为一种提高绩效的技术手段"(校长,1900 年后成立的公立研究密集型大学,日本)。他们的反应也可能是"出于对排名下滑的恐惧"。很少有大学承认自己受到了排名的直接影响(Green et al.，2012，p. 20),但有证据表明,大学确实将排名作为一种战略工具和管理手段。

> 事实上,排名是管理部门一个非常强大的工具,你可以借此将国际学生、国内研究者、政府议程和慈善家联系起来,所以

我认为,这实际上对整个部门是有好处的,有助于推动变革,创造一个载体或一个讨论点,然后带给管理层更多的动力(高级管理人员,1945 年后成立的公立研究型大学,澳大利亚)。

英国一所研究密集型大学的另一种说法是,"作为管理者,这并不是毫无帮助的,不同时期、不同方法的排行榜各有用处,因为我们有时可以将其作为杠杆,尽管这不是排名的目的"(Locke et al.,2008b, p. 39)。排名为决策、引入变革、加快改革或推行特定议程提供了依据。排名"让管理更商业化";与其说是管理工具,不如说是"管理者的后盾"(副校长,1970 年后成立的公立教学密集型地方大学,澳大利亚)。排名的影响力首先体现在大学愿景或使命宣言和战略计划中。有四种类型的反应:①将排名作为显性目标;②将排名作为隐性目标;③将排名用于设定目标;④将排名作为评价成功的标准。

1. 将排名作为显性目标

排名已经成为院校规划的内在组成部分,形成了"目标协议的明确内容"或"校长与院系之间"的合同,并落实到教师个人的绩效合同中。许多战略规划都会具体提到排名,目标往往是获得或保持某一区间的排名位置。国家和院校领导者发表声明,通常寻求在地区、国家或全球排名中进入前 20、50 或 100 名作为主要目标,并确认自己位列"顶级联盟"或"世界精英院校的殿堂"(Georghiou,2009b,p. 48)。

根据康奈尔(Connell,2014,p. 39,附录 1)的统计,在著名的罗素大学集团(Russell Group)和 1994 大学集团(1994 Group of universities)中,近一半大学的使命宣言和战略目标具有排名特色。超过 60% 的 RISP 受访者还声称排名直接影响了他们的战略目标,国家排名的影响大于全球排名(表 3.3)。他们的回答与英国的一项研究结果趋同,该研究发现,对排名表现平平的院校来说,在国内取得好名次尤为重要，"因为这有助于让这所大学在公众心目中从众多中游院校中脱颖而出"（Locke，2014，p. 81）。

表 3.3　排名在制定院校战略中的作用

	所有受访者 （N= 171）	国家排名受访者 （N= 109）	全球排名受访者 （N= 127）
院校未使用排名	39%	29%	35%
院校制定了明确的国家排名目标	14%	22%	9%
院校制定了明确的全球排名目标	18%	6%	21%
院校制定了明确的国家和全球排名目标	29%	42%	35%

来源：Hazelkorn et al.，2014，p. 38.
注：国家排名受访者与全球排名受访者之和不等于所有受访者人数。

有时，不同场合下的立场会有所不同，对比同一院校内的两种声音：

> 我们的校长曾表示，他希望"在 ARWU 排名中名列第 49 位，在 THE 世界大学排名中名列第 9 位"（高级管理人员，1900 年前成立的公立研究密集型大学，澳大利亚）。
>
> 我们"关注排名，但……学校并未试图改变目前进行中的事项，以提高在 ARWU 或 THE 世界大学排名中的地位"（副校长，1900 年前成立的公立研究密集型大学，澳大利亚）。

澳大利亚墨尔本皇家理工大学（RMIT University）也发表了类似声明。其"面向 2010 年战略规划"（Strategic Plan 2010 Designing the Future）旨在"保持在 THE 世界大学排名全球前 100 名的位置并提高学校在澳大利亚的排名"（RMIT，2005，p. 12）。肯塔基大学（University of Kentucky）试图跻身 USNWR 全美排名的前 20 名（DeYoung & Baas，2012），而洛约拉大学（Loyola University）则开始"重新思考课程"，以"提高声誉和地位"（转引自 Morphew &

Swanson, 2011, p. 188)。同样,博茨瓦纳大学(University of Botswana)也表示,取得良好的国际声誉是目标所在,"主要通过进入 THE 世界大学排名 200 强或 ARWU 排名 500 强来体现"(University of Botswana, 2007, p. 3)。这种目标可能有不合理的一面,布拉辛格姆(Blasingame)宣称"美国没有理由不能同时拥有若干所顶尖院校"(转引自 Winter, 2003)。

2. 将排名作为隐性目标

即使大学没有具体提到排名,但大学也经常表示希望能被认可为世界上最好的大学之一或名列前茅。"世界一流"和"领先"等词汇已经成为全球排名第一梯队的同义词。例如,都柏林圣三一学院(Trinity College Dublin)的目标是"确立其作为世界精英大学之一的地位"(TCD, 2009, p. 1)。另一所爱尔兰大学都柏林大学学院(University College Dublin)的愿景宣言表达了希望跻身"世界一流",成为"一所以国际竞争力为工作基准的大学"(UCD, 2005, p. 3)。拉脱维亚大学(University of Latvia)立志"在未来 10 年内成为波罗的海地区领先的研究型大学"(教师,拉脱维亚)。

3. 将排名用于设定目标

部分高等教育机构对排名爱恨交加,他们有选择地使用排名,"出于管理目的选择指标"。院校依据排名来确定优势和劣势、制定战略目标、确定具体目标、绩效评价和资源分配。在这种模式下,排名成为一个关键绩效指标。日本一所 1945 年后成立的地方大学校长表示:"我们使用排名不是为了制定提高排名的战略行动,而是……为了激励、提高教育质量"。英国一所 1992 年前成立的大学也表达了类似的观点:

> 大学的一些关键绩效指标反映在排名上,如学生保留率、学生满意度和就业能力。无论如何,大学都会对此进行监测和回应,但排名强化了这一切(Locke et al., 2008c, p. 3)。

曼彻斯特大学(University of Manchester)也采用了同样的方法，制定了"2015 年取得更高国际地位"的主要目标，使用"主要高等教育全球排名"作为其关键的绩效指标(Georghiou，2009a，2009b)。

4. 将排名作为成功的评价标准

排名通常用于验证特定的策略或行动：五年内从第 172 名上升到第 139 名"表明[辛辛那提大学的]发展方向是正确的"(Farrell & van der Werf，2007)。新西兰惠灵顿维多利亚大学（Victoria University of Wellington)声称，如果"到 2014 年，维多利亚大学进入THE 排名前 200 名，那么，战略就可以被视为是成功的"。其他大学也同样对排名地位的提升感到高兴：

> 在正确的方向上又迈进了一步……这种上升契合我们在2014 年跻身百强的努力(University of Groningen，2009)[荷兰]。

> 排名永远无法评价一所大学所有的质量维度……然而，我们对伦敦大学学院近年来在排名上取得的巨大进步感到高兴，因为它确实反映了伦敦大学学院学术共同体以及我们国际学生的卓越品质(University College London，2009)[英国]。

正如美国查普曼大学(Chapman University)校长所坦承的那样："我们可能更多地是利用 USNWR 排名为我们提供的客观数据，以了解我们是否在战略目标上取得了进展……还有什么其他更好的选择吗？"(Farrell & van der Werf，2007)。

院校研究

校长或校长办公室、组织战略规划部门和(或)管理论坛会定期讨论排名。许多大学都设立了专职部门，以准确收集院校数据，分析排名结果以及数据对院校表现的反映，并监测国内或国际同类院校的表现。高等教育机构成立了各种各样的特别工作组,或要求每个人都参与到"一些关键指标的管理"中。设置院校研究办公室、战略规划办公室或政策小组已经成为惯例。

院校研究是指广泛的信息收集和数据分析,为战略规划、招聘战略、财务评估和预算编制等提供支撑,院校研究办公室起源于20世纪20年代的美国"十大联盟"大学(Saupe,2005),但在其他地方则是一种相对较新的机构。它们的发展和日益重要的地位不仅是对排名的回应,也是对更广泛的认证文化的回应。如今,它们不仅在上述活动中发挥着关键作用,而且在政府和独立机构(包括排名组织)的公共责任方面起着重要作用。排名将数据收集和分析的功能从幕后转向台前,置于战略决策和绩效评价的中心。某所大学称其为"胡桃夹子工作组"(nut cracker group),工作组由来自全校的约25位成员组成,由校长担任主席;另一所大学称,"工作组定期向校长管理委员会提交报告和分析"(资深高等教育领导者,1945年后成立的公立研究型大学,英国),而英国一所现代专科大学则表示:

> 排名编制者的一次到访促使我们成立了一个工作组。这个工作组的使命是调查排名的编制方式、向国家机关提交的数据、得分的计算方式以及开展全国学生调查(National Student Survey,简称 NSS 调查)。工作组由三位分管副校长以及负责学术规划、商业情报和市场推广的人员组成(Locke et al.,2008c,p. 12,38)。

由于排名"影响到声誉和生源质量",韩国一所大学成立了一个"团队来监测这些指标以及每项指标得分"(资深高等教育领导者,1970年后成立的私立研究密集型大学)。为应对 CHE 大学排名,德国一所大学表示,自 2001 以来,其年度战略规划会议会定期讨论排名和声誉,墨西哥的一位资深高等教育领导者(1945年后成立的私立技术大学)表示,学校对排名高度重视,甚至"支持某些学院为排名机构编制报告"。

这些结果与 RISP 调查密切相关,该调查显示,"一半以上的受访院校表示,学校至少有一位专职人员持续或定期开展院校研究,密切关注院校表现"(见表 3.4)。超过 30％的欧洲院校设有专门的工作组或部门来监测排名,而 38％的受访院校则定期在学校或学院层面的委员会或会议上讨论排名。60％的受访院校为这项工作投入了人力资源(Hazelkorn et al., 2014, p.28)。对数据的微观审视可能因院校而异,但无论哪种院校,现在高等教育机构监测其在国家和(或)全球排名中的表现几乎是日常工作:我们"必须考虑到排名,因为其他学校都在这么做"(Corley & Gioia, 2000)。

表 3.4 监测排名

监测排名的过程	比例
学校设置专门的工作组/部门,定期监测排名	33%
学校层面有一位及以上数量工作人员定期监测排名	54%
研究领域、院系或课程层面有一位及以上数量工作人员定期监测排名	12%
偶尔会出于战略决策或某些具体的目的调查排名,但不是系统性地研究排名	23%
学校层面有一些讨论平台(委员会、会议……)定期讨论排名问题	26%
院系或课程层面有讨论平台(委员会、会议)定期讨论排名问题	12%
其他	5%

注:N = 147。

为了增进对排名的理解和提高排名地位,许多大学举办研讨会或座谈会,邀请专家(包括来自主要排名机构的人员)或聘请顾问来探讨排名方法上的细微之处。事实上,排名机构鼓励与高等教育机构之间展开对话,这种对话也是高等教育机构所热切期待的。对话的目的究竟是为了确保更好地理解排名、更准确地收集数据,还是试图"暗箱操作"? 这种做法是全球性的,且超出了大学使命的范围。英国的两所大学,一所是 1992 年前成立的老牌大学,一所是研究密集型大学,都意在排名上"锐意进取",这将对他们的地位产生积极的影响(Locke et al. , 2008c, p. 3;Georghiou, 2009b)。印度在政府主导下直接与 THE 和 QS 展开了讨论,以制定出能更好地反映"印度国情"的具体指标(Goswami, 2014;Nanda, 2013;详见第五章)。

由于排名证明了公众对院校质量保障(quality assurance)缺乏信任,所以排名与质量保证之间存在某种关系,特别是在质量保证机制较晚建立或相对薄弱的国家。在某些情况下,院校采取的行动到底是为了提高质量还是对排名的回应,这一点并不明确;例如,高等教育机构更加关注学生满意度、教学环境质量、学生设施等问题,这些做法也同样是一些排名所采用的指标。这种重合体现在,"我们的主要目标是质量,排名具有导向性,但不是进行重大变革的决定性因素"(资深高等教育领导者,1945 年后成立的私立大学,西班牙)。

另一方面,有几所美国大学在公开报道中承认,为了改变自己在排名中的位置,他们刻意修改了班级规模、学术人员薪酬、影响声誉调查,或向 USNWR 排名提供失实的数据。涉事学校包括南卡罗来纳州的克莱姆森大学(Clemson University)、加利福尼亚州的克莱蒙特麦肯纳学院(Claremont McKenna College)和马萨诸塞州的东北大学(Northeastern University)(Lederman, 2009;van der Werf, 2009;Anon, 2012;Shaw, 2012;O'Melveny & Myers, 2012;Kutner, 2014);佐治亚州的埃默里大学(Emory University)承认夸大了2000—2011 年新生的 SAT 和 ACT 平均成绩;乔治华盛顿大学(George Washington University)表示,其 2011 级新生中排名高中毕业班级前 10 的学生数量被夸大了 20%;宾夕法尼亚州的巴克内尔大学(Bucknell University)、约克学院(York College of Pennsylvania)、得克萨斯州的玛丽哈丁贝勒大学(University of Mary Hardin-Baylor)和路易斯安那州的杜兰大学(Tulane University)也被指涉嫌操纵招生数据或虚报学生入学数据(Supiano, 2013;Jashik, 2013)。这些行为与美国得克萨斯州的贝勒大学(Baylor University)如出一辙,该校斥资 2 亿美元(约合 1.48 亿欧元)采取行动,以实现:

> 跻身 USNWR 排名顶级学府的目标⋯⋯[该校还]聘请了一名战略规划主任,以确保每个部门都在实现这一目标的轨道上前进⋯⋯(Baylor University, 2009; Farrell & van der Werf, 2007)。

鉴于排名的重要性,这些行动也就见怪不怪了。

组织变革

排名影响着高等教育机构的内部组织或结构调整。比较这些不同的方法,每一种方法都反映了排名和院校决策之间的不同且微妙的联系。

> ⋯⋯十多年来,我们的大学一直把注意力集中在对标过程和学术竞争上。在这种背景下,排名作为众多信息要素之一被讨论,可能会间接地影响组织决策。然而,排名并没有产生直接影响,如设立新的职位或改变学术结构(高等教育领导者,德国)。

> 的确,我们分析了排名所遵循的参数(这里指的是 THE-QS 排名和 ARWU 排名),并提议在校长新的任期(2010—2014 年)内,为年轻的博士生甚至博士后研究人员创造最好的条件(提供财政、物质方面的支持,包括设立只面向大学年轻研究人员的专门项目、购置新仪器、改善学生和博士后的学习生活和条件等)。如果没有排名,这些措施是否会出台,这一点很难说,但我相信会,不过不会这么快(资深高等教育领导者,1900 年前成立的公立研究密集型大学,捷克共和国)。

> 我们对排名的回应是多方面的。大学审查排名并向管理层和学术委员会提供分析报告。排名包含在绩效指标报告中,包

括综合排名和学科排名的指标。排名被纳入大学的高级别规划文件中并得到认可,在大学的规划过程中被充分重视(资深高等教育领导者,1945 年后成立的公立研究型大学,澳大利亚)。

几乎不分校龄、地位或国家背景,排名已经融入世界各国的大学规划和决策过程中。

2014 年,超过 50％的受访院校(2006 年为 63％)表示,他们已经采取了战略、组织、管理或学术行动,然而,当我们提供了一系列可以采取决策的清单时,这一比例又上升了。相比之下,39％的受访院校使用了排名,另有三分之一的院校正打算这样做。行动包括:调整政策和分配资源;确定重点研究领域;改革招聘晋升标准和招生标准;设立、关停或合并院系或课程;(或)合并其他高等教育机构、研究所等(见表 3.5)。相比之下,31％的 RISP 调查受访院校认为排名对其行动没有影响,14％的受访院校认为存在间接影响(Hazelkorn et al. , 2014,p. 39)。

表 3.5 因排名而采取的战略、组织、管理或学术行动

采取的战略、组织、管理或学术行动	比例
没有影响	31%
修订政策	27%
正式程序保持不变,但新的重点是具体特征	26%
确定重点研究领域	23%
改变招聘和晋升标准	21%
修订正式程序	17%
切换/变更资源分配	14%
已采取相关行动,不了解详情	14%
设立一些院系/机构/课程	11%
修订招生标准	9%
关闭或合并一些院系/机构/课程	8%
合并外部机构(其他高等教育机构、研究机构……)	5%

来源:Hazelkorn et al. , 2014,p. 39.

注:多选题,比例合计超过 100％。

为了提高效率、创造更大规模，鼓励更多跨学科活动，院校可以合并不同的院系（例如商学与经济学、社会学与政治学、食品学与生物学）的同源学科或兼容学科，将研究中心或研究所、医院等外部组织纳入院校相关学科领域，或者反过来，建立研究生院将本科生和研究生活动分开。在院校层面，同一地区或城市的所有院校都可能进行合并；合并可能涉及互利互惠的战略调整，或将一个规模较小的或半自治的组织并入一所规模较大的大学中。其目的是为了更好地发挥协同作用或提高效率，但也是为了实现行政管理和支持服务的专业化和改善。从根本上讲，这是在创建更大的单元，让更多的学生和教师创造更高的产出和收入，因为规模很重要（Moriarty，2009；Georghiou，2009b & 2015；Daly & Laffan，2010）。

设施也在升级，其中的因果关系可以从不同方面来解读。一些大学号称正在建设"世界一流"的设施，并对"形象提升"进行投资，帮助吸引和留住学生。这包括新建宿舍、学生中心、实验室、光纤网络、体育设施以及降低生师比。在美国，设施通常是高等教育投资的重要组成部分；直到最近，其重要性才有所降低。如今，越来越多的报告指出，作为"附加值"的设施和奖学金是院校市场推广、战略发展以及国内国际招生的关键影响因素。这些方面的发展是院校在竞争环境下作为正常升级和改进过程的一部分，还是对排名的回应？校园设施在多大程度上促进了学生的学习，还是类似于乡村俱乐部式的作用？

并非所有排名都评价生均支出或设施质量；USNWR 确实评价了教学、研究和学生服务的平均支出，但不包括体育设施或宿舍（Morse & Flanigan，2009，2013）。然而，校园设施的质量与吸引（国际）学生的能力之间存在着相关性。一位波兰受访者表示，他的大学正在"……丰富图书馆资源，扩建学生宿舍和大学里的教学区……（以便在国内大学排名中获得更高的位置）"（资深高等教育领导者，

1990 年后成立的私立大学,波兰)。英国一所大学"没有刻意地根据排名对大学进行结构性改革",但校园设施"确实与学科排名高度相关"(资深高等教育领导者,1945 年后成立的公立研究密集型大学,英国)。

市场推广和广告宣传

高等教育机构正在改进、调整或制定招生政策和程序,将市场推广和宣传工作扩大为全年运转的专业办公室,预算和工作人员随之迅速增加,其中最引人注目的新增机构之一是国际办事处。现在,许多美国和欧洲的高等教育机构积极参加学生展会,如美国国际教育工作者协会(Association of International Educators)或欧洲国际教育协会(European Association of International Education),或在亚洲主要城市举办的展会,并进行大量的广告宣传。国家贸易代表团中通常包括相当比例的高等教育机构。

> ……鉴于国际市场的重要性,学校将在海外市场推广上投入更多的时间和金钱,研究生的推广是其中的重点。他们将派出团队参加各种招生会,这是以前不曾有过的(校长,1900 年前成立的研究密集型大学,澳大利亚)。

许多院校还花了大量时间和精力互相寄送宣传材料,以配合为各种排名而开展的同行评议活动。可以说,这么做是为了说服那些参与声誉调查的受访者,希望以此提高排名。

排名也提高了"大学"的声望,使之成为区别于其他类型高校的独特品牌(Morphew, 2002; Pulley, 2003);大学名称的更迭通常关乎改善地位和声望认知的行动,也与如今的声誉(即排名)有关(Khanna et al., 2014)。这在美国尤其常见,举一个众所周知的例子,2003 年凯斯西储大学(Case Western Reserve University)被更名为凯斯大学(Case University),但2006年又将其撤销,恢复了原校名(Okoben,2007)。都柏林圣三一学院是爱尔兰历史最悠久、最负盛名的大学,它酝酿了一个改动较小但至关重要的新校名,以使其在国际学生或合作伙伴中更加醒目(Murphy,2013;Byrne,2014)。出于同样的目的,爱尔兰政府提议皇家外科医学院(Royal College of Surgeons)(该学院一半以上的学生来自国外)等非大学类机构可以使用大学名称(Sheahan,2014)。

近50%的高等教育领导者将排名用于宣传推广,65%认为排名有助于达成这一目的。2006年,74%的德国高等教育机构和63%的国际高等教育机构表示,排名对招生的作用尤为明显。而在一项更早期的调查中,35%的美国大学校长持该观点(Levin,2002;见NACAC,2010,p. 2)。RISP调查受访院校也将排名用于市场推广或宣传,特别是针对潜在的学生和家长、媒体和政府(Hazelkorn et al.,2014,p. 31 - 32)。在所有调查中,高等教育领导者们承认,在官网上、在演讲中、在教师和学生迎新会或国际会议上,或在游说政府时,都会强调(积极的)排名结果,通常"忽略那些他们不太喜欢的结果,除非这些结果可以使这所大学领先于其他竞争对手"(教师,1945年后成立的公立研究型大学,澳大利亚;也可参见 Hazelkorn et al.,2014;University of Glasgow;University of Illinois)。

与餐厅和酒店的评级一样,"排名和质量问题已经成为日益强调市场推广和形象塑造的强有力指标"(教师,1940年成立的公立大学,墨西哥);大学使用"排名作为市场推广的辅助工具,即使做不到百分百的公正"(资深高等教育领导者,1990年后成立的私立大学,波兰)。大学主页上贴满了各种排名的声明,部分大学主页上设立了专栏,人们可以在那里追踪这所大学的排名情况(资深高等教育领导者,丹麦)。美国伊利诺伊大学(University of Illinois)设立官网专门解释排名如何运作,并提供参考链接展示学校的排名表现。荷兰格罗宁根大学(University of Groningen)在官网上宣布,学校"连续第三年登上世界大学排行榜"。另一些大学则提到了特定的新闻稿和出版物,乐于享受合作伙伴或媒体文章所带来的辉煌,但如果大学的排名下滑,可能就会变成一把双刃剑。

排名网站上也会出现大量的大学广告、标识和标语。THE 和 QS 网站上就有一系列的大学广告。这可能是一种"不良循环,但大学对其自身公共形象、品牌化和商品化变得更加关注,可能也会对排名产生影响"(资深高等教育领导者,1900 年后成立的公立研究密集型大学;Robertson,2009b)。

资源分配

排名正在影响资源分配和围绕资源分配展开的讨论,包括绩效评估和资源管理。

到目前为止,我们还没有对大学的管理方式做出任何改变。但我们已经意识到了排名的重要性与日俱增,在某些情况下,当关系到决策时,我们会考量此类评估的结果(资深高等教育领导者,1945 年后成立的公立研究型大学,德国)。

这种做法可能表述模糊,但传递的信息很明确:排名可能不会直接影响资源分配,但在排名上大获成功的院系或学科可以获得收益。

尽管资源分配不是为了提升大学在排名中的地位,但实际情况是,一旦某个学院或专业在排名中获得了好名次,就更容易获得资源(资深高等教育领导者,1945 年后成立的私立科技大学,墨西哥)。

……我们会计算各院系对大学综合排名的贡献。在不久的将来,我们可以根据其贡献水平来分配资源(资深高等教育领导者,1970 年后成立的私立研究密集型大学,韩国)。

也有人称，虽然排名目前可能并不影响资源分配，但"这是我们未来的目标"（资深高等教育领导者 b，希腊）。美国贝勒大学已将新项目的资金与其战略计划挂钩，"任何院系如果想为一个新项目争取超出预算的资金，都必须填写一份表格，说明该项目将如何推进贝勒大学 2012 年的目标"，即跻身"USNWR 排名前列"（Farrell & van der Werf，2007）。

把资源分配与排名挂钩似乎可以说是排名靠后的大学、拥有强大中央领导的高等教育机构或急于快速取得"进步"的新院校所特有的做法。相比之下，老牌院校或传统大学通常拥有较强的院校文化或学术同行压力来提升排名表现。但是，研究并没有证明这种区别。虽然对排名的回应超越了国家背景和院校使命，但如何应对取决于领导团队，相邻院校可能会采取截然不同的方法。在某些情况下，校长的收入（工资、奖金和合同）与作为"绩效指标"的排名挂钩（Langbert，2006，p. 7）。美国弗吉尼亚联邦大学（Virginia Commonwealth University)将排名目标设定为成为全美第二梯队的大学，采取的战略是，若学校每年都能跻身 USNWR 排名的第二梯队，学校就奖励校长尤金·特兰尼（Eugene Trani)2. 5 万美元（1. 85 万欧元）的奖金（Levin，2002）。如果亚利桑那大学（University of Arizona)在某些指标上有所提高，校长迈克尔·克罗（Michael Crow）将额外获得 6 万美元（4. 4 万欧元）的奖金；如果澳大利亚麦考瑞大学（Macquarie University）的排名有所提升，校长斯蒂芬·施瓦茨（Stephen Schwartz)将获得 10 万澳元（6. 9 万欧元）奖金（Jaschik，2007a，2007b；Gabrielson，2007；Alexander & Noonan，2007）。肯塔基大学（University of Kentucky)董事会任命了新校长，其根据是"州立法机关的指令，即关于到 2020 年进入美国公立大学前 20 名"（DeYoung & Baas，2012，p. 83）。美国东北大学校长则因该校成功跻身 USNWR 排名百强而收到了 200 万美元（150 万欧元）的退休金

(Kutner, 2014)。

另一方面,当马来亚大学(University of Malaysia)因 THE-QS 重新计算国际学生数量而从 2004 年的第 89 名降到 2005 年的第 169 名时,其校长在合同期满后被替换。2000 年,"霍巴特和威廉史密斯学院(Hobart and William Smith College)(美国)解聘了一位资深副校长,原因是她没有及时向排名机构更新数据,这一失误导致了学校排名下滑"(Graham & Thompson, 2001)。就政府或州委员会核准的薪资而言,可以说,政策制定者本身也在对排名做出回应和(或)受到排名的激励。换言之,排名不仅仅是高等教育的一头热。

确定优先事项: 教学与研究

排名对学术决策的影响程度是最有争议的议题之一。汤森路透的调查显示,71%的受访者认为院校注重提高自己的排名,"而不是培养学生"(Adams & Baker, 2010)。为了说明这一点,澳大利亚一位校长(1900 年前成立的公立研究型大学)建议,如果以排名为优先,这就要求大学任命教学型教师来提高师生比,或采用由助教进行本科教学的美国模式;更加关注研究和成果;减少学生服务支出,以便将经费转用于研究活动,或停止那些对毕业率没有正面影响的课程。类似的选择也涉及专业院校或课程,一位欧洲商学院院长的评论说明了这一点:

> (排名)造成了这样一种局面:(处境堪忧的)院长们仅仅为了提高排名而放弃了自己的学术战略。举个例子,如果学院把教师平均年龄降到 23 岁,只留下女教师和美国籍教师,停止创业活动,终止教师的公务员合同,顾问委员会成员都由福克兰群岛的女性构成,那么学院的排名将提高 40 位(转引自Wedlin, 2004, p. 127 - 128)。

一些大学正在采用这样的做法,打破了教学与研究之间、本科生与研究生活动之间以及各学科之间的平衡。资源被重新分配到那些更有生产力的学科和院系,他们拥有更高产的教师(特别是国际层面上),更有可能触发相应指标的(上升)变化,不过这种平衡常常是院校的目标、使命和资源规模的一个影响因素(见 Lo,2014,p. 95 - 100;Chapman et al.,2014,p. 40)。

大多数大学定期监测绩效,努力提高质量,"但很难说这是否是对全球排名的回应"(资深高等教育领导者,1800 年前成立的公立研究密集型大学)。澳大利亚一所大学表示,学校正在"增加研究资源(这将有助于提升我们的排名),但无论如何我们都会这么做的"(资深高等教育领导者 b,澳大利亚)。另一所大学证实,学校"正在进行大量改革,以增加在排名前列期刊上的研究成果,并在国家竞争性政府拨款中拔得头筹,获得充足的经费支持。所有这些行动似乎都在努力提升我们在各种关键绩效指标上的排名"(教师,1970 年后成立的教学密集型大学,澳大利亚)。无论哪种类型的院校,所传达的信息都很明确:研究很重要,虽然未必超过教学,但其重要性已今非昔比(工会会员 A,澳大利亚)。

研究中心、研究所以及研究生院的建立是这一趋势的显著表现。几十年来,为了争取外部融资机会和应对压力,研究工作从个人活动向机构事业的转变一直在发生。这些组织机制受到大学和政府的青睐,被视为是确保研究工作高效、及时和进行良好管理的最佳手段。较大规模的团队更有可能拥有更多的研究生,产出更多的同行评议出版物,赢得更多竞争性资助,并且更具可持续性和更高的知名度。由于大学将"排名情况作为我们的关键绩效指标"(资深高等教育领导者 b,澳大利亚),艺术、人文和社会科学岌岌可危,正如一位校长所说,提高排名最快的方法是"砍掉人文学科"。这是因为排名依赖于文献计量和引文数据,而这些数据则偏向于生物科学和医学,这一点在第二章中已经探讨过。这不是一个新现象,特罗(Trow)描述了加州大学伯克利分校(University of California,Berkley)为了应对 1982 年国家研究委员会排名的下降进行的大规模变革,包括"在大学生态社区中教师任命和晋升的方式以及设施的性质"(转引自 Dill & Soo,2005,p. 517‐518)。工程学、商学和教育学学科的教师(这些学科没有发表同行评议出版物的深厚传统)也倍感压力,康奈尔大学(Cornell University)在 20 世纪 90 年代也上演过类似的故事(Ehrenberg & Hurst,1996)。

排名也影响着学科实践,比如在入选国际期刊排行榜的英文期刊上发表文章。

> ……我的一些年轻同事在投稿时,会受到期刊排名(会影响到大学排名)的影响(教师,1945 年后成立的公立研究型大学,澳大利亚)。

建议在同行评议的国际科学期刊(在《自然》或《科学》的子刊上)上发表文章(资深高等教育领导者 A,芬兰)。

还有人表示,其学校正在敦促"教师在高回报的杂志,如 ISI 收录期刊名单(ISI Master Journal List)上发表文章,以便学校在国家排名中获得更高的名次"(资深高等教育领导者,1990 年后成立的私立大学,波兰)。

日本大学鼓励"教师撰写原创论文",鼓励在英文国际期刊上发表,以提高大学的排名(中国台湾地区也是如此,参见 Lo,2014,p. 88‐95)。某些大学正在设计他们自己的重点期刊清单,教师们应争取在这些期刊上发表论文。提高研究的传播和影响力已成为一项战略目标,这让出版物超出了个人层面,进入到院校层面。高等教育机构正在采取措施,确保所有出版物和报告都附有大学的正确署名,并利用开放源码软件创建院校知识库。越来越多高等教育机构要求教师将所有出版物和学术成果都放到网站上,以提高知名度和促进知识的公共传播。因为存储库的网络化，它们在提高引用率方面发挥了重要作用，有助于提升院校排名表现（Gargouri et al.，2010）。以前文提到的乌干达麦克雷雷大学为例，该校成立了一个由信息通信技术支持主管领导的委员会，负责提出适当的解决方案来提高学校的网络存在度，"它发布了一份文件，提出了短期措施（战术）和中期措施（战略），以确保充分的网络存在度以及后续排名的提高"（Bareebe，2010）。高等教育机构也在权衡那些被认为对其形象不太重要或在指标比较上表现不佳的领域和学科的关联成本，从而鼓励"特定优势学科"的专业化发展（Macgregor，2007）。因此，高等教育领导者和教师们都承认，"在接下来的五年或十年内，大学结构会有所不同，有的院系会被削弱，而有的院系会被加强，获得更多经费以及更高的知名度"（教师，1945 年后成立的公立研究型大学，德国）。这可能涉及直接和间接行动：利用专项资金奖励教师，作出"标志性"的任命，为特定单位招聘"明星"学者，建设专门实验室和其他设施，奖励特别高产或所获资助具有表率性的个人和院系。

　　　　没错，在排名前列的期刊上发表论文会给学者带来经济上的回报，且有可能减轻院系的教学负担（教师，1945 年后成立的公立研究型大学，澳大利亚）。

对其他教师来说，"不排除存在这样一种看法……教学是用来惩罚那些没有获得资助的人"（物理学讲师，1945 年后成立的公立研究密集型大学，澳大利亚）。其结果是，通过给予某些学科专项资助或额外资金，而其他学科保持不变，从而（相对地）加强了生物和物理学。

　　类似效应也间接地影响到教学，因为"排名主要以研究为基础，这正推动着大学的战略规划向研究倾斜，忽视教学"（教师，1945 年成立的公立研究密集型大学，澳大利亚）。还有人称，大学资源被优先指定用于研究活动，牺牲了教学，"大量资金用于建设新的研究中心，这很好，但没有分配给教学……"（教师，1970 年后成立的教学密

集型大学,澳大利亚)。针对都柏林大学学院进入 THE-QS 排名百强,一名学生抱怨道:

> 电影学或语言学等小众学科,经费被大幅削减。与此同时,重塑自然科学学科大厦的"脚手架"不断涌现……(Fitzsimons,2009)。

乔赫(Georghiou,2009a)承认这种矛盾关系,他指出,英国曼彻斯特大学(University of Manchester)"早前对研究的推动给学生留下了教学被忽视的印象;现在,该校[已经]启动了一项具有挑战性的举措,通过在线学习和研究生助教提高教学效率的同时,重新对本科教育进行个性化设置"。

此外,强调将毕业生学位完成率作为教学质量的一个指标,对招收低社会地位的学生产生了抑制作用,如第二章所述:"我们有意减少向其他院校提供一年制的衔接课程,因为根据大学的评估方式,这类课程完全是一种阻碍"(教师,1970 年后成立的公立教学密集型大学,澳大利亚)。其他院校则将资源从一般性研究转移到荣誉课程,关闭成人课程,减少对平权行动倡议的回应(Henry,2005)。波兰提供了另一种关于排名如何激励行动的观点,即大学因就业能力指标加强了课程和劳动力市场之间的联系,"以便在国内排名中获得更高的名次"(资深高等教育领导者,1990 年后成立的私立大学,波兰)。

母语非英语的国家主要关注院校的全球排名地位。在日本,超过 92% 的外国学生来自亚洲,其中 60% 是中国学生,15% 是韩国学生,最受欢迎的是科技领域研究生阶段的英语课程。一所 1945 年后成立的私立研究密集型大学的目标是,所有课程中有 10%～20% 进行英语授课;而另一所 1945 年后成立的私立研究型大学表示,计划招募 30 名国际研究人员,并将其五所研究生院中的一所改为全英语授课。国际学者的招聘信息强调,可接受只讲英语的应聘者。这不仅仅是亚洲的做法,德国高等教育领导者和教师也承认存在类似的趋势。一所德国 1945 年后成立的公立研究型地方大学的校长谴责了某个院系的短视,该院系坚持只用德语发布新职位的广告,而另一所高等教育机构的教师则表示,他被录用后"几乎完全用英语授课"(教授,1970 年后成立的公立应用科技大学,德国)。挪威的奥斯陆大学(University of Olso)也加紧规划"增强我们招聘政策的进取性,所有招聘广告都用英语和挪威语发布"(Ellingsrud,2007)。

从管理的角度来看,排名有助于加速学术工作实践的变革,这是由于排名有助于提高"对发表高质量研究重要性的认识",更易促成"排名一直下滑的院系负责人做出改进"。在自主权允许的情况下,支持引入以市场为基础的薪酬,包括绩效工资和有吸引力的待遇来奖励和吸引优秀学者。作为关键绩效指标,排名被用来区分教学型和研究型教师;尽管取消奖金对某些大学已经算是前进了一步,但是对那些在排名方面表现出色的教师提供经济激励的做法依然常见。

……很多时候,我们签订了某种协议,即如果你在未来三年获得 20 万欧元的资助,我们将每月提供 500 欧元奖励,甚至更多(校长,1945 年后成立的公立研究型大学,德国)。

排名也会影响学术界内部的招聘策略,将目标瞄准来自排名靠前大学的博士毕业生和教师(Jaschik,2010a)以及"能力建设型教授"(capacity-building professors),意在提高关键绩效指标和改善排名(教师,1970 年后成立的教学密集型大学,澳大利亚)。英国曼彻斯特大学是众多意在招聘"标杆性"人才的大学之一,其目标是到 2008 年拥有三位诺贝尔奖得主,到 2015 年拥有五位诺贝尔奖得主(Georghiou,2009b,p. 56),而中国清华大学则"非常有效地对顶层师资队伍进行了升级"(Luo,2013,p. 177)。马来西亚国立大学(Universiti Kebangsaan Malaysia)(Shahabudin,2008)在学术招聘方面确定了四项关键行动,包括严格的选拔标准,提高起薪标准,优化晋升路径以及实施吸引世界知名学者加入"卓越中心"(Centres of

Excellence)的特别奖励计划。同样,美国的肯塔基大学制定了一项战略计划,旨在"吸引、加强和留住杰出的教师队伍",作为实现学校跻身 20 强排名目标的六大计划之一(DeYoung & Baas,2012,p. 89)。

冰岛大学(University of Iceland)的"战略规划 2006—2011"是其最全面的计划之一,确定了迈向世界排名百强所需的步骤(见方框3.1)。该战略重申了冰岛大学的"长期目标",指出了成功的路径(UoI,2010,p. 3)。中国香港大学和新加坡国立大学的校长也承认排名和招聘策略之间的相关性,他们表示,在 THE-QS 排名(2009)分别上升至第 24 位和第 30 位的成功秘诀就是"吸引来自世界各地的顶尖学者。如今,他们也在吸引全世界最优秀的学生"(Lee,H. S. ,2010)。

方框 3.1　冰岛大学 2006—2011 年战略规划

为了更好地服务于冰岛社会,冰岛大学制定了自己的长期发展目标:成为世界上 100 所最佳大学之一……具体目标是:

到 2011 年,外国留学生占到博士生总数的 30%。改进英文宣传材料,使冰岛大学的网站更加国际化,并在国外对其课程进行系统化的宣传。

到 2011 年底,在 ISI 国际同行评议期刊上发表的论文数量翻一番。修订科研奖励制度,加大对此类出版物的重视程度。对在《自然》和《科学》等各个学术领域的世界顶级期刊上发表的论文给予特别表彰。对由著名国际学术出版社出版的图书给予特别表彰。这些改革将于 2007 年起实施。

有组织地加强与海外世界一流大学和学院的合作。

到 2011 年,冰岛大学与至少 8 所世界一流的大学和学院积极开展研究合作。

> 　　鼓励与国际知名大学和研究机构开展合作。从 2007 年开始，这种合作将在大学研究基金的拨款中得到更多的重视。
>
> 来源：http://www.hi.is/en/strategy/strategy_2006_2011

　　另一个关键方面是对国际化的关注。THE 和 QS 都使用国际学生和教师的比例作为声誉和质量的指标。同时，在全球排名中获得一席之地会使院校获得国际知名度，因此这会带来明显的好处。正如一位资深领导者所承认的那样，排名带来了"追求国际化的新活力"。日本一所 1900 年前成立的私立研究型大学校长认证了这些变革发生的速度，他表示，招聘有国际出版物发表的新教师起初是缓慢推进的，但"现在非常快……与十年前相比发生了很大的变化"。反过来，排名前列的院校可以吸引拥有高引用率（HiCi）和国际奖项的"明星"学者（Clarke，2005，p. 196），而排名地位低则可能会给学校带来阻碍：

> 　　我知道[本校]在一些排名中一直垫底，两年前当我考虑来这里工作时，这种情况让我有些吃惊，但我选择这里还有其他一些理由（环境与生命科学教授，1970 年后成立的公立地方大学，澳大利亚）。

排名和学术界

　　一种观点认为，排名积极促进了研究，制定了适当的指标和评估方法，减少了近亲繁殖和裙带关系（Arimoto，2011，p. 241）；另一种观点认为，排名给教师们带来巨大压力，激励"行动缓慢"的院校做出改变。从这个角度来看，排名带来的结果是"惩罚表现不佳的员工"，因为"很明显，他们不太受欢迎"（高级管理人员，1970 年后成立的公立教学密集型地方大学,澳大利亚)。

> 我认为学校需要冷静下来。我们已经经历了两次职业恐
> 慌;每个人都必须报告他们为改善其职业生涯正在做哪些努力
> (法学教授,1970 年后成立的公立研究型大学,澳大利亚)。

鉴于学科、教师年龄/年代、对引入变革的学术价值和影响看法的不同(Shin & Jang, 2013,p. 159),以及院校类型和资源分配的差异,教师们的反应自然也不同(Lo, 2013,p. 81 – 100)。

一些教师表示,他们"被迫发表越来越多的文章"(性别学教授,1945 年后成立的公立研究密集型大学,澳大利亚)和"国际论文"(院长,1900 年前成立的私立研究密集型大学,日本)。

> 研究活动非常重要……教学也同样重要,但要想获得较高
> 的排名位置,我们必须让研究更加活跃(材料科学教授,1900 年
> 后成立的公立研究密集型大学,日本)。

关于期刊影响因子的争议不断,它被认为给生命科学和医学带来了过多的好处。这对亚洲国家的教师们来说是个双重打击,因为他们面临的压力是"不仅要在口语期刊上发表,还要在英文国际期刊上发表"(院长,1900 年前成立的私立研究密集型大学,日本)。日本一所 1900 年后成立的公立研究型大学的一位文学教授也持类似观点,"压力越来越大……用英文撰写或在国际期刊上发表论文比在日本国内发表论文更受重视"。一位学者的发表记录会影响到系内资源的分配方式。特别是在财政紧缩的情况下,参加会议或国际差旅的经费是根据排名来决定的;同样,教师也可以根据研究的影响,按发表的论文获得经济奖励(信息技术高级讲师,1970 年后成立的公立教学密集型大学,澳大利亚)。这两项行动都引发了关注,博士后、年轻学者和女性研究人员可能因此受到不利影响。

教师们指出,排名会影响士气;当大学被认为取得了"好"的排名结果时,排名可以"产生一种与'自豪感'和'荣誉感'相关的积极氛

围"。排名位置靠前可以提高院校声誉和知名度,教师们持乐观态度。而排名也可能起到分化作用;那些表现优异的教师被视为受益者。

> 在我所在的学科领域和院系里,院系负责人在进行职责分配时受到的排名影响是,给那些在指标中以高产研究者身份出现的教师减轻教学任务。这是一个有潜在争议的问题,因为有些教师表示,他们无法开展任何研究,因为他们把所有时间都投入到了教学上,而院系负责人则认为,你把所有时间都花在教学上,是因为你不做任何研究。所以,我们知道你可能会一筹莫展(商学教授,1945 年后成立的公立研究密集型大学,澳大利亚)。

因此,排名可以"影响院校在高等教育系统中自我定位的认知"。没被评为"优秀"的院系,其自尊心可能会受挫。"优秀的教授和课程被忽视,不得不揣摩那些不知道是否具有相关性指标组成的排名",而优秀的教师则可能因为对结果感到失望而离开;他们想知道排名低到底说明了什么。艺术和人文学者感到无助,他们"必须找到一种方法来与院校新的战略重点即自然科学联系起来"(高级管理人员,1900 年前成立的公立研究密集型大学,德国)。由于文献计量指标的导向性,"人文学者"也不愿过多讨论排名,认为这"很肤浅","不是我们讨论或关心的事情"(电影学教授,1900 年前成立的私立研究型大学,日本)。归根结底,教师们担心排名把研究和教学分割开来,打破关于"卓越的研究人员也完全有可能是卓越的教师"的观点(性别学教授,1945 年后成立的公立研究密集型大学,澳大利亚)。

但教师们并不是无辜的受害者。有大量证据表明,他们很快就开始利用排名来提高自己的专业地位,正如某位人士所指出的那样,他们"不太可能考虑与排名较低的大学建立研究合作关系,除非对方或团队很出色"(商学教授,1900 年前成立的公立研究密集型大学,澳大利亚)。

同行互动和其他利益相关者

在一个高等教育全球化的世界中,排名正越来越多地被院校和主要利益相关者用作重要的评估工具,以便在本国和其他国家寻找潜在的合作对象信息(见图 3.10)。2014 年,84％的受访院校表示,他们监测本国同行院校的表现,而 2006 年这一比例也超过 76％;近 77％的受访院校监测全球同行院校,而 2006 年这一比例接近 50％。近 40％的院校在建立战略合作关系之前会考虑合作方的排名。与此相关的是,2014 年,70％的院校领导者表示,排名影响了其他院校与其合作的意愿,而 2006 年这一比例仅为 57％;45％的受访院校认为排名影响了其他院校是否支持其加入学术或专业组织成员资格的意愿,而 2006 年这一比例仅为 34％。

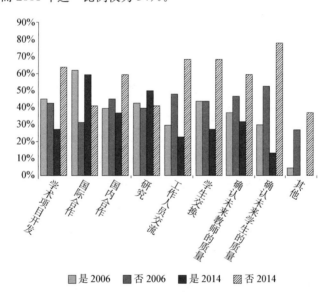

图 3.10　合作前对同行院校排名的考量因素

注:多选题(2006 年;$N = 71$;2014 年,$N = 22$)。

排名结果可能不是建立合作关系的决定因素,但会作为间接因素加以参考(校长,1850 年前成立的公立研究密集型大学,德国)。

国际大学协会和网络非常重要,协会成员资格和品牌尤为关键,例如,欧洲研究型大学联盟、科英布拉集团(Coimbra Group)、U21 大学联盟、世界大学联盟(World University Network)、孔波斯特拉集团(Compostela),世界城市(World Cities)或 WC2 大学网络(WC2 University Network)以及东盟大学网络(ASEAN University Network)。这种成员资格的价值包括能够"利用其资源接触到全球受众,远非单打独斗所能及",这一点可以从在网站上长期展示的标识中得到证明,而反过来这些标识又被用作和解读为质量指标(Labi, 2011)。

排名会影响同行评估一所院校声誉的方式,"因为排名和等级划分被合理化,它们改变了大学领导对声誉的内部评估"(Bastedo & Bowman, 2011)。仅仅是进入榜单……就会给声誉带来助益。

人人都希望与强大且成功的组织建立伙伴关系。这有助于认证和筹资(校长,1900 年前成立的私立教学密集型高等教育机构,德国)。

这可能包括高级代表团的访问或特别计划的邀请:"自有排名以来,世界各地的大学都希望来校参观,这让我们应接不暇"(副校长,1900 年前成立的公立研究密集型大学,澳大利亚)。另一方面,糟糕的排名表现(有时只是相对于预期)可能会产生相反的效果。德国一所 1900 年前成立的公立科技大学校长表示,当学校落选第一轮卓越计划(Exzellenzinitiative)时,国际合作伙伴们纷纷询问:"你们已不再优秀了吗?"非洲大学也是类似的情形,他们经常被"欧洲或澳大利亚的大学告知,为了提高国际形象,无法与我们的学校合作,因为我们在全球大学排名中没有足够高的位置"(Holm & Malete，2010)。

如上所述，排名影响了雇主、校友、慈善家、捐助者以及管理委员会等主要利益相关者对高等教育的意见和决定（见图3.7和图3.9），从而产生了"因果链"(chain of causality)。考虑到排名对高等教育专家的影响，"大家通常预判这些专家对声誉的评估会随时间推移而趋于稳定……"，其他利益相关者的类似反应也就并不奇怪了。

> 当美国一所法学院的排名下降时，其结果令人崩溃。我不断收到校友们的信件问询，董事会也责问我发生了什么，为什么（我们）突然间（排名下降了）……这是一种非理性的反应，因为来信人大都非常了解学校的情况。学生们也在抗议，但他们一直在这里，很清楚在这一年什么都没有发生。但所有人基本上都在质问，"你到底干了什么？"(Espeland & Sauder，2007，p. 23)。

因为排名是一种地位记录，"很多企业倾向于将其稀缺的招聘资金分配给有学术声誉的院校（第一梯队和第二梯队），并倾向于回避那些被认为不尽如人意的院校（第三梯队和第四梯队）"(Webster，2001，p. 240)。那些赞助研究的公司更看重国际声誉，这也体现在排名中。斯派沃克(Spiewak转引自van Raan，2007，p. 94)指出，德国电信公司(Deutsche Telekom)利用排名来支持其设立教授职位的决定。同样，波音公司(Boeing)表示，它打算利用绩效数据来决定其"学术研究合作伙伴的选择，以及由……哪些院校……共享波音公司投资于课程学习和培训的1亿美元(7 400万欧元)"(Baskin，2008)。总体而言，证据是复杂的，与国内企业或中小型企业（small-to-medium sized companies）相比，国际公司更易与排名相关联。如果从发展中国家而非发达国家招生，排名会更有意义，因为排名被用作院校质量和毕业生能力的评价基准，特别是在整个高等教育系统还不成熟的状况下(Guttenplan，2014)。

校友,尤其是刚毕业的学生,最易受到院校声望的影响(Holmes, 2009),他们的贡献与排名呈正相关;换言之,当一所院校表现良好时,校友贡献就会增加(Webster, 2001；Masterson, 2010b；Flynn, 2010b)。洛克(Locke, 2014, p. 81 - 82)发现,通常管理层的非专业人员对排名最为关注,很可能是因为排名看上去很有科学意义。

小　结

尚德与埃斯佩兰(Sauder ＆ Espeland, 2009, p. 68)记录了一位法学院院长的"成长历程",这位院长解释道,在她担任院长职务之前,她"并不真正理解……排名对法学院声誉、招生政策、资金分配、预算编制等方方面面的重要性"。所有大学都在努力吸引学生,特别是"优秀"学生,"现在大多数研究型大学都在更加严格地审视自己做得不够好的地方"(政府政策官员,澳大利亚)。

> ……坐视不管,称排名没有任何意义,这是无稽之谈。排名意味着很多很多的资金;尽管我并不希望如此(McClure 转引自 Rivard, 2014a)。

即使是排名不高的院校也会被排名所吸引,因为越来越多的高等教育机构希望提高排名,或不管名次如何,只求能进入排名榜单。国际经验表明,排名为战略思考和规划提供了信息,有助于确定优先事项,制定学生和学术招聘战略与政策,筛选潜在的合作伙伴和达成合作,设定绩效与质量基准,支持市场推广和品牌建设,建立声誉,吸引投资和慈善捐赠,保障投资者和雇主利益等等(NACAC, 2010, p. 3)。

埃尔斯巴赫与克莱默(Elsbach ＆ Kramer, 1996)认为,由于排名对"既有地位构成威胁",大学通常会花大量时间核查数据并质疑排名结果。加州大学伯克利分校的一名受访者声称:

我看了一些学校的排名,以我对同行和学校的了解,我很难相信他们竟然排在我们前面(Elsbach & Kramer,1996,p. 456)。

莱文(Levin,2002,p. 6‐7)对弗吉尼亚联邦大学(Virginia Commonwealth University)的"案例研究"说明了院校研究办公室如何花费6个月的时间收集数据,甚至学校还聘请了一位副校长专门负责招生、市场推广及公共关系。弗吉尼亚联邦大学采取了九项战略,包括改进学术课程、制定市场推广计划、加强出版物和网站优化、提高拥有博士学位的教师比例以及增加全职教师比例等。排名靠前的大学可以利用排名来游说政府提供额外或专项支持,以回应政府希望拥有世界一流大学的愿望,这也是上海交通大学最初制定世界大学排名的动机。以上种种,实际上都是在说:

我们是最接近世界一流水平的大学。如果我们能获得更多资助,我们就有更多的机会更上一层楼(高等教育政策利益相关者A,澳大利亚)。

因此,尽管排名受到了批评,但大多数高等教育机构认为排名利大于弊。这一点在国际研究中得到了证实,也得到了欧洲新一轮RISP调查的支持。排名有助于提升公众形象和建立合作伙伴关系(Hazelkorn et al.,2014,p. 35)。因此,排名不仅仅是提供信息,而是影响了高等教育的自我认知及其多元活动的评价和优先次序。通过改变高等教育领域内的发展态势,排名加速了国内国际院校间的竞争,并让高等教育机构"觉知到他们的课程已经过时",而竞争有助于"改善人才培养"(Gioia & Corley,2002,p. 109)。这给高等教育机构和高等教育系统都带来了重大而快速的变革。

在应对这种新环境时,高等教育的行动是否理性?由于院校数据的使用(和滥用)对一所大学的声誉、地位和资金基础至关重要,因此"确保其统计结果的准确性,使其地位在国家和全球排名中得到可靠反映"符合高等教育的利益(资深高等教育领导者,1945 年后成立的公立研究密集型大学,英国)。但是,在什么阶段,准确性更高的数据会变成一种"博弈"?

一项国际调查发现,74％的受访院校承认"为提升排名曾操纵数据"(Adams & Baker, 2010),而美国一项针对招生主管的调查发现,93％认为这是常规操作(Jaschik & Lederman, 2013, p. 8)。排名往往被视为一个"零和博弈",世界排名前列的院校利益循环可能相当长,而排名靠后的学校则陷入不利循环。因此,高等教育领导者认为,采取能够提高自身排名地位的行动(甚至是博弈)是势在必行的,也是合理的,这将改善他们的地位,是一种"从众综合征",如果我们不这样做,遭殃的就是我们。高等教育领导者们采取这种行为,只是在复制与其他绩效主导的供资模式相关的行动:

> 如果去院系了解一番,你会发现他们非常清楚自己为什么能拿到这么多经费,就像每一位拿到学位的博士生(副校长,1900 年前成立的公立研究密集型大学,澳大利亚)。

然而,目前尚不清楚的是,大学究竟在多大程度上真正把预算投入到目标上。根据尼奥莱克等人(Gnolek et al. , 2014, p. 15)的说法,要想在 USNWR 排名中取得哪怕是很小的上升,"需要每年持续追加超过 1. 12 亿美元(9 千万欧元)的预算",而这仅仅计算了两个指标:约 8. 6 万美元(6. 3 万欧元)的生均支出和 15 万美元(11. 1 万欧元)的师均薪酬(见第六章;另见 DeYoung & Baas, 2012);然而,由于各项指标之间的相互依赖性,大学必须采取强有力的指导和持续的财政投入。

最后,当指标或权重发生变化时,对院校或其战略的影响是不确定的,因为它们毕竟是由商业化或独立运转的排名组织决定的。有一种隐含的假设是,这些指标代表了一个客观事实,在时间上是固定的,可以用来确定适当的目标,比如 5～10 年目标。在这种情况下,排名引导组织将"注意力集中在外部定义的组织绩效目标上"
(Martins，2005，p. 715)。那么，如果指标发生变化，大学战略是否
也会相应改变？如果发生这种情况，那么，究竟是谁在制定高等教育
战略呢？

第四章

排名、学生择校和招生

我有一位毕业于美国哥伦比亚大学的同事,她在学校身居要职。虽然没有人告诉我,但我能明白,即便我有幸从这所(日本)大学毕业,我也不可能获得这位同事那样高的评价。

——越南留学生,1900 年前成立的私立研究型大学,日本

一开始我是有点担心的,因为我知道还有其他国际知名度更高的大学。我确实纠结了好一阵子,不知道是该跟着直觉走,还是去一个能给我更多选择的地方,因为我想去美国或欧洲攻读研究生。

——学生,1970 年后成立的教学型大学,澳大利亚

排名的日益普及

虽然排名已经存在了近百年,但直至 20 世纪 80 年代才在国际上声名鹊起,其声名毁誉参半。排名成功的一个重要因素是它们(似乎)有能力满足"公众对透明度和信息的需求,而这恰好是院校和政府本身无法满足的"(Usher & Savino,2006,p. 38)。克拉克(Clarke,2007,p. 35)表示,排名需求的不断增长"是由高等教育的一

些趋势所推动的,包括入学率的提高、成本的上涨以及将学生视为追求性价比的消费者"。莫斯(Morse,2010a)也提出了类似的观点;鉴于美国一些私立大学的巨额费用,每年约5万美元(3.7万欧元),一个本科学位共需约20万美元(14.8万欧元),"考虑到教育成本,人们确实需要信息来确定学校的相对优势"。瑞典国家高等教育署(Swedish National Agency for Higher Education)也支持这一价值主张:

> 学生们在教育上既要投入时间,又要投入金钱,因此,潜在的学生在择校之前能够获得关于高等教育的全面信息是非常重要的(HSV,2009,p.6)。

2010年对排名用户的调查发现,支持度最高的观点来自学生(Adams & Baker,2010,chart 2)。而美国的一项调查发现,84%的受访者认为,大学有义务公开其毕业率、贷款偿还率和就业率等信息(Hart Research Associates,2013,p.16)。这股反应如潮水般在过去十年里推动了排名的诞生和飞速成长,其数量、类型、用户及用途都远远超出了最初的目标受众——学生和家长。事实上,现在关注高等教育性价比的排名数量正在不断增加(Kaminer,2013)。

USNWR排名和CHE大学排名强调大学对学生和家长的价值与吸引力。前者认为,"学生和家长应该尽可能多地了解美国高校教育课程的比较优势"(USNWR,2010a),其目标体现在名称上:"找到最适合你的学校"(USNWR,2013)。而后者提出的问题是:

> 想更好地掌握德国大学提供的各种学习机会吗?想了解哪所大学的课程最符合你的愿望和需求吗?既如此,那为何不使用我们的大学排名呢!(DAAD,2010)

继英国和澳大利亚等国政府,美国奥巴马政府也计划根据性价比对大学进行评级,将院校数据公布到网络上,以方便用户获取和比较。

与此同时,网络上出现越来越多学生友好型的大学指南,例如
RealUni. com、*Push Guide*、*Springboard*、*Apply2Uni* 等。"普林斯
顿评论 378 所最佳大学"(Princeton Review The Best 378 Colleges)分
列了 62 项榜单,每份榜单根据不同名称(比如最佳大学宿舍)确定了
前 20 名(Princeton Review,2013)。尽管各类评教网站一直备受争
议,但社交媒体还是有可能取代更多的传统模式,其中包括:Students
Review(http://www. Students Review. com/)、Unigo(http://www.
Unigo. com/)、 College Confidential (http://www. College
Confidential. com/)、Mynextcollege (https://www. facebook. com/
Mynextcollege)(McKay,2013)。

如今,排名被广泛的利益相关者用于最初设想之外的目的
(Sauder & Espeland,2009,p. 68)。正如第三章中所述,高等教育机
构利用排名来比较自己和同行的表现,帮助确定教学或研究项目的
潜在合作伙伴,并在签订合作协议之前帮助评估或确定兼容性。雇
主经常使用排名来甄选特定的毕业生群体和未来的雇员,或评估特
定毕业生的质量。公众对增强问责制和透明度的要求越来越高,对
性价比的追求(尤其是在全球金融危机之后)也水涨船高,这使得政
府和决策者更加关注排名,将其作为绩效评价、质量定义和竞争力提
升的方法,因为排名被视为独立于政府部门和高等教育机构的第三
方。在发展中国家,排名经常被用来代替或支持认证,问责制和透明
度被认为是在世界顶尖大学中赢得一席之地的基本要求(Edukugho,
2010a)。U-Multirank 明确表示要提供更优质的信息,以"帮助院校、
国家和欧洲的各级决策者制定未来的高等教育战略"(Europa,
2008a)。除了"直接负责向公共机构拨款的政府"外,排名的其他用
户还包括对高等教育感兴趣并可能成为潜在捐助者的校友和拥有投
票权的公众。这些用户:

　　直接影响到对大学财政资源的分配,他们的偏好可能反映

在学费政策、招生标准、师资队伍和校园活动中(Zhe Jin &
Whalley，2007，p. 2)。

排名对公共领域的影响可能是巨大的。排名不仅是信息提供
者，也是舆论制造者，人们被听到、读到或看到的关于排名和高等教
育的观点所左右。公众舆论可以通过媒体来传达，而媒体往往是排
名的制定者和(或)发行者，这就产生了利益冲突。作为社会所持有
的一种复杂的信念集合，公众舆论具有说服力，但也易于被操控。哈
贝马斯(Habermas，1991)认为公共领域是理性辩论和公民社会参与
表达社区意见的阵地，而布卢默(Blumer，1948)则将公共意见视为
不同时期观点的集合。徽标的存在，标志性建筑的图像(如哈佛爬满
常春藤的砖房)，全球政界、外交界或艺术界人士获得荣誉学位或教
授职位的照片墙，或某所大学的专家在广播或电视上曝光的次数，都
会影响公众对特定院校的看法，从而影响或提高院校声誉。布鲁尔
等人(Brewer et al.，2001，p. 28)注意到"院校的某些特征会与优秀
的办学者相关联，即使这些特征与产出的质量没有直接关系"。

2013 年，USNWR 最佳大学排名的网页浏览量在发布日达到
1 890 万，独立用户数达 260 万(Morse，2014b)。这是一次重大的跃
升，自 2000 年以来，USNWR 排名特刊精装版的订阅总量约为 1 100
万人次(Dichev，2001，p. 237)。到 2007 年，其网站在发布 72 小时内
收获了 1 000 万的网页浏览量，而正常情况下每月的浏览量为 50 万；
两年后，网页浏览量达到 1 530 万，访客达 190 万(Putze，2010；
Morse，2010a)。据出版商称，80%的访问者直接进入排名专栏，而
不通过杂志主页，这说明他们是"一心一意冲着排名数据来的"。
USNWR 的经验被其他排名网站效仿。

USNWR 和 ARWU 排名的人气年度增长显著，而 QS 声称，2009
年其网站访问量达 700 万人次，其他排名网站的访问量为 1 300 万人
次(Sharma，2010a)。Alexa 和 Quantcast 等外部网络流量工具根据

网站在一组流量样本中的相对位置,对排名网站的受欢迎程度进行了排名。结果显示,截至 2014 年 7 月,ARWU 在全球网站排名中约为第 98.5 万名,THE 约为第 1.6 万名,QS 最受欢迎,约为第 1.1 万名。不同的排名网站也有不同的流量模式:QS 的访问者中,来自印度的用户最多(21%),其次是美国(8%)、英国(7%)、巴基斯坦(6%)和墨西哥(5%);相比之下,THE 网站的大部分用户来自英国(17%)和美国(16%),印度排名第三(13%)。从人口结构上看,用户多为男性,年龄在 18~24 岁,接受过高等教育。U-Multirank 排名推出时间不长,其网站很难在上述网站排名中占有一席之地,不过有趣的是,U-Multirank 排名的早期用户主要是欧洲人(其中 20% 来自德国,9% 来自法国,7% 来自意大利),但也有 9% 的美国人(Alexa,2014)。

虽然这些数据不具有直接的可比性,但在一定程度上表明了从 21 世纪初开始,排名的受欢迎程度有所提高。其他出版物也出现了类似的结果,《亚洲周刊》每年发布的"最佳大学"特辑是其最畅销的产品,而《时代周刊》在 1998 年估计,"未来的大学生及其父母每年将在大学预科产品上花费 4 亿美元(2.95 亿欧元),其中包括排名出版物"(Stella & Woodhouse,2006,p. 4)。迪切夫(Dichev,2001,p. 237)估计,消费者包括广泛的"非消费者受众"(non-consumer audience),他们的消费额比传统的准学生群体市场高出 40%。相比之下,"《星期日泰晤士报》大学指南"并未被视作一个重要的销售增长因素(CD 和 DVD 的销量更好),任何因销售和广告增加而产生的收入增长通常被实际的生产成本所抵消。相反,它的真正价值在于:

> 帮助那些对大学感兴趣的 16~18 岁的学生建立长期联系……成为报纸未来的购买者或其网站的用户。……正因如此,爱尔兰和英国的许多报纸,如《泰晤士报》《卫报》《独立报》《爱尔兰时报》以及《爱尔兰独立报》等,都为未来的学生提供了重要的信息(Murphy,2010)。

事实上,随着网络使用量的增加,纸质出版物的销售和收入额也在下降。每年 8 月,排名相关话题的网络搜索量都会激增,因此,通过引导学生和家长访问网站,排名长期以来在提升报纸的商业影响力方面发挥了相当大的作用。

博曼与巴斯特多(Bowman & Bastedo,2009,p. 18)认为,媒体对排名的报道,特别是当排名结果被放在"头版"时,会对招生产生巨大的影响:"被贴上'顶级'院校的标签相当重要,远超过在同级院校中上升一个名次"(Meredith,2004)。澳大利亚一所 1970 年后成立的公立教学密集型大学的管理人员对影响招生的"优秀大学指南"和媒体报道做了区分,后者因标题产生了更重要的影响。一位澳大利亚 1970 年后教学密集型大学的在读学生证实道:

> 哪所大学是最好的,哪所大学是第二好的,哪所大学是第三好的等等,这些问题都有共识。这种共识在社区中普遍存在,甚至全世界都知道哈佛、牛津、耶鲁和剑桥是顶尖大学,因为人们在电影及各种文化和媒体中看到和听到这些大学,这真正地建立了人们的看法。人们在所有这些文章中会自动捕捉到这些大学的名字,会在他们脑海里打下这样的烙印:这所大学肯定是最前沿,最先进的,如果在不同的地方不断出现,显然会受到人们的尊重。

这既能带来正面影响,也会带来负面影响;一位澳大利亚的决策者承认,学生们"对宣传相当敏锐","有一所大学的国际招生人数急剧下降,就是因为受不良宣传的影响"(政府政策官员,澳大利亚)。媒体报道所能产生的能见度非常广。毫无疑问,排名的一个主要吸引力在于其简单易懂的形式。它们提供了一个快速、好记的 Q 标记(Q-mark),使用户能够在更深入的调查之前对一组高等教育机构进行"预先排序"(Contreras,2007),或者进行快速评估或比较。然而,排名是否评价了用户认为它们应评价的内容? 排名是否评价了重要的内容？排名是否提供了对学生和其他利益相关者最有帮助的信息和指标？排名如何影响学生的看法和选择？来自世界各地的证据可能有限,但所反映的趋势是明显的。

本章思考了德国、澳大利亚和日本学生的访谈结果,探讨了排名对他们的影响和冲击。这些反馈还得到了来自学术研究、行业研究和新闻评论的国际证据的补充。本章还利用了广泛的国际毕业生研究团体数据库(i-Graduate,2010,2014)的数据。笔者将这些信息汇集在一起,对排名如何影响和冲击学生的选择、招生和职业机会进行了广泛且全面的讨论。主要分为四个部分:①根据2008年德国、澳大利亚和日本的访谈和焦点小组数据,对影响学生选择的问题进行了审查;②对更广泛的国际经验进行了讨论;③回顾了排名与招生策略之间的相互作用;④思考排名与就业和职业机会之间的关系。

学生择校

研究发现,有几个关键因素影响着学生对院校的选择,包括家长和同伴的作用、价格和成本、课程或项目选择、地理位置、设施和社会生活的质量以及学术声誉(Bergerson,2010)。决策过程的复杂性通常用时期或阶段来描述,"在这些不同阶段,各种个人和组织因素相互作用,产生影响下一时期或阶段的结果"(Kallio,1995,p.110;Hossler et al.,1989)。本科生更容易受到家庭和朋友的影响(Chapman,1981,p.492),而研究生则反映出对"成年初期"以及相关任务的关注,比如职业(Kallio,1995,p.120)。研究发现,近年来学生们更愿意采用消费主义方法。詹姆斯等人(James et al.,1999,p.75-76)总结到,院校和课程的地位与声誉是重要因素,因为学生试图在由声誉主导的市场上获得学术上的最大回报。这其中有一个重要的大学价值取向:

让钱花得物有所值。如果不能提供良好的职业前景,也不是一所具有良好声誉的知名院校,你肯定不会花费 5 万澳元(3.42 万欧元)去一个地方待上五年(学生领袖,澳大利亚)。

学生们经常"感受到某种院校等级,其中院校声誉的隐性排名与入学分数密切相关",但实际上无论在哪所大学,很少有学生愿意放弃自己喜欢的课程(James et al.,1999,p.71)。另一项澳大利亚的研究注意到,与十年前相比,2004 年进入大学的学生"目标感增强,职业理想更加明确"(Krause et al.,2005)。英国和西班牙的研究证实了这一趋势,研究发现学生们更重视劳动力市场和职业前景(Maringe,2006;Gallifa,2009)。

我静下来想了想,学生们进入大学和离开大学时,他们最关心的是什么,我想都关乎一所大学的声誉(Smith 转引自 Gadher,2010)。

大学的重点不就是职业发展吗? 如果大学在这方面辜负了我们,那么来这里的意义何在呢? (Lee,2010)

美国一项针对 1 000 多名优等生的大型研究也得出了类似的结论:"四分之三的学生认为上哪所大学对今后的社会和职业成功有很大的影响"(van de Water et al.,2009,p.5),这一观点得到了 USNWR 排名自身经验的支持。USNWR 称,院校声誉在获得"最重要的首份工作"或者"进入顶尖研究生院"中起着关键作用(Morse,2010a)。大约 52% 的德国学生选择一所大学是因为其享有好名声(Federkeil,2009,p.18)。相比之下,美国大学招生咨询委员会(Caruso et al.,2011a,p.10)的一项调查则发现,62% 的会员花了不少时间与高中生及其家庭讨论排名,16.5% 的会员制作了排名表供学生使用。

在过去几十年里,国际学生的流动性一直在快速上升(Brooks & Waters,2013)。根据经合组织的数据,2011 年有近 430 万学生在非国籍国注册入学,其中大多数学生在学习传统的本科课程。绝大多数(83%)的国际学生在 20 国集团国家就读,77%在经合组织国家学习。在所有国际学生中,亚洲学生占 53%,来自中国、印度和韩国的学生最多。由于国内教育机会短缺和学位优势增强,这一趋势还在继续加强。2000—2011 年,高等教育阶段的国际学生人数翻了一番,平均增长率接近 7%(OECD, 2013,p. 304 - 305)。决定出国留学是一项重大决定,马扎罗尔和索塔尔(Mazzarol & Soutar, 2002,p. 88;Böhm et al. , 2004, p. 21)声称,对国家或院校的选择可能受到"推拉式"因素相互作用的影响,特别是语言和文化因素、地理位置上的接近、教育系统的相似性和毕业后的工作机会等(Grable & Blackmore, 2012)。

　　国际学生做出留学决定以及选择留学目的地可能是一个"家庭项目"(Brooks & Waters, 2013, p. 53)。对于许多亚洲学生来说,传承很重要,比如赴澳大利亚留学的马来西亚和新加坡学生,"他们的父母、祖父母、叔叔婶婶都来过这里,有很强的家族联系和好口碑"(政府政策官员,澳大利亚)。同样,家庭支持也至关重要,62%的留美学生表示,他们主要依靠个人或家庭资助(IIE, 2008),亚洲学生也报告了类似的资助水平(Brooks & Waters, 2013, p. 53 - 54)。质量(尤其是对质量的看法)是一个关键因素,这包括声誉或国家概况,以及毕业后的学位是否会得到未来雇主的认可。但学生并不是一个同质化的群体,能力、志向和社会经济地位影响学生择校和留学取向。虽然许多亚洲学生本质上是希望获得"海外(英语授课)学位"(Brooks & Waters, 2013, p. 145),但"少数享有高度特权的(英国)年轻人正在基于高等教育机构的等级体系,在全球而非国家或地区范围内做出他们的高等教育决策"(Brooks & Waters, 2013, p. 107, 116)。芬德里和金(Findlay & King, 2010, p. 1)发现,入读"世界一流大学"的愿望对 89％的留学生有着重要或非常重要的影响。

　　　　到目前为止,美国(51％)仍然是(英国)留学生的主要目的
　　地,他们对法国和德国的兴趣不大。申请英国排名前十名大学
　　的学生更有可能同时申请其他国家的世界一流大学(Findlay
　　& King,2010,p.41)。

　　英国的经验在其他国家也得到了反映,例如施皮斯(Spies,
1978)、阿尔特与里贝克(Alter & Reback,2014)均表示,高于平均水
平的美国学生倾向于根据声誉和生活质量指标等非财务指标做出留
学选择。詹姆斯等人(James et al.,1999,x)同样发现,澳大利亚"研
究型大学"的申请者"受研究声誉、院校形象和声望以及校内社会文
化生活的影响比其他因素更强烈"。

　　本节将探讨这些问题,尤其关注排名是如何对学生择校产生影
响的。学生被分为四大群体,分别是国内本科生、国际本科生、国内
研究生和国际研究生;社会经济、民族和国籍问题将在章末进行
讨论。

国内本科生

　　本科生通常在当地大学就读。根据家庭或经济情况、院校或专
业选择的可行性,学生很可能会选择所在城市、所在州或地理位置上
邻近的高等教育机构。他们综合使用当地的信息,包括来自同伴和
家庭成员的信息、当地排名、大学指南或入学分数线。美国的数据显
示,尽管流动性不断增加,一些地区差异也在减少,但大约"80％的高
中毕业生留在国内上大学,入读旗舰大学或地方大学,而超过一半的
国际学生入读私立大学"(Marklein,2006;Mak & Moncur,2003;
Drewes & Micheal,2006)。

　　类似的趋势在三个早期的留学国家也很明显。在澳大利亚,一

位副校长声称只有大约 3％的学生是流动的,而德国学生被描述为屈从于"妈妈酒店"①的哲学(Kehm,2010),超过 50％的学生认为"离家近"是高等教育的关键决定因素(CHE,2007,p. 6;Federal Ministry of Education and Research,2010)。以下评论是一所 1945 年后成立的德国地方公立研究型大学学生的典型写照:

> 这所大学离家最近,而且……在数学领域很有名。授课老师是知名教授,如果在别的地方提到他们的名字,人们会说"哦,我知道他,我拜读过他的大作"之类的话。

德国 CHE 大学排名、澳大利亚的优秀大学指南或日本的《朝日新闻》大学排名,都是为了应对学生流动性的增加和选择扩大的情况,尤其是附近有不止一所院校的地区。一位学生(1945 年后成立的公立研究密集型大学,澳大利亚)承认这一点,他使用优秀大学指南是因为该指南"为学生在大学的不同体验、教学和不同研究领域提供了不同的指导方针"。USNWR 是美国国内市场的早期参与者,响应了美国本科生市场对更多信息和更大流动性的需求。排名现在在其他国家也有类似的效果,它们使顶尖大学能够"在一个通常生源流动性不强的国家吸引到更多的洲际学生"(政策利益相关者,澳大利亚)。

大学入学分数、预科考试或中学成绩单也具有影响声誉和声望的类似能力(Sweitzer & Volkwein,2009),学生和家长通常认为,入学要求更高、大学或学习项目的选拔性更高等同于更好的学术质量。声誉特征(如排名)会影响选择,通常被解释为特定文化的表征,这种做法十分普遍。在澳大利亚,新建大学被认为受到了"学生"对其声

---

① 译者注:妈妈酒店(Hotel Mama)是用来指那些成年后还和父母住在一起的成年人,也就是所谓的"回巢"。"妈妈酒店"在德国变得越来越普遍,和父母住在一起的年轻成年人的数量在增加。他们和父母住在一起,并不仅仅是出于经济上的原因,有的时候也是为了"待在家里"的那份惬意。来源:https://www.defanyi.com/news/show/664/

望看法的影响(Long et al. , 2006, p. 142),而在日本,"高中教师仍然使用入学分数,但家长可能会看排名"。本质上,入学分数和排名被认为是同一回事。

> 因为要通过非常严格的入学考试,通常人们会根据学生的毕业院校来判断其质量(教师,二战后的地方公立研究型大学,日本)。

社会文化和社会经济因素有助于"大学在财富、声誉和声望方面的差异化和排名……"(学生领袖,澳大利亚)。一名学生(1970 年后成立的公立教学密集型大学,澳大利亚)描述道,当她选择了一所排名地位不高的大学时,她的高中副校长"很生气",副校长认为:

> 成绩好的学生必须上(X 大学),因为能提供更多的机会,也正因为这所学校被视为更好的大学,他们会认为我们在浪费学生的考试成绩。

USNWR 排名记录声誉属性(如学生入学分数或学者薪水)的事实说明,不仅仅只有学生认为它们是质量的代名词(Butler & Murphy, 2009)。

国际本科生

国际本科生在各国学生群体中所占比例各不相同。在早期调查的三个留学国家中,澳大利亚 94％的国际学生在本科阶段(ISCED A & B)学习,而日本为 90％(OECD, 2013, p. 317)。相比之下,"大多数外国学生在本国取得学术经验后才来到德国,其中近一半已经获得了学位"(Federal Ministry of Education and Research, 2005, p. 2)。攻读本科学位的学生倾向于根据家庭或院校因素做出选择,但居住的便利性以及未来的就业和职业机会也是至关重要的影响因素,尤其是当一些国家的政府认为国际学生能对当地或国家经济做出强有力的积极贡献时(Theil, 2010)。

排名是一个很好的信息来源,对国际学生来说更是如此(Mao, 2013)。一位中国留学生(1970年后成立的公立教学密集型大学,澳大利亚)解释道,由于大学网站只会展示学校的良好形象,因此很难据此充分了解其提供的服务,尤其是当学校位于另一个国家时。对于那些需要在国外度过部分本科学习时光的学生而言,学生可以在院校合作的基础上做出决定,但选择范围有限,例如欧盟伊拉斯谟计划或美国的大三海外项目。这时,大学网络就会成为重要的附加值,声誉因素可以发挥重要作用。

国内研究生

研究生在本科阶段很可能已经意识到排名的重要性,并利用排名来为他们的研究生入学选择提供信息,特别是选择国外高等教育机构时。德国学生表示他们对排名的重视日益提高,就读于某所1900年前成立的公立研究型大学的学生表示,校长在入学第一课上就告知了学校的排名表现,而就读于某所教学密集型应用科学大学的学生则表示,排名肯定会影响他们对研究生课程的选择。这一观点得到了一位澳大利亚学生领袖的赞同,他表示,"不需要去搜索全球排名,因为如果大学在其中表现出色,学校会主动告诉你……会把排名结果放在所有的市场宣传中来吸引学生,……我只是意识到这一点,因为学校太常提到排名了"(学生领袖,澳大利亚)。

虽然择校是基于若干相互交织的因素,如专业领域和教师的专业知识,但学生对其学位的附加值具有敏锐的感知力。例如:

新生代的博士生通过导师和同伴了解大学的方式不同于高中毕业生寻找大学入学机会(政策利益相关者,澳大利亚)。

成绩优异的研究生可能会在国内或国外交换学习,他们是国际奖学金的目标群体。国际经验得到越来越多雇主的高度评价（Wiers Jenssen，2010）；因此，无论是在本科生还是研究生阶段，尤其是在研究方面，始终待在同一所院校或国家的想法（尤其是在小国或发展中国家）都越来越不被看好。

国际研究生

研究生在国际流动学生中所占比例不断增长，具有重要的战略意义（Guruz，2008，p. 161－235）。在美国、英国和澳大利亚，国际研究生几乎占到了各国研究生总数的一半；而在法国，他们几乎占到了国际学生总数的一半；在日本则不到五分之一（OECD，2013，p. 317）。目前，近80％的国际学生在经合组织国家的院校就读（OECD，2013，p. 324），主要目的地国家（美国、英国、德国、法国和澳大利亚）招收了超过70％的留学生，其中大多来自东亚和太平洋地区。来自中国、印度和韩国的学生是高等教育阶段国际流动学生中人数最多的群体（OECD，2009，2013；UNESCO，2008，p. 118；Maslen，2007）。亚洲学生占澳大利亚外国学生总数的81％，美国的72％，加拿大的54％，英国的52％，全球的53％（OECD，2013）。因此，鉴于这些国际学生的学业重心、成熟度和流动能力，他们已成为排名的主要目标受众和使用者。应进一步区分攻读研究生文凭或硕士学位课程的学生以及寻求研究（博士）机会的学生，因为大部分学生属于前一类。与此同时，现在提供英语授课的课程数量也有了显著增长，即使在母语非英语的国家也是如此（Wächter & Maiworm，2008；Labi，2007；Labi，2008d）。在日本，国际学生通过英语授课，不要求他们必须会讲日语。甚至早在高等教育国际化的浪潮之前，法学、医学和商学的国际招生就已经常态化了。博洛尼亚进程的启动是为了让欧洲高等教育为更高的流动性做好准备；"卓越排名"

(Excellence Ranking)对这一趋势做出了回应,帮助学生找到"合适的博士或硕士课程,以及提供 2 000 多个研究团队的信息"(CHE,2010c)。

国际研究生是全球排名的主要使用者,最大的原因是他们缺少当地的信息。

> 对澳大利亚的博士项目来说,我想排名不会那么重要,因为我了解这里的大学,至少认为在某种程度上了解它们……但我可能也会考虑英国或美国以及其他地方的入学机会,我对这些地方的大学了解并不多,那么我可能会关注全球范围内的排名(学生,1945 年后成立的公立研究密集型大学,澳大利亚)。

此外,由于许多国际学生的学费来自自己或家庭,排名被认为在质量和性价比方面发挥着重要作用。国际学生很可能会根据对外国学位所能带来的金钱和地位回报的预估,"选择留学的国家和学科领域"(Varghese,2008,p. 22)。他们"可能知道澳大利亚,但不知道具体该去澳大利亚的哪所大学"。

院校等级传递了社会和文化资本,会引起家庭、朋友和潜在雇主的共鸣。

> ……对于那些想去印尼以外攻读研究生学位的学生来说,实际上有很多关于大学排名的讨论。如果你谈论的是政府或私营部门,我想他们对这所大学的排名是相当熟悉的(印尼留学生,1970 年后成立的私立科技大学,日本)。

排名的声誉关联很重要。一位研究生被雇主问道,为什么选择来日本而不是去"教育质量更好,有许多高水平大学的英语国家"?这样的问题强调了声誉和地位对国际学生的重要性。在这种情况下,也就能够理解当大学排名结果上升时,"学生们在校门处挂上横幅,广而告之","特别是国际学生,纷纷与横幅合影"(副校长,1900 年前成立的公立研究密集型大学,澳大利亚)。

全球排名的经验

学生如何在全球竞争激烈的市场中进行择校仍在探究中(Hazelkorn，2014a)。结果可能会有不同声音,但有越来越多的研究支持上述经验。任何分析都需要考虑个案研究或组别研究的时间差;随着越来越多的宣传和关注集中到排名身上,它们对学生择校的影响似乎也越来越强烈。2010 年的学生对排名的反应与 20 世纪后半叶、21 世纪初的反应有明显不同。早期的经验主要来自美国,马克玛纳斯-霍华德(McManus-Howard，2002，p. 114,107－108)认为,"(排名的)可用性、可获得性、使用和影响都极大地扩大了它们在美国高等教育中的作用"。斯科特(Scott，2006)对此表示赞同,他认为"电子媒体和排名的可用性及重要性的激增"对学生择校产生了很大影响。

国家背景也很重要:国家认证或质量机构在多大程度上帮助设定了理解高等教育的参数,国家和(或)全球排名是否占主导地位,学生在国内流动还是出国留学,这些都可能是重要因素。在质量标准不明确的情况下(Stella & Woodhouse，2006，p. 17),学生和家长将排名视为一种独立的信息来源,这一点许多研究都有提及。当获得国际组织(如媒体公司)的认可时,排名就会发挥更有意义的作用。最后,目前大部分的研究都是围绕美国展开,因为美国在排名方面具有相对丰富的经验,许多的研究也正在其他国家进行,这仍然是一个相对较新的研究领域,也可能解释了研究之间的一些差异。

霍斯勒和佛利(Hossler & Foley，1995)以及麦克多诺等人(McDonough et al.，1998)的开创性研究为了解排名对学生择校的影响奠定了基础。他们得出的结论是,排名对学生决策的影响不大,"只是作为一种验证手段,促使他们对已经做出的决定感到心安"

(Hossler & Foley，1995，p. 28)。麦克多诺等人(McDonough et al.，1998，p. 530；Galotti & Mark，1994)认为，虽然有 40％的美国学生使用新闻杂志的排名信息，但只有 11％的学生认为排名是他们选择的重要影响因素。马克玛纳斯-霍华德(McManus-Howard，2002，p. 108)五年后的研究发现了更有力的支持证据：有 56.7％的全日制新生表示，排名非常重要或有些重要。

这些早期研究和最近的研究数据表明，排名的影响力越来越强，美国的研究得出了一致的结论：社会经济地位优越的学生、优等生、精英大学更易受到排名的影响。研究结果包括：

- 来自社会经济地位优越的学生比来自社会经济地位较低的学生更有可能使用排名，而且这种差距多年来一直在扩大(Espinosa et al.，2014，p. 12)；

- 美国 85％的优等生(SAT 成绩超过 1 300 分)最有可能参考排名(ASG，2013)，这一比例较 2009 年的研究结果有了显著增长。2009 年的研究发现，35％的优等生在做出申请或入学决定时使用了大学排名，其重要性显著低于家长和参观校园(van de Water et al.，2009；LipmanHearne，2009)；

- 高材生和第二代移民大学生，特别是那些来自亚洲(或非美国公民)的学生，以及希望获得博士、医学或法律学位的学生最有可能使用排名(Hossler & Foley，1995；McDonough et al.，1998；Monks & Ehrenberg，1999；Ehrenberg，2005；Griffith & Rask，2007，ASG，2013)；

- 使用排名的学生可能比不使用排名的学生更加关注学校的学术声誉(分别为 91％与 45％)和社会声誉(分别为 41％与 21％)(McDonough et al.，1998；ASG，2013)；

- 本土院校的新生不太可能使用排名，随着"物理距离的增加，重视排名的学生比例也在增加"，马克玛纳斯-霍华德

(McManus-Howard，2002，p. 111)发现，"在离家 500 英里以上院校就读的学生中,65. 4％更有可能认为排名非常重要或有些重要,而在当地或相邻地区就读的学生中,这一比例为39. 5％"(Roberts & Thompson，2007，p. 18；McDonough et al. ，1998)；

- 私立大学的学生更有可能使用排名。麦克多诺等人(McDonough et al. ，1998)发现,公私立大学的学生差异可能达到三倍,而马克玛纳斯-霍华德(McManus-Howard，2002，p. 110)发现,62. 9％的私立大学新生认为排名非常重要或有些重要,而公立大学新生中,这一比例仅有 51％；

- 学校进入排行榜的新生更有可能认为排名非常重要或有些重要,占 76. 8％,而学校未进入排名的学生只有 31. 8％持相同观点(McManus-Howard，2002，p. 109)。

这些研究都没有发现任何显著的性别差异(McManus-Howard，2002，p. 110；McDonagh et al. ，1998，p. 527；van de Water et al. ，2009，p. 8)。

然而,排名使用的不断增加是一种全球趋势。斯黛拉和伍德豪斯(Stella & Woodhouse，2006)分析了英国(1999 年)、美国(1999年)、智利(2002 年)和印度(2004 年)的研究后认为,排名的影响力有限;"只有来自社会中上层家庭的学生才倾向于使用这些指南",如今排名的使用范围更广。在斯黛拉 2004 年对印度学生的调查报告中,排名的影响力低于父母、朋友、在校生或其他人的建议,但后来的研究表明,排名的影响与日俱增(B. ，2014)。CHE 在德国报告了类似的结果,60％的德国学生"知道排名并将排名作为信息来源之一"(Federkeil，2007，p. 357)。与传统的"学术"项目相比,参加专业课程的学生也更有可能使用这些信息。1999 年,只有 3％的英国受访者认为电子媒体很重要,没有人提到排名;相比之下,到 2006 年,

63％的学生表示他们曾浏览过网站,52％的学生浏览过排名。同样地,61％的英国学生在做出选择前会参考排名,70％的学生认为排名重要或非常重要(Roberts & Thompson,2007,p. 19 - 20；Rolfe,2003,p. 32 - 33；Galotti & Mark,1994,p.606)。2010 年欧洲学生联合会(European student Union)的一项调查发现,52.4％的学生将排名作为重要的信息来源,这是一个重要的群体,但 92.8％的学生会浏览大学网站,89.2％的学生会浏览课程网站,59.6％的学生听从在校生的推荐(Jungblut & Vukasovic,2013,p.43)。最近一项针对英国潜在留学生的调查显示,排名和排行榜是他们整个决策过程中最具影响力的因素；此外,40％的学生表示,学科排名比选择国家或大学综合排名更重要(Hobsons,2014)。

克拉克(Clarke,2007)引用英国、德国和新西兰的经验证明,成绩优异的学生更有可能利用排名作为选择的依据,因此,排名前列会带来申请人数的增加。有经济能力支付全额学费的学生实际上可以自由选择而不依赖政府或其他资助,比起那些依靠助学金资助的学生(他们似乎对排名的反应不太灵敏),这些学生更有可能选择排名靠前的大学(即使排名仅高出几位)。私立和公立学校的学生之间也存在一些差异；对前者来说,"声誉远远胜过成本",但对于后者,"声誉只是勉强胜过成本,但成本比地点重要得多,几乎是二比一"(van de Water et al.,2009,p.26)。低收入家庭学生和第一代大学生最不可能认为排名重要,这并不奇怪,因为"社会经济地位较低的美国学生倾向于选择社区大学和录取率高的院校,这些院校通常未进入 USNWR 或其他排名"(Clarke,2007,p.39)。其他研究建议加强低收入群体对排名的使用。马克玛纳斯-霍华德(McManus-Howard,2002,p.112)发现,有相当比例的低收入群体(51.5％)和中等收入群体(51.7％)认为排名确实很重要。

工程、商科或理科专业是对国际学生最具吸引力的学习领域

(IIE，2007)，对比艺术、人文或社会科学，选择这些专业的美国学生更可能参考排名，2006 年，20.2％的工科生、18.3％的商科生和18.1％的自然科学学生认为排名"非常重要"，但社会科学和人文科学仅有 14.9％和 13.5％的学生这样认为（HERI，2007）。这种相关性在英国的一项研究中得到了验证，该研究发现排名"对国内外的机械工程专业学生有积极影响"，而与护理学和建筑学的联系较弱且不一致。排名对计算机科学和化学学科的学生有一定的积极影响，尤其是"大学排名上升时，这种影响更明显"（Roberts & Thompson，2007，p.26）。国际学生也有类似的行为。

尽管在国家背景、文化和决策过程的复杂性方面存在一些差异，但国际学生的行为呈现出向排名倾斜的稳定趋势。罗伯特和汤普森（Roberts & Thompson，2007，p.4）发现，92％的国际学生认为英国的排行榜对他们的选择很重要或非常重要。尽管如此，他们得出的结论却是，几乎没有确凿的证据支持排名对"国际学生的影响更大"这一普遍说法。2003 年一项针对澳大利亚的泰国留学生进行的研究同样发现，家庭对学生出国留学的决定、国家和城市的选择影响最大，但对学术项目和大学的选择影响不强（Pimpa，2003）。

其他研究则提出了相反的观点。2008 年英国的一项研究发现，海外学生（尤其是工科生）对质量排名很关注（Soo & Elliot，2008，p.14）。2007 年和 2008 年，大约三分之一的瑞典留学生将排名作为重要的信息来源。排名对亚洲和拉丁美洲学生尤为重要（HSV，2009，p.39），选择加拿大综合性大学的中国、日本和韩国学生就是深受加拿大高质量教育声誉的影响。这一发现对于申请者的第一志愿和申请工程、商科研究生课程的学生来说尤为重要，他们很大程度上依赖排名信息来做出筛选、申请和选择的决定。

来自中国的学生（包括香港和台湾地区）认为大学和项目

排名的重要性高于日本和韩国的学生。研究发现,排名信息对降低风险的作用不大,但对经济和投资回报很重要。换言之,这些学生认为从顶尖的工程或商学院/项目获得的研究生学位将改善他们未来的职业和工作前景(Chen,2007,p.771)。

陈(Chen,2007,p.80)认为,文化背景和教育体系可能在一定程度上解释了为什么"许多东亚学生认为大学和项目的声誉、质量和排名非常关键"。2009年澳大利亚的一项研究也得出了类似的结论:维多利亚州16.4%的国际学生认为家庭和朋友是选择大学和(或)项目的重要决定因素,64%的学生认为排名才是关键决定因素(见图4.1)(Lawrence,2009)。2013年,排名仍然是近70%的国际学生认为最重要的可变因素(Lawrence,2013,p.20)。

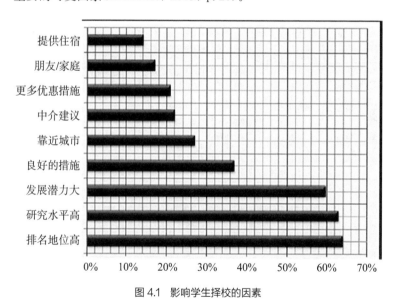

图4.1 影响学生择校的因素

来源:来自劳伦斯(R. Lawrence,2009)在澳大利亚国际教育会议上的演讲"维多利亚大学国际学生的经济影响",经作者授权使用。

国际学生晴雨表(ISB)收到了来自28个国家超过14.3万名学

生的反馈[1],结果表明在影响学生择校的五大因素中,有四个与声誉直接相关,而"在排行榜/排名中的位置"也是他们的优先考虑因素之一(见表4.1)。2014年的反馈与2010年相比发生了很大变化,教学质量是2010年的重中之重(Hazelkorn, 2011, p. 138),但在2014年却没有出现。虽然各地区对声誉因素的重视程度差异不大,但图4.2显示,亚洲和非洲的学生比欧洲和北美的学生更重视排名,这与高等教育机构的态度相一致(见图3.4)。2010年也是如此,但自2010年以来,北美学生对排名的重视程度有所下降。然而,同样明显的是,声誉(包括院校和学位)仍然是一个非常重要的因素;排名和声誉之间的相互作用将在后文讨论。

表 4.1 2010 年和 2014 年学生择校的十大影响因素(N= 64, 623)

排序(2014)	排序(2010)	影响因素	中间值(2014)	中间值(2010)
1	2	学位声誉(在职业生涯中的价值)	3.49	3.74
2	3	院校声誉	3.48	3.44
3	4	研究质量	3.4	3.42
5	n/a	国家教育系统的声誉	3.38	n/a
5	6	人身安全与保障	3.28	3.24
6	7	教育成本(学费)	3.25	3.21
7	10	项目具体名称	3.25	3.09
8	n/a	生活费	3.2	n/a
9	n/a	我在这所学校所选学位的收入潜力	3.17	n/a
10	9	排名/排行榜的位置	3.14	3.09

来源:© International Graduate Insight Group Ltd. (i-graduate), 2014

注:"n/a"表示2014年所列"影响因素"不在2010年的十大影响因素之列。

---

[1] 这些数据的收集和发布得到了国际毕业生团体数据库(i-grade)的许可,该公司是一家独立的基准测试和咨询服务机构。国际学生晴雨表(ISB)追踪在本国以外学习的学生的决策、看法、期望和体验。2013年的调查(2013年收集的数据)回收量为143 526份。由于问题回答不是强制性的,每个问题的回收样本不尽相同,有关学生择校的样本量为64 623。

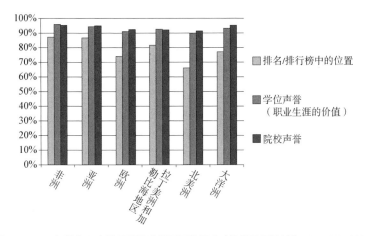

图 4.2 2014 年排名和声誉是重要/非常重要的因素（按世界区域划分；N= 64, 623）

来源：© International Graduate Insight Group Ltd.（i-graduate），2014.

如今，80％以上的本科生和研究生（包含授课型和研究型）关注排名（i-graduate，2014）（见图 4.3）。院校声誉对职业机会很重要；93.8％的受访者认为院校学术背景的声誉很重要/非常重要。当被问及主要考虑因素时，68％的受访者表示，院校声誉比国家声誉更重要（27％）。这一发现不同于其他一些研究结果，其他研究结果显示，学生会首先选择一个教育声誉高的国家，然后再决定学校（Hazelkorn，2011b，p. 138－140）。

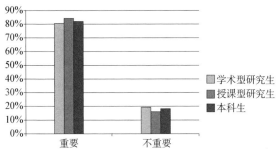

图 4.3 2014 年按学位等级划分的排名情况（N= 64, 623）

来源：© International Graduate Insight Group Ltd.（i-graduate），2014.

最后,对于寻求政府资助或奖学金的学生来说,排名起到了决定性的作用,因为越来越多的政府使用官方或非官方排名作为质量指标(Clarke,2007,p. 43)来评估申请或批准出国留学。例如,俄罗斯、巴西、智利、新加坡、沙特阿拉伯、哈萨克斯坦、蒙古、中国香港地区和卡塔尔只将国家留学奖学金提供给被其他国家一流大学录取的学生。根据巴西无国界科学计划(Science Without Borders programme),巴西对 7. 5 万个科学和技术奖学金的实际投入为 31. 6 亿巴西雷亚尔(10. 4 亿欧元),并根据 THE 或 QS 排名确定合作的高等教育机构(Gardner,2011),而伊朗则给寻求出国留学机会的学生传递了这样的信息:如果他们就读名气较低的大学,回国后可能很难找到工作(McMahon,2010)。

其他国家限制了顶尖大学毕业生的签证或就业机会。例如,荷兰为"高等教育学位持有者"设立了一个"适应年"(orientation year),这是一种为期一年的居留许可证,持有人有权在这一期间寻找就业机会。该许可证要求潜在的移民必须从荷兰境内的大学或在 THE、QS、ARWU 排名前 200 名的大学获得硕士或博士学位(IND,2014)。此前荷兰的移民政策(2007 年)要求技术移民毕业于 ARWU 或THE-QS 排名前 150 名的大学;换言之,"只有部分知识型员工才有资格进入荷兰"(Beerkens,2009)。丹麦对国际大学的毕业生给予加分,但标准仍参考已不复存在的 THE-QS 世界排名(Danish Immigration Service,2014)。马其顿只承认排名前 500 名大学的毕业生(Farrington,2008)。类似例子不胜枚举,许多国家引入了与学历挂钩的各种积分或奖金制度。

院校也不例外:"如果我们在关注潜在的博士生……来自中国的哪所大学,也许我们也在犯同样的错误"(教师,1945 年后成立的公立研究密集型大学,澳大利亚)。这些例子说明了官方对排名的认可与学生择校之间的微妙联系。国际学生常常发现要在自我选择和外界对这个学位的评价之间进行权衡。

排名与招生

前面的讨论已经从宏观层面说明,排名和"排名的变化[会]对学生的申请和入学决定产生重大影响……"(Monks & Ehrenberg,1999,p. 10;Wedlin,2006;Roberts & Thompson,2007;PA Consulting,2011;Alter & Reback,2014)。但其目的是单纯地招生,还是"招收那些在维持和提高……大学排名方面有所助益的学生"?(Clarke,2007,p. 38)

蒙克斯与埃伦贝格(Monks & Ehrenberg,1999,p. 10;Ehrenberg,2001,p. 26)认为,排名和申请率之间有很强的相关性,这种关系在优等生中特别明显。微小的排名变化就会"导致申请者的数量和质量出现明显的起伏",尤其是国际学生(Dichev,2001,p. 238;Sauder & Lancaster,2006,p. 116)。罗伯特和汤普森(Roberts & Thompson,2007,p. 22;Honan,1995)发现:

> 排名上升会对国内市场份额产生持续但平和的影响。对国际市场而言,有少量积极的证据表明,打通关键壁垒(例如进入前 20 名、前 10 名等)可能产生正面影响,但结果并不完全一致。也有证据表明,排名变化对伦敦(留学生在英国的主要目的地,也是一个竞争激烈的地区)的影响比其他地方更大。

蒙克斯与埃伦贝格(Monks & Ehrenberg,2014,p. 1)还发现,"学术声誉和生活质量的变化[可能]影响一所大学收到的申请数量,以及随后新生班级的学术竞争力和地域多样性"。同样,英国最近的一项研究表明,"在整体排名和学科排名未能进入前 20%"的院校"几乎完全无法吸引到大量的申请者"(Smith,2014)。

尽管阿特尔与里贝克(Alter & Reback,1998)指出,院校声誉可能可以应付细小变化或年度变化,但是排名变动可能会对院校收到的申请数量产生连锁反应。这一点得到了冈恩和黑尔(Gunn & Hill,2008,p. 288)的支持,他们以 1992 年为分界线,发现英国新旧大学的排名效应之间存在明显的分化,但这种分化会随着时间的推移而减弱。换言之,英国著名的《星期日泰晤士报》在 1998 年首次出版大学指南时,对学生申请率产生了重大影响,但此后影响逐渐减弱,"96%的申请率变化是可以解释的"。总的来说,研究表明,与新大学相比,老牌大学可能在排名和申请率之间的相关性并不明显;换言之,"前者拥有更为悠久的历史和坚实的基础,因此其形象不会因为某一年的变化而改变太多"(Roberts & Thompson,2007,p. 25 - 26)。尽管如此,据报道,成立于 1855 年的墨尔本大学在 2004 年 THE-QS 首次世界排名中排在第 22 位,但该校的国际学生入学率比目标低了 15%;到次年 3 月,该大学已轻松达成招生目标(Roberts & Thompson,2007,p. 18 - 19)。

院校排名位置的变化是有好处的。根据 USNWR 和英国《星期日泰晤士报》所使用的指标,排名提高的院校可以收到更多的申请,从而增强其选拔性。反之,

排名下滑会导致一所院校申请者减少,录取率走高,导致入学班级质量变低,这是以 SAT(大学入学考试)平均分数来衡量的(Monks & Ehrenberg,1999,p. 10)。

循环往复,院校排名将不断下降。蒙克斯与埃伦贝格(Monks & Ehrenberg,1999,p. 10)指出,"排名越来越受欢迎,影响力越来越大,这可能会导致院校试图影响排名"。

由于选拔性指数是 USNWR 的一个关键指标,院校一直试图通过加强其宣传或市场推广力度来影响申请数量,同时录取名额保持不变(Corley & Gioia,2000,p. 325 - 326)。有建议称,美国大学将 SAT 列为可选考试,以提高"入学班级的 SAT 平均成绩"

(Robinson & Monks，2002，p. 2 - 3；Shaw，2012；Editorial，2012)。然而,雪城大学(Syracuse University)(Rivard，2014a)以及肯塔基大学(University of Kentucky)董事会和堪萨斯州议会等机构采用的主要方法是提高入学标准;后者"以此提高其全美学术排名并保持美国大学协会的成员资格"(Rothschild，2011b;另见 Heck，2011；DeYoung & Baas，2012，p. 102)。

其他高等教育机构采用有条件录取或招收在职学生的方式,这样学生(相对)较低的入学成绩不会被纳入官方数据报表,也不会让其他申请者望而却步(Ehrenberg，2001，p. 7)。温斯顿(Winston，2000，p. 10)认为,高等教育机构可能会试图限制班级规模,因为"班级规模越大,意味着学校申请者的数量就越少,从而拉低了学生的平均质量"。学生质量降低,就"减少了学院对学生的吸引力",反过来又影响到学生的质量。如第三章所述,埃默里大学、乔治华盛顿大学、杜兰大学、巴克内尔大学和克莱蒙特麦肯纳学院被指控为提高他们的选拔性指数而虚报学生的入学分数(Anon，2012；Jaschik，2013)。查普曼大学是一个有趣的例子,说明了这些行动的结果是如何产生的:

> 《美国新闻与世界报道》称,在不到 20 年的时间里,查普曼大学已经在美国西部地区的硕士类院校中登上了"选拔性排名"的榜首。现在录取学生的最低 SAT 成绩是 1 050 分。学校设有 45 个捐赠席位。捐赠额从 2 000 万美元(1 600 万欧元)到 2.5 亿美元(2.01 亿欧元)。1993 年,当《美国新闻与世界报道》通过增列地方院校扩大排名的大学范围时,查普曼大学的排名处于西部所有同类院校的中间位置,其学术声誉在 112 所同类院校中排名第 90 位。到 2007 年,它在西部硕士类院校中排名第 11 位,其学术声誉并列第 14 位(Farrell & van der Werf，2007)。

另一项美国的研究发现,1989—2007 年,耶鲁大学 SAT 语言成绩超过 700 分的新生比例从 33％上升到了 78％,斯坦福大学从 24％上升到了 67％,宾夕法尼亚大学从 9％上升到了 54％,芝加哥大学从 18％上升到了 68％(Schmidt, 2008; Stake, 2006; Espeland & Sauder, 2007; Sauder & Lancaster, 2006)。

蒙克斯与埃伦贝格(Monks & Ehrenberg, 1999; Blair, 2000)认为,SAT 分数变化 5 分相当于录取学生人数变化 2％。梅蕾迪斯(Meredith, 2004, p. 459)同样发现,"进入或离开前四分之一,即排名的首页,对录取结果有特别大的影响"。鉴于这些原因,高等教育机构可能会觉得如果情况允许,有必要操纵其入学率和录取率数据(Avery et al. , 2005, p. 1)。

管理学生入学成绩和入学人数的例子并不限于美国;这种做法在招生工作公平和公开已常态化的欧洲也很常见。排名与学生质量之间可能存在很强的相关性(相关系数为 0.8),从某种程度上讲,"排名前列的大学会招到更优秀的学生"。排名位次提高十位或以上的大学,在下一个学年录取的学生质量很可能会上升(Roberts & Thompson, 2007, p. 5)。澳大利亚也有类似的行为;政府要求各大学公布最低录取分数线,但他们坚持公布"较高的最低录取分数线",他们也同意"在专设的公平项目基础上让其他学生入学,这样仍然可以说我们帮助了弱势学生",但要以不影响其入学分数的方式进行(政府政策官员,澳大利亚)。

日本的大学声望也与学生的选拔性密切相关,25％的大学使用这些标准来达到全球"顶尖水平"的地位,73％的大学为了追求国际标准而采用这一措施。这一点在 20 世纪 70 年代末开始在全国范围内实行公共机构标准化入学考试以来尤为明显(Yonezawa et al. , 2009, p. 133; Turner et al. , 2000, p. 402)。管理学生选拔性的案例甚至在各类高等教育系统中都很常见,例如在爱尔兰,学生入学过程实际上对家庭或校友背景等因素"视而不见"。由于系统是在供需基础上运行的,高等教育机构通过影响某一特定项目的录取名额来影响学生的入学成绩(Humphreys, 2014b)。研究生阶段的保密性相对较低:高等教育机构利用排名来评估申请者,特别是国际学生的本科经历是否符合。

　　私立或财力雄厚的公立院校最有能力应对排名压力。鉴于他们有能力影响招生政策并"根据 USNWR 排名的变化调整学费"(Meredith, 2004, p. 460),他们能够更好地利用财政援助和投资等机制,专门针对成绩优异的学生——这些指标"与社会经济地位密切相关"(Lovett, 2005; Brewer et al., 2001; Turner et al., 2000)。由于高学费与声誉或地位之间的关联性,博曼与巴斯特多(Bowman & Bastedo, 2009, p. 433)认为,"学院为了成为精英院校,大幅提高学费",因为"相对于竞争对手降低学费可能被视为低质量的信号"。在英国,关于所谓的"专升本"或差别化收费的争论常常被描述为一种确保世界一流资质的方式(Sanders et al., 2002)。相反,大学可能会试图影响"不太明显的价格曲线",例如助学金、奖学金或贷款,"寻求从不断减少的申请者中吸引更多的学生"(Monks & Ehrenberg, 1999, p. 49)。一些院校改变了助学金的分配,转而将其用于"购买"人才而不是给那些真正有需求的学生(Lovett, 2005)。

　　如果大学排名靠前会增加对学生的吸引力,那么排名靠后是否使吸引力减弱? 有证据表明,排名靠后的大学确实会流失生源(Alter & Reback, 2014)。加拿大的一项研究发现,"小规模的本科类院校在国家排名中的表现不佳,但大规模的综合性大学则不会受到影响"(Drewes & Michael, 2006, p. 783)。然而,罗伯茨和汤普森(Roberts & Thompson, 2007, p. 5)表示,其他因素(如相对论)可能在起作用,例如:

　　　地方大学和竞争对手在排行榜上的表现可能与更广泛的

排名情况一样具有重大影响。因此,即便学校排名提高了,但
如果主要竞争对手的排名上升幅度更大,实际市场效应可能是
负面的。

在一个声誉和地位特征根深蒂固的二元系统中,有证据表明,由
于质量、地位、声誉和入学分数之间的相关性,排名可能会加速高等
教育行业的社会筛选性(Sauder & Lancaster,2006,p. 122 - 124)。
因此,在"凯尔特猛虎"(Celtic tiger)时期,爱尔兰见证了技术学院
(institutes of technology,即应用科学大学)向传统大学的大规模转
型。根据菲茨杰拉德(Fitzgerald,2006,Clancy,2001,p. 56 - 57)的
说法,存在以下情况:

> 很明显,新一批体力劳动者的子女从技术学院转向大学。
> 1998—2004 年,这类学生选择技术学院的比例下降了八分之
> 一,这一转变大多有利于大学。

另一方面,罗伯茨和汤普森(Roberts & Thompson,2007,p. 5)
认为,排名靠后可能会促使院校采取行动,对其入学水平施加积极影
响;排名下降了 10 位或更多的英国大学"设法提高了下一届学生的
平均录取成绩"。

在这种情况下,国家和高等教育机构之间争夺(顶尖)学生的竞
争加剧也就并不奇怪了。虽然美国在高等教育产品和排名市场化方
面的时间更长,但国际经验正在趋同。高等教育机构利用排名来为
战略决策提供信息,帮助打造品牌,提高在国内外的知名度:

> 通过在国际范围内审视自己所在的院校,充分意识到这些
> 评级、排名、评价在吸引学生、吸引教师等方面的潜力,报纸、媒
> 体等也对此发表了评论(化学教授,1945 年后成立的地方公立
> 研究型大学,德国)。

当一些院校为了更高的排名地位你追我赶时,对许多其他院校
来说,但凡能够挤进排名榜单可能也是有益的,有助于克服当地的偏

见或传统。接受调查的高等教育领导者普遍认为，排名有助于提高国际学生、招生机构和其他希望建立伙伴关系的高等教育机构的知名度。一些院校记录道，自从大学出现在排名榜单中以来，外国代表访问团的数量不断增加，"更多的学生愿意到这里来"（资深高等教育管理者，1945 年后成立的公立研究和教学密集型大学，德国）。高等教育机构正在应对不断增加的排名，特别是排名提高竞争门槛的方式。一位高级管理人员声称，他们被迫"花钱提高主要海外市场的需求，以应对排名"（1850 年前成立的公立研究密集型大学，英国）。

招生和国际办事处的工作人员证实，潜在的学生经常询问院校的排名，特别是国际学生。学生可以并且确实会根据排名调整自己的选择，排名位置靠前确实也会增加申请数量（Monks & Ehrenberg，1999；Ehrenberg，2001，p. 2,10；Heavin，2010）。优等生对排名更敏感，很可能是为了进入排名更靠前的大学而走得更远；作为回应，大学开始针对优等生推出专门的配套服务，效仿美国高等教育数十年来的典型模式。第三章已经概述了大学是如何"参与招生"的；传统上，大学的招生工作主要集中在国内，而现在，大学的招生和录取办公室几乎都呈现出专业化和扩大化的趋势，为外地学生提供专项奖学金和改善宿舍设施。一所二战后的日本公立研究型大学的校长承认，他很少有机会不公开谈论自己大学的排名，但也很少在与学生会面时特别强调排名；与此同时，一所 1900 年后成立的公立研究密集型大学的学者表示，"从获得优质国际生源的角度来看"，他们"只对排名感兴趣"。

精英院校被视为"赋予了学生额外的经济优势，表现为更高的早期职业收入以及被最好的研究生和专业学校录取的可能性"，但这可能更多地是针对"代表性不足的少数族裔学生和低收入家庭的学生"（Ehrenberg，2004）。精英院校还会带来间接的好处，如与精英和未来决策者的联系，进入"合适的"社交圈和高尔夫俱乐部及学校等。

相应地,学生们也意识到他们可以在提升大学地位方面发挥作用,一些证据表明,学生们"通过高于实际的正面信息反馈,试图提高其项目的满意度排名"(Clarke,2007;Coughlan,2008a)。校友可能也会做出类似的行动(Lawrence & Green,1980)。

排名、就业和职业发展机会

学生和高等教育界普遍认为,特定学校的教育经历可以而且确实影响到职业机会和人生际遇。

> 我可以告诉你的是,以前经常在校刊上打广告的雇主们现在不这样做了,这不仅仅是经济衰退造成的(Barham,2010)。

一位澳大利亚学生领袖表示,排名确实会影响雇主的选择,尽管他"手头没有具体例子"。在日本,大公司往往对学生活动更感兴趣,换言之,是对"这个人"更感兴趣,而不是院校的排名,但绝大多数人认为,大学排名靠前的毕业生更容易获得就业机会;他们往往可以"因为非正式的排名而直接进入面试(无需考试)"(教师,1900年后成立的公立研究密集型大学,日本),或"雇主更青睐毕业于大学排名前列的求职者"(教师,1900年前成立的国立研究型技术大学,日本)。然而,这项研究呈现出一种非常复杂的局面,或许是因为大型国际公司和中小企业的模式不同,又或许是因为承认这些影响可能会引发公平问题。

因此,有报告指出,雇主"并不生活在一个所有利益相关者都认为排名是终极真理的世界里""应聘者的学位发挥了更大的作用"(雇主组织,德国)。美国的一项研究报告称,招聘经理"更关心求职者的知识和技能,而不是他们在哪里获得学位,抑或是学位类型本身"(Calderona & Sidhu,2014)。澳大利亚的研究也传递了类似的观点,强调雇主通过面试和测试评估应聘者的个人素质。虽然大型/国际企业和专业组织在使用排名时更加"系统化",但中小企业和本地雇主可能根据自己的经验进行自成一脉的隐性排名。后者的经验既可以带来积极影响,也可能带来消极后果;从积极的一面来看,个人经验有时会压倒排名所产生的认知,尤其是当一家公司是以本地或地区为基础时。招聘工作可能会因国家社会文化因素而异,也有可能是因为公司和工厂的不同而有所差别。

另一方面,欧盟的一项大型研究证实了排名的影响力;40%的校园招聘者表示"良好的全球排名和口碑"非常重要或相当重要。对于有国际联系的招聘者来说尤其如此。48%的招聘者表示"经常"与国际院校接触,而不曾接触国际院校的则是 32%(Gallup,2010,p. 9)。国家背景是差异化因素之一,德国、瑞典和法国有 20%～23%的雇主认为全球排名很重要,而希腊、土耳其和塞浦路斯有 69%～77%的雇主认为全球排名很重要;后面这些国家也表示"良好的国际声誉非常重要:希腊和土耳其有 33%,塞浦路斯有 41%"(Gallup,2010,p. 10)。

英国早些时候的一项研究同样发现,雇主们非常依赖通过 THE-QS 排名或隐性信息获取院校声誉情况:25%的校园招聘者"将排行榜作为质量和标准的主要信息来源"(HEFCE,2006,p. 80,87‐92;Shepherd,2005)。

> 这往往是我们多年来所掌握的知识,但在硬数据方面,我们使用的是《泰晤士高等教育》。

> 我们会看一看《星期日泰晤士报》的排行榜,然后再看看一般观点。

一位求职者被告知,她必须"持有 THE-QS 排名第 33 位或以上排名位置的大学学位"。英国董事学会(UK Institute of Directors)表示,32%的成员"拒绝雇佣'某些院校的毕业生'……[指]全国排名末位的院校"(Shepherd,2005)。在一项 2006 年对 500 家英国雇主的调查中,院校声誉在十个指标中可能只排在第八位(Smith,2006;

University of Portsmouth，2006；Thakur，2007，p. 90），但作为一个指标，它的存在仍然很重要。爱尔兰的一项毕业生调查得出了类似的结论，雇主不仅看重学术成就突出的毕业生，而且还看重特定大学的毕业生，近年来，这种评价标准的重要性不断提高（GradIreland，2009）。像波音这样的公司正在建立自己的员工绩效评估方法，以确定最佳工程项目。尽管波音公司声称这"不是一个大学排名"，但其结果将根据波音公司认为培养了最有价值的员工来对大学进行排名（NACE，2008；Baskin，2008）。

雇主通常会将排名作为一种预选方法，将目标锁定在排名前 10 或前 20 的大学毕业生身上，"……只要我们继续从这些大学招聘毕业生，而且这些毕业生进入企业后表现出色，就没有理由改变招聘策略"（HEFCE，2006，p. 87）。他们也可以根据自己的经验或观点来发表见解，这些经验或观点可能不会随着时间而改变。克拉克（Clarke，2007，p. 41）声称，毕业生在就业市场上的成功往往反映了"传统的地位等级"，有证据表明，特定大学的毕业生表现尤为出色。霍斯勒等人也曾在几十年前指出，"上名校似乎能获得更多的好处"。换言之，雇主认识到从特定院校招聘的优势，就限制了"他们将来会去招聘的大学范围"。

> 我从另一个角度了解到，这里的财政部门有他们自己的招聘来源，他们只会去那些他们认为经济学课程达到其卓越水平的大学招聘（高等教育政策利益相关者，澳大利亚）。

一位爱尔兰记者问道："谷歌主要从圣三一学院、科克大学（UCC）和都柏林大学招聘员工，是因为惯性还是傲慢？"（Keenan，2010）德国也有类似的情况，据说，排名为"许多公司的招聘和研究领域提供了一个宝贵的工具"（雇主组织，德国）。当雇主面对能力相近的候选人时尤为如此；那么可能会"对某一种类型的高等教育机构多一丝眷顾"。美国律师事务所经常使用 USNWR 排名来"确定面试的门槛"(Espeland & Sauder，2007，p. 19)。西门子(Siemens)公司的一位高管提出了相反的观点,他认为,当人们对特定的高等教育机构(例如发展中国家)了解较少时,排名对雇主来说可能更有意义。这与欧洲形成了鲜明对比,在欧洲,"学生来自哪里并不重要",教育普遍受到高度重视(Guttenplan，2014)。

在商学、医学和法学等一些专业的学生早已意识到,院校地位和声誉会影响就业机会和（或）起薪（Wedlin，2006；Sauder & Lancaster，2006；Berger，2001；Jeon et al.，2007；AACSB，2005）。自 2000 年左右,英国《金融时报》《商业周刊》《经济学人》《福布斯》和《华尔街日报》等报刊就开始对商业项目,尤其是 MBA 项目进行排名。排名和认证之间也有了密切的联系,前者将后者作为"筛选机制,主要的认证系统有美国 AACSB、欧洲 EQUIS 和英国 AMBA"(Wedlin，2006，p. 103)。

学术界也不能幸免于排名效应的影响,博士后、讲师或教授的机会很大程度上取决于候选人所持学位的院校声誉。以 USNWR 排名作为确定著名项目/大学的基础,美国的两项研究显示,在排名较高的研究型大学,博士学位对候选人的入职、职业发展和工资存在显著的影响(Jaschik，2014；Oprisko，2012)。正如欧普里什克(Oprisko，2012)所观察到的,"基于院校声誉的聘用扩大了学术超级大国的网络,增强其竞争优势"。因此,雇主将排名作为一种筛选手段,学生和毕业生则将其解读为排名形成了一个"玻璃天花板"(glass ceiling)。

小 结

学生择校是否只看排名? 显然有些学生是这样做的,据一位美国学生的说法:

> 排名和竞争心态已经渗透到整个高中阶段,以至于我的

一些同龄人在听完一所大学的介绍后,第一个问题就是:"呃,排名多少?"如果排名地位达不到他们的标准,就立刻会被抛诸脑后。我知道有的家长因为某些学校的排名欠佳而不让孩子申请,他们认为自己的孩子"可以申请到更好的学校"。举一个极端的例子,据说一位家长拒绝让儿子申请任何一所USNWR排名前 25 名以外的学校。排名正在把大学招生变成一场风险高、压力大的博弈,在这场博弈中,人们的目标是获得炫耀的权利,而不是找到最合适的学校(Ziccarelli,2010)。

随着时间的推移,排名对学生择校的影响是增加还是减少,又或是进入了一个平稳期? 证据表明,随着时间的推移,排名影响越来越大,尤其是学生对排名的使用和学校辅导员的建议之间的分歧越来越大(见图 4.4)。美国一项针对新生态度的调查显示,自 1995 年以来,排名的影响力增加了 70% 以上(见表 4.2)。

排名对几乎所有类型院校的影响力都在增加,就读私立大学的学生最有可能认为排名"非常重要"(1995 年为 20.8%,2013 年为44.7%),公立大学的学生也不例外(1995 年为 11%,2013 年为30.6%)。所有人都表示排名使用率增加,其中亚洲学生的使用率最高。与上文麦克多诺和马克玛纳斯—霍华德的研究一致,所有的研究都指出,来自富裕家庭的优等生最有可能使用排名:1995 年为17%,2006 年为 24%(HERI, 2007a)。

将声誉和排名分开可能很困难,尤其是许多排名或多或少地依赖于声誉指标,而声誉指标本身就是一个自我参照和自我延续的概念。尽管如此,研究表明,学术声誉、质量和排名之间存在复杂的、不断强化的辩证关系。在许多调查中,学术声誉是"与学生择校最相关的因素"(Simões & Soares, 2010, p. 385; Purcell et al., 2008, p. 46; Fogarty, 2011),但学生如何看待声誉越来越受到排名的影响。2014 年,澳大利亚教育国际开发署(International Development Program of Australian Universities and Colleges Ltd)将排名和声誉联系起来,称这是"中国(37.9%)、印度(36%)和中东(34.6%)学生最看重的因素",尤其是对比研究生(36.9%)与本科生(30.7%),学科水平排名(65.1%)与院校综合排名(34.9%)。因此,在全球排名中表现强劲的国家与国际学生的市场份额之间存在着显著的相关性(van Damme,2014)。这种关联也可以在作为影响学生择校因素的价值主张、排名、声誉和就业能力/职业机会的交集中得到说明。

　　排名的美国热(或经验)是否会延伸到其他国家? 国际证据表明,这个问题的答案是肯定的。学生们受到声誉因素和质量评价的综合影响。

　　　　我不知道有谁会不关心大学的排名。大学排名越高,学生
　　对学校的荣誉感更强,自我价值感更高,求职时的信心也更足!
　　(Anon,2010g)

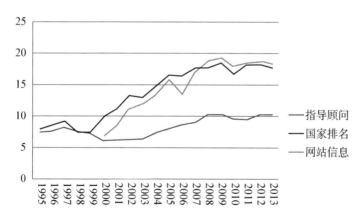

图 4.4　1995—2013 年择校信息来源的重要程度

来源:CIRP,1995—2013.

表 4.2 1995 年、2006 年、2013 年择校因素的重要程度（%代表重要程度）

择校因素	1995	2006	2013	1995—2013 变化
良好的学术声誉	49.2%	57.4%	64%	30.1%
毕业能找到好工作	43.1%	49.3%	53.1%	23.2%
学院的规模	33.8%	38.9%	37.6%	11.2%
提供的财政援助	31.6%	34.3%	48.7%	54.1%
社会活动的良好声誉	22.5%	32.2%	44.1%	96%
毕业生进入顶尖大学攻读研究生/学习专业课程	25.5%	30.2%	33%	29.4%
想在家附近	20.4%	18.3%	19.6%	- 3.9%
在国家杂志上的排名位置	7.9%	16.4%	17.6%	122.8%
亲朋好友希望我来这里	9.4%	11.6%	8.4%	10.6%
高中辅导员建议	7.4%	8.6%	10.3%	39.2%
学院的宗教信仰/方向	5.1%	7.3%	8.3%	62.7%
来自网站的信息	n/a	13.4%	18.3%	169.1%

来源：CIRP，1995，2006，2013.

学生对围绕排名的宣传尤其敏感，例如市场推广和广告。经合组织（OECD，2013，p. 308）指出，人们对质量的看法来源于包括排名在内的广泛信息：

> 主要留学国家排名靠前的高等教育机构比例较高，加上学生留学院校排名出现，这使得人们注意到质量观念日益重要，即使学生流动模式和对个别院校的质量判断之间的相关性很难建立。

虽然排名可能不是最重要的，但它们影响了公众舆论，而且往往是左右人们对质量和声誉认知的隐形之手。

CIRP 的数据也揭示了这些排名和声誉之间复杂的相互作用，57.4％的受访者认为"良好的学术声誉"是最重要的，但只有 16.4％的受访者特别提到"国家杂志排名"。声誉和排名之间的关系很有趣。在英国的一项研究中，44％的学生表示，院校声誉很重要，但声誉概念的推导是基于有形的地位特征，如院校的年龄和入学分数，以及无形的标准,如"院校名称被公众认可的程度"(Scott,2006)。学生"对大学声誉的看法不只是非黑即白",他们意识到"大学声誉的多面性和复杂性"(学生领袖,澳大利亚)。他们认为院校和项目声誉是影响其决定的关键因素。学生利用排名来帮助选取一组院校,从中选择或确认他们的选择。这些因素尤其适用于重视理工科专业的亚洲学生——他们正是大多数政府和大学都想要吸引的学生群体。

还有大量证据表明,排名正在加剧"人才争夺战",扭曲招生策略和决策,增加高等教育及其产品的分层(Barrow,1996)。

> 我们的选拔性非常高,但还需要进一步提高……我们的SAT成绩正在上升,但没有我期待的那么快……我们将新建一个学生中心,修缮宿舍,接下来要做的就是吸引若干明星教师和学生。这也是我们的竞争对手正在着手做的事情。我们不能不这样做(Anon转引自Reich,2000)。

强调招收"高分学生",高等教育可能会被指责"忽视分数较低但有前途的少数民族学生,[并]增加了少数民族高分学生的竞争"(Schmidt,2008),从而减少了"可用于其他活动的资源,包括招收和留住传统上代表性不足群体的学生"(Clarke,2007,p. 38;Evans-Stake,2006;Meredith,2004)。有证据表明,这种行为正在鼓励院校舍弃办学活动或使命中未被排名评价的方面,如访问计划等(Espeland & Sauder,2007,p. 15)。

对将SAT等标准化考试作为入学标准的批评,已促使部分美国大型院校放弃使用这些考试。然而,问题是,这一决定是基于对各种人才的认可和扩大入学机会的需求,还是如第二章所述,让录取过程变得更加不透明(另见Robinson & Monks,2002;McDermott,2008;Palmer et al.,2011)。学费也可以起到类似的作用。前文提到的英国学费政策是为了鼓励精英大学之间的竞价战,争夺那些希望从"特殊交易"中获益的最有能力的学生(Grimston,2011;

Morgan，2011）。对学生来说，不利的一面是，他们可能会被某所大学提供的优等奖学金吸引，但结果却发现，来年续签的奖学金低于目前的数额。优等奖学金计划（Merit scholarship programmes）可以帮助大学吸引"更聪明的学生，提高院校的知名度和排名"（Segal，2011），但也可能遇到阻碍。当大学寻求设施升级时，需要提高学费和（或）获得额外的收入来源（如慈善和捐赠收入），来为改善设施买单（Tapper & Filippakou，2009，p. 61）。问题不在于是否应该为满足"日益多样化的学生群体需求"而"埋没"优秀学生的机会（Bastedo & Gumport，2003，p. 355），而在于排名是否有意或无意推动了这一行为，强化了社会筛选性（Hazelkorn，2014a）。

此外，通过制造精英院校的供需僵局，排名可以说带来了民主化的效果，"创造了新的第二梯队精英院校"，这些院校受益于精英院校的溢出效应和人们对精英院校的迷恋（Finder，2007a）。根据萨谬尔森（Samuelson，2004）的说法，精英院校"不能容纳所有合格的申请者，这是一个简单的人口统计问题。更多优秀的学生和教师必须去其他地方"。

第五章
排名和政策选择

　　这是我们更多大学跻身世界一流大学的机会。我希望澳大利亚更多的大学以进入全球前 100 名为目标，个别大学能跻身前 10 名。

——毕晓普，教育、科学与培训部部长，2007，澳大利亚

　　希望在未来十年内，中国台湾地区至少有一所大学跻身全球大学排名前 100 名；未来五年内，至少有一所大学在亚洲排名第一。

——吕木琳，教育副主管，2003，中国台湾地区

追求世界一流地位

　　2008 年的全球金融危机使人们认识到，高等教育在人力和知识资本竞争中具有重要作用。当时，许多国家政府在应对银行偿付能力、信贷供应、投资者和消费者信心以及国际贸易急剧下滑等问题上举步维艰。经合组织呼吁，教育投资是战胜经济衰退的关键，认为教育投资在个人、社会和政府层面提供了投资回报（Gurria，2009）。其他国家和超国家组织也发出了类似的呼吁。澳大利亚和新西兰政府

在一次太平洋国家会议上警示道,"因全球经济衰退而放缓或停止改革,将导致各国竞争力下降,降低从全球经济增长复苏中受益的可能性"(Government of Australia and Government of New Zealand,2009,p. 21;也见 Obama,2009;Education International,2009)。莱文强调,亚洲的大规模投资正在打破平衡,亚洲地区已经认识到"要在后工业化、知识型全球经济中维持经济增长,就必须全面改革其高等教育系统"(Levin,2010)。由于金融危机的不均衡性和不同的国家背景,联合国教科文组织(UNESCO)警告称,"金融危机可能导致教育预算的削减,教师招聘和薪水发放的延迟,新教室建设的缩减,弱势群体资助范围的压缩"(Matsuura,2009;也见 EUA,2013)。

欧盟也采取了类似的举措。欧盟 2020 战略(Europa,2010a,p. 13)将其"智慧增长"(smart growth)战略与高等教育现代化联系在一起,与先前的政策声明一脉相承:

> 智慧增长意味着要以"知识和创新"作为欧盟未来增长的驱动力。这需要提高教育质量,加强研究工作,促进欧盟范围内的创新和知识的转移(Europa,2010a,9)。

爱尔兰政府的"国家智能经济建设"(Building Ireland's Smart Economy)战略推动了高等教育的改革和重组,"新的组织合并和联盟可以通过更有效地集中专业知识和投资来提高绩效"(Government of Ireland,2008)。同样,拉脱维亚提出了包括合并院校在内的高等教育重大改革,以应对大衰退带来的公共财政问题和国内大学的"非竞争性"地位,"甚至没有[一所大学]跻身全球最佳大学排名的前1 000 名"(Vorotnikov,2010;Kursisa,2010)。英国大学被建议"要么重组,要么倒闭",如果他们"在当前的经济危机中没有从根本上重新检视其办学活动,[其中一些大学]未来将不复存在"(Eagan 转引自 Baty,2009c)。然而,在这些事件发生之前,(公共)高等教育的结构、绩效和筹资就已经成为许多国家政策议程上的优先事项。

2000 年启动的博洛尼亚进程有望加强欧洲各国的融合,建立一个能够参与国际竞争的、统一的高等教育系统(Europa,2007b),但 2003 年全球排名的到来似乎吹响了改革的号角。爱尔兰教育和科学部部长在以欧洲教育部长理事会主席的身份发言时,说明了这个问题的背景:

> 2003 年,上海交通大学对全球 500 强大学的学术表现进行了排名。对欧盟来说,这并不是一个好消息。排名结果显示,世界排名前 50 的大学中,有 35 所是美国大学……(Dempsey,2004)。

多年来,其他国家政府和决策者也表达了类似的关切(见上文和方框 5.1)。由于担心法国在英美国家大学主导的排名中表现不佳,法国参议院发表了一份报告,称研究人员相较英语国家院校处于不利地位(Bourdin,2007‐2008;Labi,2008a;Siganos,2008),并在担任欧盟委员会轮值主席国期间组织了一次会议,主张制定新的欧盟排名(EU Presidency,2008)。兰伯特和巴特勒(Lambert & Butler,2006)、阿吉翁等人(Aghion et al.,2007)以及里森(Ritzen,2010)一致认为,欧洲的大学正站在一个十字路口:"……最近公布的全球排名……让大多数决策者意识到了问题的严重性,引发了一场关于大学改革的公开辩论"(Dewtripont,2008,p. 6;另见 Saisana & D'Hombres,2008;Baty,2010a;Costello,2010;NCM,2010)。

方框 5.1　排名和全球地位

"交给他们(大学)的任务很简单。他们都清楚 THE 排名的评价标准,所要做的就是确定其提高院校质量的现有计划是否符合这些标准"[穆罕默德,马来西亚高等教育部长,2007 年](Chapman,2007)。

"目前,没有一所尼日利亚大学入围 2007 年 THE-QS 世界

> 大学排名的 500 强……尼日利亚大学在非洲排名中的地位更不利,因为他们落后于自然资源更贫瘠的肯尼亚、南非和加纳等国的大学"[基马·伊伯纳什,尼日利亚天然气有限公司总经理](Isiguzo, 2009; Nworah, 2007)。
>
> "我希望这次活动能成为印度尼西亚大学迈向世界一流大学的重要里程碑……世界一流大学只是印尼高等教育发展的一个指标,而不是主要的优先事项。但是,我们很高兴部分印尼大学能够在不同的世界大学排名中获得不错的评价"[苏迪比约,印度尼西亚教育部长,2009 年](Sudibyo, 2009; Jardine, 2008)。
>
> "ARWU 和 THE 世界大学排名是最权威的分类体系之一……但是突尼斯的大学未能跻身非洲和世界顶尖院校的行列"[迈赫雷兹,突尼斯众议院议员,2010 年](Anon, 2010c)。
>
> "欧洲必须采取行动:……根据 ARWU 排名,只有两所欧洲大学进入世界前 20 强"[欧盟委员会,2010 年](Europa, 2010a)。

因此,许多国家开始对其高等教育和研究系统进行重组和重塑(Dill, 2009; Shin & Teichler, 2014)。虽然排名并不是唯一的驱动力,但排名在许多国家引发了政策恐慌的说法并不夸张,决策者们简单地将排名、(精英)高等教育与全球竞争力联系在了一起。在某些国家,大量投资随着排名蜂拥而至,反之也有国家对资金缺口忧心忡忡。共同的政策关键词是国际可比性和基准、质量和卓越、透明度和问责制以及(可评价的)绩效。有三个主要的政策趋势要归功于排名的推动(尽管排名并不是其源头):①问责制和透明度,推动了绩效指标和替代性指标的细化;②国际化和"人才争夺战",加强了对特定类型学术成果的推崇;③世界一流的卓越,导致了对世界一流大学的追求。这些政策趋势在大衰退之前就已经显现,但大衰退扩大了它们的重要性和影响力。随着一些政府将投资高等教育和研究作为经济刺激计划的主要内容,研究型精英院校和大众教育机构之间的差距正在扩大,并对国家、地区和社会都带来了影响(Marginson,2010b;Jaschik,2010b)。

近年来,除了博洛尼亚进程带来的课程和质量保证方面的变革外(Europa,2010b;Sursock & Smidt,2010),欧盟的政策重点一直与研究投资、国际竞争力和提高卓越性相关。欧盟已经发表了几份高级别通讯,强调了高等教育和大学研究对实现里斯本目标的重要性。2006 年,欧盟向欧洲理事会和欧洲议会(European Parliament)提交了一份名为《实现大学现代化的议程:教育、研究与创新》(*Delivering on the Modernisation Agenda for Universities: Education, Research and Innovation*)的文件(Europa,2006b)。2007年,欧盟指出"全球化挑战要求欧洲高等教育区和欧洲研究区向世界全面开放,欧洲大学的目标是成为具有世界竞争力的参与者"(Council of the European Union,2007;CREST,2009;Europa,2005a,2005b,2005c)。其中一个主题是质量、透明度和可比性的重要性,另一个主题则是能力和能力建设。因此,欧盟第六框架计划(Framework 6)鼓励组建虚拟的"卓越网络";第七框架计划发展了这一概念,成立了欧洲创新与技术研究院(European Institute for Innovation and Technology),通过指定领域的知识创新共同体(knowledge-innovation communities)进行运作。通过这些举措和其他一些措施,如欧洲研究理事会(European Research Council)、欧洲高等教育机构分类工具 U-Map(van Vught,2009)、2014 年 5 月推出的 U-Multirank(CHERPA,2010a & 2010b)以及在欧盟委员会文教总署(DG Education and Culture)新设立的终身学习单位——高等教育与国际事务处(Osborn,2010)等,欧盟一直在缓慢、低调地对欧洲高等教育与研究进行系统化重组。与用于教育、培训和青年的 150 亿欧元预算相比,"地平线 2020"计划将投入 800 亿欧元,旨在加强这一集中整合进程以及提高研究地位(Maassen & Stensaker,2010;Hazelkorn & Ryan,2013;Hazelkorn,2013f)。

美国高等教育未来委员会(Commission on the Future of Higher Education)成立于 2005 年,通常又称斯佩林斯委员会(Spellings Commission),以时任美国教育部部长的名字命名。其最新报告明确指出:

> 我们对高等教育所面临的挑战进行了长达一年的审查,得出了一个令人不安的结论,即高等教育部门的历史成就使我们国家对未来产生了心安理得的自满情绪。现在是时候面对现实了。我们看到了美国高等教育系统的各类院校中许多值得称赞的地方,但也发现许多方面亟待改进(CFHE,2006)。

此外,报告还指出,与其依赖"声誉或排名"(这些排名的依据是"资金等投入情况,而非产出情况"),不如基于"实际绩效、终身工作及学习能力的精准数据"引入新的问责措施(CFHE,2006,p. 14)。报告提供的建议集中在可获取性、成本和负担能力以及质量和问责制上,建议通过"建立一个有利于消费者的高等教育信息数据库"和"开发一个保护隐私的高等教育信息系统",从主要"基于声誉的系统转变为基于绩效的系统",收集、分析和使用学生层面的数据作为问责、决策和消费者选择"的重要工具,但这些建议尚存在很多分歧(CFHE,2006,p. 21 - 22;Sponsler,2009,p. 6 - 7)。该委员会大力支持加强联邦干预的行为引起了争议,因为美国高等教育的权力主要由各州或(无论营利还是非营利)高等教育机构掌握(Tierney,2009)。尽管当时遭遇了反对,但其精神通过奥巴马政府的高等教育机构评级系统(PIRS)得以延续,可以说是赢了战斗却输了战争。

根据萨尔米的调查,全球大约有 33 个卓越计划,主要分布在亚洲、欧洲和中东,非洲和拉丁美洲分布较少(转引自 Siwinska,2013)。为了应对排名带来的挑战,并推动/保持国家竞争力和对移动投资和人才的吸引力,人们正在直接或间接地引入变革(Cremonini et al.,2013,p. 103 - 104)。由于在排名中规模很重要,许多政府担心其高等教育机构规模不够或是知名度不高,原因可能是:①院校规模太小,而排名强调量化;②碍于机构身份,其研究活动没有被纳入计算范围,例如法国大学校(Grandes écoles)、德国弗劳恩霍夫研究所或马克斯-普朗克研究所,他们不被认定为大学;③学科专业化程度高,如没有医学院或只专注于社会科学,故而无法在文献计量标准下获得足够高的分数。

综观这些情况,一些国家开始担心,与竞争对手相比,他们的投入不足。这种认识正在促使许多国家调整其高等教育和研究体系,并优先发展部分大学。法国、德国、俄罗斯、西班牙、中国、韩国、马来西亚、芬兰、印度、日本、新加坡、斯里兰卡、拉脱维亚以及其他许多国家都推出了旨在创建世界一流大学的举措,这些举措的主要目标是受全球排名的启发或与之保持同步(Salmi,2009,p. 86 - 91;Vorotnikov,2010;Anon,2009a;Morgan,2010b;Alwis,2011;Pham,2014;Vorotnikov,2013)。

尽管积极进取的概念通常与追求声望的高等教育机构的联系更为紧密(O'Meara,2007),但美国各州的行动也与之联系在一起,他们以 USNWR 大学排名为参考,寻求建立或提升旗舰大学,使其达到所谓的顶级地位。各州以不同的方式寻求重组其公共系统(如得克萨斯州),根据政策目标评估成败(如明尼苏达州、印第安纳州、得克萨斯州),提高学生选拔性(如堪萨斯州、肯塔基州),根据排名的上升情况来确定校长薪酬的基准(如佛罗里达州、亚利桑那州)以及调整绩效评价体系(Sponsler,2009,p. 10 - 13;DeYoung & Baas,2012;Hazelkorn,2011d;Rothschild,2011a,2011b;Heck,2011;Ludwig

& Scharrer, 2009；Lederman, 2005；Arnone, 2003；Anon, 2010i)。
目的是提高投资吸引力，从而实现与上述国家战略相当的经济增长。

> 得州人是得克萨斯州最重要的自然资源。不幸的是，我们
> 州正遭受着"人才流失"(brain drain)的困扰，因为我们许多最
> 优秀、最聪明的学生选择离开家乡继续深造。原因之一就是得
> 克萨斯州缺乏"顶级"大学。第四号提案(一项州级宪法修正
> 案，旨在设立一项国家研究型大学基金，资助某些州立大学成
> 为国家认可的研究机构)将为寻求获得顶级地位的得克萨斯大
> 学提供资金。随着大学研究的增多，国家希望创造新的工作岗
> 位，提高薪酬标准，增加州和地方的税收(CPPP, 2009, p. 1)。

因此，得克萨斯州的休斯顿大学(University of Houston)宣布，
"要想真正成就旗舰地位，学校必须不断增加校友贡献，增加博士学
位授予数量，提高学术水平和表现"(Cougar Editorial Board, 2011)。

萨尔米(Salmi, 2009, p. 7‐9)提出了三种不同的政策方法：政府
可能会升级一些现有的大学(挑选优胜者)，或者鼓励几所大学合并和
转型(混合模式)，又或者从零开始创建一所全新的世界一流大学。政
府可以直接采用或改编排名指标，使用竞争性或基于绩效的资助工具
(funding instruments)来推动预期结果(Pruvot & Estermann, 2014)。
这三种方法在下面的案例中得到了充分的体现，形成了巴罗(Barrow,
1996)所称的"选拔性卓越"(selective excellence)政治或穆迪(Moodie,
2009)所称的"本土哈佛"(Harvard Here)综合征(见第六章)：

- 2007 年，法国立法进一步扩大高校自主权，鼓励加强管理和规
  划。2008 年，法国对国内大学在 ARWU 排名中的表现失望
  之余，启动了"校园行动"(Operation Campus)计划(Cremonini
  et al. , 2013, p. 113)，其目标是斥资约 80 亿欧元，建立 10 个
  区域卓越中心或高等教育与研究集群，合并/区域集成大学、
  研究机构和大学校，从而提高研究能力和知名度(Landry,

2010；Marshall，2010；Siganos，2008）。2009 年，法国政府宣布增加拨款，以确保高等教育和研究成为"法国经济政策的新中心"；"资金不会平均分配，而是为政府政策提供支撑，即创建规模更大、自治程度更高的大学，追求卓越、拥有现代化的管理且具有很高的生产力"（Enserink，2009a，2009b）。2010年，政府宣布计划斥资 44 亿欧元建设巴黎－萨克雷大学（Paris-Saclay super-campus），使其进入世界排名前十强（Anon，2010d；Landry，2010；Staley，2013）。此外，政府还提供 5 亿欧元设立了格勒诺布尔先进新技术创新项目（Grenoble Innovation for Advanced New Technologies）（Prest，2010），其目标是到 2012 年有两所法国大学进入全球大学前20 名，10 所大学进入前 100 名（Marshall，2012）。"目标很简单：我们希望拥有世界上最好的大学"（Davies，2009）。

- 1995 年，中国启动"211 工程"（Project 211），目标是建设 100 所具有国际竞争力的一流大学。一开始，世界一流大学只是"学术领头人的一种理想……后来成为中国的一项国策"（Luo，2013，p. 168）。1998 年，中国实施了"985 工程"（Project 985），其目标更加明确，即建设 10～12 所与美国和欧洲最佳大学比肩的世界一流大学（Brandenburg ＆ Zhu，2007）。时任北京大学党委书记闵维方阐明了这一目标背景：

  在当今世界，国际竞争日趋激烈，影响一个国家核心竞争力的关键因素之一就是大学。因此，创建世界一流大学应该是国家建设的战略重点之一（转引自 Ngok ＆ Guo，2008，p. 547）。

  主要举措包括：合并院校，促进院校间资源共享；培养新的人才，招聘世界一流的学术带头人；建设国家科技创新平台和国家人文社会科学创新中心；开发有竞争力的学术项目

（Ngok & Guo，2008，p.551）。截至 2007 年,985 工程共拨款
238 亿元人民币（28 亿欧元）；这意味着平均每所建设高校的
科研经费达 7 亿元人民币（8 260 万欧元），其中有几所大学的
科研经费高达 12 亿元人民币（1.415 亿欧元）（Cao，2009；
Ngok & Guo，2008）。经济衰退并没有削弱中国的投资战略
（Anon，2009b）；为了使高考与中国经济增长率的变化相适
应,政府对高考进行了进一步的改革,目的是培养更多的技术
型人才,摆脱对制造业的过度依赖,而制造业一直是中国经济
增长的支柱。政府将推出双轨制（two-tier system），第一种模
式是面向技术性较强的学生,第二种模式则是偏传统的学术
模式。虽然第二种模式下的著名大学可能会继续借鉴美国和
欧洲的研究型大学模式,但对于第一种模式的高考生,还必须
找 到 其 他 高 等 教 育 模 式, 比 如 德 国 的 职 业 技 术 教 育
（Postiglione，2014）。该策略通过增加研究产出和引文来获
得奖励,并对排名产生连锁反应（Luo，2013，p.172‐173）。

- 2007 年,马来西亚提出了"高等教育行动计划"（Action Plan
for Higher Education），目的是建立一到两所"顶尖大学"
（Apex Universities），"将给予这些大学适当的空间,使其具备
必要的条件,达到世界一流地位"（Sirat，2013）。这些大学将
拥有更大的管理自主权,能够在教师招聘和招生方面引入更
严格的标准和程序。行动计划明确指出,到 2010 年,至少有
一所大学进入前 100 名（Government of Malaysia，2007，
p.35‐36）。拥有顶尖地位的大学在"马来西亚所有大学中最
具有成为世界一流大学的潜力,因此,这些大学将获得额外资
助,以与全球顶尖机构竞争"（Higher Education Minister 转引
自 Chapman & Kaur，2008）。拥有特殊地位大学的校均额外
资助约为 1.53 亿令吉（3 489 万欧元）（USM，2010）。马来西

亚理科大学(Universiti Sains Malaysia)曾申请追加 8.3 亿令吉(约合 18 928 万欧元)的额外资助,声称有望很快"提高世界大学排名,在五年内进入世界大学前 200 名,到 2020 年跻身前 100 名,甚至前 50 名"(Anon, 2008; Chapman & Kaur, 2008; Chapman, 2007)。截至 2014 年,尽管马来西亚历史最悠久的五所大学已经连续三年进入 QS 亚洲大学排名(QS University Rankings: Asia),但仍没有一所大学进入三大排名百强(Gomez, 2014; Chapman, 2014; Maran, 2014)。

- 2010 年,时任丹麦教育部部长宣布,到 2020 年,至少一所大学跻身 THE-QS 排名的欧洲前十。当时,哥本哈根大学(University of Copenhagen)在欧洲排名第 15 位,奥胡斯大学(Aarhus University)排名第 20 位。丹麦政府已经确定了 2006—2012 年全球化基金(Globalization Funds),其总额为 390 亿丹麦克朗(52.3 亿欧元),相当于丹麦国民生产总值的 0.5%,此外,政府 2011 年起还为卓越中心每年提供了 1 亿丹麦克朗(1 341 万欧元)以及新的等额配套基金(The Danish Government, 2010; Anon, 2010e; Myklebast, 2009)。大学与大学间的合并(将 12 所合并为 8 所),以及 11 所研究机构和大学之间的合并,在考虑到各方自愿的同时也得到了政府的大力支持(Ahola et al., 2014, p.27)。但 2011 年新上任的社会民主党领导的"红绿联盟"(Red-Green Alliance)正式放弃了这一立场,同时保持了政府对该体系绩效的强有力监督(Myklebast, 2014a, 2014b)。

- 芬兰阿尔托大学(Aalto University)由赫尔辛基经济学院(Helsinki School of Economics)、赫尔辛基理工大学(Helsinki University of Technology)和赫尔辛基艺术与设计大学(University of Art and Design Helsinki)合并而成,是芬兰高

等教育改革的一部分(Kekälea & Puusaa, 2013)。阿尔托大学受到特别关注,获得了 5 亿欧元的注资和常规拨款,以帮助其成为一所"世界一流大学"(Aarrevaara et al., 2009)。新大学经历了重大改组,并进行了国际研究和教学评估。这些改革只会增加公众要求大学进入顶级排名的压力,而这一点迄今尚未实现(Salovaara & Teivainn, 2014)。

- 2012 年,俄罗斯成立了俄罗斯大学全球竞争力提升委员会(Council on Global Competitiveness Enhancement of Russian Universities)。此前,2012 年 5 月总统令宣布了一项名为"5 - 100 计划"(5/100 initiative)的政府倡议,致力于使五所大学在 2020 年前进入世界大学排名百强(Alekseev, 2014),2013—2015 年每年提供 3 亿美元(2.21 亿欧元)的专项资金,预计 2016—2020 年还会有所增长(Froumin & Povalko, 2013)。在此之前,政府已经在 2009 年实施了一项倡议,为全国 40 所大学提供了专项资金(4 亿美元或 2.95 亿欧元)(Androushchak, 2014, p. 10)。"5 - 100 计划"以 15 所大学为目标,根据国际化计划的评估和路线图进行调整。其他行动包括授予一些高等教育机构国家研究型大学地位,建立针对国际科学家的学术流动以及与产业界合作开展研究项目。入选的大学将额外获得 10%~40% 的预算,"因此,退出该计划将造成严重的经济损失"(Alekseev, 2014)。

- 21 世纪智慧韩国工程(Brain 21 Korea,简称 BK21)旨在通过合并减少院校数量,通过提高入学标准减少进入国立大学的学生数量,并加大投资,目标是建立 15 所"世界一流"大学(Shin & Jang, 2013)。韩国政府在 BK21 的第一阶段(1999—2005 年)投入了 1.34 万亿韩元(9.69 亿欧元),第二阶段(2006—2012 年)投入了 2.03 万亿韩元(14.6 亿欧元)。此

外，"世界一流大学项目"（World Class University Project）
（2008—2012 年）包括人事费用（年薪）、直接费用、间接费用和
额外费用在内，预算达 68 169 万欧元（Government of Korea，
2002，2008）。2013 年，在 BK21 和 WCU 项目（Suh，2013）的
基础上，政府启动了"21 世纪智慧韩国后续工程计划（Brain
Korea 21 Plus)（2013—2019 年）。最近，韩国政府还启动了
"人文韩国和社会科学韩国项目"（Humanity Korea and Social
Science Korea projects）。

- 印度的行动更胜一筹。由于印度是金砖四国中唯一没有任何
  院校进入排名前列的国家，出于对国家经济实力的舆论压力，
  印度政府与 THE 和 QS 进行了面对面的讨论，以提高其排名
  地位（Nanda，2013；Pushkar，2014；Chopra，2013）。每所指
  定的院校都确定了一位关键人物对接排名机构开展合作，制
  定符合"印度国情"的特有指标。这针对的是印度宪法规定保
  留配额（在册种姓占 15％，在册部落占 7.5％，其他低社会经
  济地位群体占 27％）和"残障人士"配额，据称这种情况对印度
  的排名不利（Goswami，2014）。印度也在考虑合并高水平的
  印度理工学院（India Institutes of Technology），以创造更大的
  规模和更具影响力的品牌（Raju，2014）。排名问题和印度院
  校能否进入排名榜单已经成为公共利益问题，催生了对高等
  教育系统进行新一轮变革的思考（Pathak，2014）。

- 作为改革计划的一部分，越南宣布计划自 2007—2008 学年起
  对国内大学进行排名，"以鼓励学校提高绩效，因为排名地位
  低可能会损害学校的声誉"（Nhan，2007）。其目标是，到 2020
  年越南至少建成一所世界一流大学（Pham，2014）。被称为
  "高等教育改革议程"的"2006—2020 年越南高等教育基础与
  综 合 改 革"（Fundamental and Comprehensive Reform of

Higher Education in Vietnam 2006 – 2020)，"目标是到 2020 年建立一个拥有先进国际标准、具有高度竞争力的、与社会主义市场机制相适应的高等教育系统"（Harman et al. ，2010，p. 51 – 52）。目标包括扩大招生规模，建设排名前 20％的研究型大学，提升学术人员的学位层次，提高师生比，扩大非公有制部门，增加研究收入，改革治理和管理，调整课程结构，提高系统整体的国际化水平（Harman et al. ，2010，p. 3）。

- 南非自 20 世纪 90 年代初种族隔离制度结束以来，接受高等教育一直被视为实现更大公平、效率、民主参与和发展的主要途径。这一战略的实施包括积极鼓励合并白人大学和黑人理工学院（black technikons）。"2030 年国家发展规划"（The National Development Plan：Vision for 2030）（2011 年）重新强调了高等教育，强调其是经济发展的载体。该规划以 ARWU 排名为基准指出，尽管南非在一众发展中国家中表现良好，但"在一些关键领域表现不佳"（Nation Planning Commission，2011，p. 271；Cloete et al. ，2011）。在此背景下，"国际 SKA 项目"（Square Kilometre Array project，建造世界上最大平方公里阵列射电望远镜项目）共同落户南非和澳大利亚，是南非为提高其研究产出和国际地位所作的一项非常重要的努力（Macgregor，2012）。

- 尼日利亚自 2001 年起开始实行国家排名制度，这是尼日利亚大学委员会（Nigeria's Universities Commission）广泛计划的一部分，目的是找到"尼日利亚在全球大学排名中仍然表现不佳的原因，尽管委员会的认证结果反映出尼日利亚的实体结构、设施和其他参数的发展都有所改善"（Olatunji，2009；Oni，2010；Edukugho，2010b；Okebukola，2013）。尼日利亚正在建立质量保证体系，帮助"提高标准，提升尼日利亚大学

的全球地位”，目标是“到 2020 年，至少有两所尼日利亚大学
进入世界排名前 200 名的行列，即所谓的 2/200/2020 愿景”
（2/200/2020 vision）（Baty，2009a；Okebukola，2010）。2008
年，政府宣布了一项新的 420 亿奈拉（18 889 万欧元）专项干预
基金，除世界银行的资金外（NUC，2010；也见 Davie，2007），
“6 所大学、3 所理工学院、3 所教育学院和尼日利亚国防学院
将获得该基金的资助，以改善其基础设施”（Baty，2009a）。

随着各国政府认识到高等教育促进经济发展和提高全球竞争力
的重要性，类似的例子不胜枚举，即使是资源贫瘠的国家也被卷入到
这场风暴中（Icamina，2010；Anon，2010c；Isiguzo，2009；Sudibyo，
2009）。斯里兰卡对其“大学的排名下滑……远远落后于马来西亚和
印度的大学”感到担忧（Abeyratne，2007）。爱尔兰表示，“没有任何
一所爱尔兰院校进入 ARWU 排名的全球 200 强”（Donnelly，2009；
Flynn，2010b），都柏林圣三一学院终于在 2014 年进入了前 200 名。
尽管自有排名以来，都柏林圣三一学院一直稳居 QS 排名的前 100
名，2014 年也有三所爱尔兰院校进入了校龄低于 50 年的全球百强大
学榜中，但近年来没有爱尔兰院校进入 THE 排名的百强榜单
（Ahlstrom，2014）。

排名还在以其他方式影响着政府决策。美国国家经济研究局
（National Bureau of Economic Research）的一份报告称，USNWR 排
名与政府的生均拨款具有显著的相关性；对于那些在 1990 年之前就
出现在排名榜单中的学院，1987—1995 年的资助平均增加了 58%。
相比之下，未上榜大学的增幅仅有 49%，上榜大学的增幅为 48%。
金哲和威利（Zhe Jin & Whalley，2007）将生均资助 6.5% 的增长归
因于 USNWR 排名带来的曝光。2008 年 2 月，马其顿出台了《高等
教育法》（第 35/2008 号）第 159 条，该法条自动承认在 THE-QS、
ARWU 或 USNWR 排名 500 强大学的学位，无需经过繁复的认证过

程(Farrington，2008)。如第四章所述，蒙古、卡塔尔、哈萨克斯坦、巴西、俄罗斯和智利等国将奖学金的申请对象限定在被排名前列(前100名)大学录取的学生(Salmi & Saroyan，2007；Snytkova，2014)。同样，荷兰移民法(2008年)最初面向的是"拥有 ARWU 或 THE-QS 排名前150名大学学士、硕士或博士学位的外国年轻人"(Beerkens，2009)，但后来提高了标准，要求申请人拥有世界前20名大学的学位。新加坡只接受"高质量"院校(非官方的说法是 THE-QS 前100名的大学)与国内大学或理工学院开展合作；据报道，英国一所著名大学因几名之差落选，这说明了该标准的严苛程度(Ministry of Education，2008，p. 28)。与印度的模式类似，马其顿和俄罗斯也与排名机构合作开展国家排名。

这些例子说明了排名对全球公共政策决策和公共话语方式的多方面影响。亚洲、大洋洲和欧洲受排名影响最大，非洲也未能幸免，南美洲受影响相对较小(Morgan，2010a)。如今，巴西、智利、哥伦比亚、墨西哥和秘鲁都至少各有一项国家排名(Downie，2011)。美国由于联邦体制的影响，情况更为复杂。有证据表明，各州都在争夺旗舰大学(可谓是美国版的世界一流大学)的地位，而南部和西部各州则向东北部各州发起了挑战(Selingo，2002)。大量证据表明，各国政府利用排名来加速高等教育的战略重组(特别是在大衰退的背景下)，同时推进特定地区在投资和高技能人才方面的优势(Creative Dublin Alliance，2009，p. 8)。无论建议的具体价值如何，决策者们都寄希望于排名能提供证据、理论基础或一套指标，从而为院校制定基准，并在必要时进行变革，使高等教育系统和(或)院校保持一致。这包括引入差别化的资助模式或将资源分配与绩效挂钩(通常通过排名来评价)从而推动变革。

下一节将介绍三个小案例，以说明排名对德国、日本和澳大利亚高等教育政策的影响，并对2008年的访谈材料进行了更新。笔者无意低估其他政策驱动因素，只是将重点集中在排名上。最后一节提出了一个框架，通过该框架可以查看这些策略的更迭。

应对排名的方式

长期以来，发达国家和发展中国家重视高等教育的大众化与普及化，扩大入学和推动教育公平，重点是通过扩大入学机会让更多公民接受教育。在大众化进程中，高等教育系统迅速扩张，以加州总体规划或欧洲二元体系为蓝本，各国教育系统根据学术和专业课程、学位等级和研究强度的不同，实行自上而下的区分。随着时间的推移，这些历史界限大多已经变得模糊。知识变得越来越复杂，知识经济的要求越来越高，古典学科和专业学科之间的界限已经变得不那么重要（Hazelkorn，2012c）。

如果早期是向内看，那么如今的重点是向外看。换言之，关键驱动力是在全球竞争激烈的知识密集型经济中追求世界一流的卓越地位（Cremonini et al.，2013，p. 104）。重点是选拔人才，而不是招募教师和学生；追求卓越和公平被认为互相对立。尽管对高等教育的需求不断上升，但一些国家和院校仍然认为大学生数量过多；大学认为如果招收"不合格的理科生"，将面临"办学使命漂移"的危险，不符合精英院校的定位（RIA，2009，p. 9）。随着大众化成本的增加和世界一流卓越的争夺加剧，许多国家政府正在放弃使用监管机制，转而通过以任务合同或协议以及绩效资助来进行更加不透明的引导，并利用竞争来促进院校与学生之间更陡峭的纵向（或等级）分层和差异化。由于高等教育已被视为全球竞争的主要驱动力，许多人认为世界一流大学是"我们进入知识经济的跳板"（印度总理辛格转引自Rahman，2009），也有人表示，帮助"提高某一所大学或研究机构的知名度……对整个系统的改善作用甚微"（Muchie，2010）。

　　这些趋势和争论在这三个案例国家都有不同程度的体现。日本和德国的高等教育系统相对复杂,规模较大,分别拥有 782 所、428 所院校,而澳大利亚仅有 90 所院校。虽然澳大利亚和德国以公立高等教育系统为主,但日本拥有大量的私立院校,比例高达全日本高等教育机构总量的 77％,其中一些院校排名前列。澳大利亚在 1989 年"道金斯改革"(Dawkins reforms)后建立了统一的国家高等教育系统,而德国则保留了二元系统(大学和高等专业学院/应用科技大学)。在财政挑战、人口压力、高等教育和研究投资成本上升的形势下,三个国家都还面临着区域和竞争压力,其全球地位也遭遇挑战。尽管三国都拥有国家排名,但自成立以来一直受到全球排名的重大影响和冲击(Hazelkorn, 2009c)。

德　国

　　　国际上人们谈论的大学有哪些? 牛津、剑桥、哈佛、斯坦福,但没有德国大学……回想几十年前,人人都来德国上大学;如今,他们都去美国上大学(校长,1900 年前成立的公立科技大学,德国)。

　　德意志联邦共和国由 16 个州组成,各州都有独立的宪法和州政府,负责开展教育工作。高等教育系统通常被描述为一个二元系统,主要是大学(提供传统的学术或技术课程)和高等专业学院(Fachhochschulen)。后者成立于 20 世纪 70 年代初,提供专业型学习项目,自 1992 年以来,也从事应用研究和开发。最近,为了应对竞争压力和博洛尼亚进程中边界模糊的问题,许多高等专业学院采用了应用科技大学的名称;许多专业学院提供学士和硕士学位。2012—2013 学年,德国共有 428 所院校,其中 216 所应用科技大学,108 所大学,其余为教育、神学、艺术和音乐学院以及公共管理学院

(Statistisches Bundesamt Deutschland，2014)。

德国自 1998 年起编制了一份全国性的排名——德国高等教育发展中心排名(CHE 大学排名)。高等教育发展中心是由贝塔斯曼基金会和德国校长会议(German Rectors' Conference)于 1994 年联合成立的一家非营利性有限公司。CHE 大学排名利用网络技术提供了一个特定学科的多维系统,旨在为未来学生提供从教学到学生生活的一系列信息,本质上是一个学生信息系统。ARWU 和 THE-QS 排名分别于 2003 年、2004 年相继问世,排名结果打破了德国大学是世界顶尖大学的普遍看法(见表 5.1)。德国教育和研究部(Ministry of Education and Research)对这一情况作了如下说明:

> 德国有很多非常好的大学,平均水平很高,但是我们缺少的是真正的一流大学……最新的排名结果清楚地表明了为什么德国需要顶尖大学(Dufner，2004)。

表 5.1　2003—2014 年案例国家进入百强排名的大学数量

	澳大利亚				德国				日本			
	ARWU	THE-QS	QS	THE	ARWU	THE-QS	QS	THE	ARWU	THE-QS	QS	THE
2003	2				5				5			
2004	2	11			7	5			5	4		
2005	2	12			5	2			5	3		
2006	2	7			5	3			6	3		
2007	2	8			6	3			6	4		
2008	3	7			6	3			4	4		
2009	3	8			5	4			5	6		
2010	3		5		5		3		5			2
2011	4		7	4	6		4	4	5		5	2
2012	5		6	6	4		4	4	4		6	2
2013	5		6	8	4		3	6	3		6	2
2014	4		8	8	4		3	6	3		5	2

来源:ARWU, THE-QS, QS 和 THE 网站。

一年后的 2005 年 6 月，德国政府启动了"卓越计划"
(Exzellenzinitiative/Initiative for Excellence)。卓越计划的问世是因
为德国大学没有出现在排名前 20 或前 50 名中。

　　　这有两个原因：①我们没有把资金集中在几所大学身上。
　　我们的政策目标是拥有很多所好大学，而不是拥有很多卓越大
　　学；②许多研究不在大学里进行，而是在研究机构里进行。因
　　此，卓越计划正在推动大学和独立研究机构之间的合作（政府
　　政策官员，德国）。

　　卓越计划的目的是名正言顺地创建一个德国常春藤联盟
(German Ivy League)，瞄准国际知名的出版物/研究活动，重振德国
在研究领域的历史领先地位(Chambers，2007；Kehm，2013，p. 84)。
卓越计划标志着从传统的强调平均主义或"全德国都有好大学"向竞
争和等级分化的重大转变。2006—2011 年，政府共拨款 19 亿欧元用
于三项大学项目：研究生院（每年最高 100 万欧元），卓越集群（每年
最高 650 万欧元），对于同时从这两项竞赛胜出的大学，还可以获得
院校战略发展基金（每年最高 1 300 万欧元）。第一轮胜出的 9 所大
学被认定为"精英"大学：柏林自由大学（Free University of Berlin）、
哥廷根大学（University of Göttingen）、亚琛工业大学（RWTH
Aachen University）、康斯坦茨大学（University of Konstanz）、卡尔斯
鲁厄理工学院（Karlsruhe Institute of Technology）、弗莱堡大学
(University of Freiburg)、海德堡大学（University of Heidelberg）、慕
尼黑大学（University of Munich）和慕尼黑工业大学（Technical
University of Munich）。第二轮于 2012 年启动，依然为期 5 年，投入
资金 27 亿欧元。在第二轮评选中，卡尔斯鲁厄理工大学、哥廷根大
学和弗赖堡大学与"精英"大学失之交臂，取而代之的是柏林洪堡大
学（Humboldt University in Berlin）、不来梅大学（University of
Bremen）、科隆大学（University of Cologne）、图宾根大学（University

of Tübingen）和 德 累 斯 顿 工 业 大 学（Dresden University of Technology)(Federal Ministry of Education and Research，n. d. ）。

最令人惊叹的是，为何卓越计划仅用相对不多的资金，就成功引起各个大学的强烈反响，竞相争夺席位？ 在此之前，全国性的 CHE 大学排名已经为政府提供了信息，但它并不与资金挂钩；这种情况现在正在改变，政策目标轻易地得到认可，而且结果是"帮助我们的一流大学提高在世界范围内的知名度"（Schavan，Federal Minister for Education and Research，转引自 Shin-Who，2007）。大学领导们也同意这样的说法，即卓越计划提高了德国的国际知名度，让"德国更添魅力"。国际学生和教师对德国院校越来越感兴趣，他们发现"（布什政府时期）赴美签证不像以前……那么容易"，还有雇主和产业伙伴的兴趣也在增加。无论有意与否，卓越计划在德国内外都被视为一种政府排名（并使用）。

综合来看，排名和卓越计划促进了德国社会对平均主义的思考，重新强调精英制度（Kehm，2009），引发了"德国高等教育大多数利益相关者的强烈抗议，并……［打破了］一个长期存在的社会民主禁忌（支持和促进精英院校）"（Kehm，2006）。当社会民主党（Social Democrats)2005 年被基督教民主党（Christian Democrats)取代时，后者立即接受了卓越计划的原则（Kehm，2013，p. 83）。与欧洲其他国家的政策措施一样，德国的高等教育也被视为一种公共产品；资源在所有大学之间公平分配，学生一旦通过相应的学校考试，就有权获得入学资格。大学无权挑选学生或收取费用。

在研究方面，德国的情况更为复杂。大学教授和其他学术人员都肩负研究职责；因此，研究和教学并没有分开。除此之外，研究人员还被组建成专门的研究所（马克斯·普朗克、弗劳恩霍夫、赫尔姆霍兹或莱布尼茨研究所），研究所通常独立于高等教育，没有教学义务。莱文（Levin，2010)认为，这一政策实际上"摧毁了德国顶尖大学曾经拥有的全球声誉"。法伦(Fallon，2008，p. 16)表示，院校之间缺乏使命区分似乎是德国大学在 20 世纪末表现不佳的最主要原因，柯姆(Kehm，2014)则声称，"实际上，纳粹主义和希特勒摧毁了德国大学(在 19 世纪已经取得)的全球声誉"。无论这些不同解读的依据是什么，全球排名为新的思考提供了一个令人信服的理由。

因为排名只评价大学的研究，马克斯·普朗克和弗劳恩霍夫研究所的工作没有被计入其中。因此，卓越计划的另一部分是积极鼓励高等教育系统和研究所的重组和调整，特别是推动研究所和大学之间更密切的联系和(或)合并，以最大限度地提高他们的知名度并提高大学的排名表现。当时的联邦教育和研究部长在接受《韩国时报》(*Korea Times*)采访时指出：

> 我们的很多研究都是由大学以外的研究所进行，比如马克斯·普朗克研究所或赫尔姆霍兹研究所。我们的目标是把德国科学体系的研究潜力集中到大学里。我们希望把他们变成国际一流的研究中心，提高其国际知名度(Schavan 转引自 Shin-Who，2007)。

这实际上意味德国高等教育系统正在向排名所青睐的标准靠拢。

传统的断层线已经显露出来。南部和西南部地区的大学在竞争中表现出色，而那些位于相对贫穷的北部和东部地区的大学则表现不佳(除柏林外)。前东德大学的师生们尤其担忧自己的大学是否有能力充分应对这种加剧的竞争局面："由于对最佳项目的关注和资金的增加，一些院系和项目可能会被抛在后面"(学生领袖，1990 年后成立的公立教学密集型大学)。政府承认这一差距，并表示"正试图将学生从西部向东部转移，但很困难"(政府政策官员)。批评者认为，把钱"给少数人"会剥夺他人的机会，并夺走他们急需的资金(Kehm，2006)。

卓越计划和排名也影响着大学和应用科技大学之间的关系,这可能与博洛尼亚进程的协同趋势相矛盾。博洛尼亚进程的目标是通过三大举措在整个欧洲建立一个共同的高等教育系统:三段式学位体系(学士/硕士/博士学位)、质量保证、学位认证和学习期限。该进程的一个副作用是,大学和应用科技大学之间的传统区别可能会逐渐消失。在"许多应用科技大学正在开展不同甚至更高质量的研究……在工程领域,如果大学和应用科技大学都参与了研究,则需要更多的合作"。"其余的差异将在未来 10 余年内消失殆尽,但政府正试图加快这一进程。然后我们将只拥有具有不同使命和特点的大学"(政府政策官员,德国)。未来取代当前二元制的系统很可能是分层的,由一个小规模的"精英群体"、一个较大规模的中间群体,即"坚实的研究型大学……[有一线希望]进入精英群体",以及一个更大规模的群体由应用科技大学和一些主要提供本科/学士学位并在特定的专业领域开展少量研究的大学组成(Kehm,2006)。

平行的立法改革赋予了高等教育管理部门更大的自主权并使其肩负更大的责任,这符合国际趋势,但也是为了让其做好竞争准备。从历史上看,政治引导和学术自律的结合对治理有着特殊的影响,一些大学被视为公共管理的组成部分。各地决定组织问题(包括招聘、院系的设立或取消)和其他内部决策,教师们(特别是终身教授)半自主运行,可以决定大多数学术问题(De Boer et al.,2008)。如今,高等教育部门正在鼓励采用更专业的管理、战略规划和决策方法。与此同时,资助体系也发生了变化,包括收取费用或寻找其他资金来源的权利。

随着新的招聘方式和人力资源管理的引进,这些变化也影响到学术职业和工作惯例。与业绩挂钩的薪酬和教师绩效工资/薪酬的引入,打破了传统教授队伍和教授个人的"权力"。后两个问题过去不在大学的职权范围内,但现在是大学内部的管理问题和讨论话题。

雄心勃勃的大学采取了积极的招聘方式,用诱人的薪酬和福利待遇来物色国际学者,并"系统地"挖掘潜在员工。一些大学已经将更多的资源和时间集中在招聘和建立合作伙伴上。这包括使用与排名密切相关的评估标准。虽然有些人不愿意承认可能发生的变革幅度,但没有任何院校、系所或学科能够幸免。

从学生或文化交流体验到战略定位和招聘,排名也在国际化转型中发挥着作用。最近一份关于学生流动的报告指出:

> 在过去的十年里,"大学流动计划"(university mobility programs)最初的人道主义目标不得不让位于有关德国全球经济竞争力的激烈辩论。加强德国作为科学研究中心的作用越来越被视为提高德国在全球市场份额的一种手段。吸引外国科学家的人才增长被视为东道国的红利,而与之相关的国际人才流失则被视为竞争的必然副作用(Federal Ministry for Education and Research,2005,p. 4;Labi,2008c)。

吸引国际人才是政府政策的关键内容,尤其是在面临重大人口挑战时;德国不仅认识到积极挖掘顶尖的教师/研究人员和博士生的必要性,而且他们还意识到,2015 年后德国人口将开始减少,预计会从现在的 8 250 万减少到 2050 年的 7 500 万。这将导致国内学生的"短缺",加剧对优质生源的竞争(Brandenburg et al. ,2008,p. 12 - 16)。在全球排名中获得更好的名次可以帮助避免一些问题的发生。

也有证据表明,排名正在影响人们对质量的看法;国家和全球排名选择使用的指标基本上定义了质量。这有助于提高德国高等教育中心的公信力并扩大其排名范围,现在该中心制定了四项不同的排名,包括一项全球排名(CHE,2010b;见第二章)。在正式的质量保证过程仍然不够成熟,以及对博洛尼亚进程还存在残余阻力的情况下,德国使用排名并让其担起了质量保证的职能。国家和全球排名通常被视为对改善德国高等教育提供了积极和有益的帮助——呈现了"真实的形象,提供了真实的信息"。然而,指标的选择上仍存在一些担忧,因为这些指标未能充分或公正地反映德国在工程和其他技术领域的强大实力。

鉴于欧盟的政策和德国的地理位置,加强院校间合作有着强大的推动力,然而,德国也意识到这种合作可能不限于国家边界。换言之,大学可能会发现,他们最好的合作伙伴在一个跨国区域内。因此,有一种观点认为,国界可能变得不那么重要;欧洲技术与创新研究所(European Institute for Technology and Innovation)和欧洲研究理事会正在将欧洲层面的问题推到台前(政策利益相关者,德国)。院校使用排名或类似指标来确定与谁建立"卓越网络",并通过这些网络开展越来越多的业务,例如制定基准、开展研究、课程开发和学生/学术交流,这一进程可能会得到进一步加强。随着大学形成区域和全球网络,他们与国家的关系可能呈现出不同的特征。

总之,德国人坚信,排名将在未来变得更加重要,但这并不是政府的任务。排名"不可能是完美的,但人们期望政府是完美的。因此,排名应该由私人和组织来完成"。尽管排名正在产生"积极的影响,但我们需要谨慎——不仅要看排名,还要看不同的排名"(政府政策官员)。德国人强烈支持追求卓越,但同时也极力主张"德国各地都拥有高质量大学";但也有人批评德国高等教育系统因卓越计划而缺乏多样性(Labi,2012)。尽管有这些疑虑,但卓越计划总体上被认为是成功的(Gardner,Mi,2008)。

日　本

政府希望通过一流大学来提高国际声誉⋯⋯随着人口的减少,为了展示日本的魅力,吸引优秀的生源和劳动力,排名变得越来越重要。这就是政府的出发点(政府政策研究员)。

日本"始终坚持一种自成一体的、以日语为基础的高等教育模式,采用分层机制来选拔和培养未来的领导者和专业人才"(Ishikawa,2009,p. 2)。其特点是双重结构,包括由国家和地方政府控制的有限公共部门与由市场驱动的庞大私营部门。日本共有 782 所大学(2013 年),可分为三个不同的群体:86 所国立大学,由文部科学省(Ministry of Education, Culture, Sports, Science and Technology)管理;90 所公立大学,由地方或地区政府管理;以及 606 所私立大学。在 360 多万名大学生中(2012 年),76% 就读于私立大学(MEXT, 2013)。7 所帝国大学(东京、京都、东北、九州、北海道、大阪和名古屋)虽已纳入大学体系,但仍享有预算优先的特殊地位。许多日本高等教育领导者认为,日本政府将采取"必要措施"(至少)保护东京大学和京都大学的地位不受其他(亚洲)竞争对手的影响。正是这种"被新兴经济体追赶或超越"的焦虑,支撑着日本政府和社会对世界一流大学的支持(Yonezawa,2013,p. 126)。事实上,日本例子的有趣之处在于,这种"雄心壮志"在多大程度上得到了日本政府和大学的认同(Yonezawa,2013,p. 125)。

日本最受欢迎的排名由其主要报纸之一《朝日新闻》编制。1994 年,《朝日新闻》开始发布日本大学排名,以便为准备入学考试的学生提供有关日本大学的广泛信息。与其他许多排名不同的是,《朝日新闻》使用了尽可能多的指标信息,而不是将结果汇总成单一的综合排名,目前每年收集的各方面指标有 70 余个。因为优等生对选择哪所大学已经胸有成竹,所以排名的受众主要是其他学生(媒体利益相关者 A)。通过学生调查进行的排名除了在《大学管理》(College Management)杂志刊发外,瑞可利公司(Recruit Ltd.)还将其制作成大学指南,在对高等教育管理感兴趣的人群中传播(Yonezawa et al., 2002)。2008 年,日本最大的报业公司《读卖新闻》为回应政府对大学质量保证和发展问题的关注,推出了一项新的排名。《读卖新闻》以"大学的真实表现"为题,旨在建立一个有关大学各方面的信息来源,而不是传统上影响学生择校的关键因素——入学考试分数。该排名以教学、保留率等为重点,突出以教学为导向的院校。信息是通过向四年制大学(包括公立和私立)的校长进行问卷调查收集的,但其调查结果没有进行汇总或加权(Yonezawa,2010)。

　　与许多国家一样,日本正面临着越来越大的竞争压力和人口压力,后者是未来高等教育学生人数减少和人口老龄化所致(Fukue,2010)。激烈的竞争主要来自邻国中国、韩国和新加坡,这些国家都在高等教育方面进行了大规模投资,目标是建立世界一流大学。以前受地理环境保护的日本大学现在面临着相当大的改革和现代化的压力与紧迫感。根据 ARWU 和 THE-QS 的排名,日本的全球排名地位自 2004 年以来一直在波动(见表 5.1)。在 THE 与 QS 分开以后的排名中,日本的地位一直保持稳定,近年来甚至有所提高。根据2014—2015 年度 THE 排名前 200 名大学的数据,虽然日本在大学数量上与瑞典和俄罗斯联邦并列第 9 位,但如果分别按人口和 GDP进行标准化处理后,日本则将降至第 18 位和第 21 位(见图 1.2、图 1.3 和图 1.4)。

　　日本高等教育改革与全球排名的出现同步进行。1998 年日本大学理事会提出建议,21 世纪大学的愿景和改革措施:"在竞争环境中成为有特色的大学",敦促立即就大学绩效和质量采取行动(Oba,2008)。在接下来的几年里,日本出台了一系列立法和政策举措,旨在提高院校自主权和管理能力,加强评价和提高质量,发展具有国际竞争力的研究(JSPS,2010;Oba,2007)。2004 年 4 月,国立大学被赋予独立法人资格,其目的是改变公立大学的治理和管理方式,鼓励采用私营部门的方式。虽然国立大学仍然是公共部门的一部分,但教师不再具有公务员身份。

　　国立大学也可以自行制定学费标准,但不得超过教育部和财政部规定的标准学费的 120％。其中一些变革源于私营部门对所谓不公平竞争的抗议；因此在 2006 年，政府开始以每年 1％的幅度减少国立大学经费。政府希望这些举措将带来高等教育系统的结构性变革，用基于市场敏感度的差异化来取代传统的公私差别，强调国际、国家和地区的教学、研究和(或)社区服务。

这些改革反映了日本建立世界一流大学的雄心。大场(Oba)表示：

> 日本对世界一流大学的定义还没有达成共识，对大学世界一流地位的判断是基于广泛使用的标准进行的……同时也参考了不同的大学排名(Oba, 2008, p. 635)。

2005 年中央教育委员会(Central Council for Education)的报告《日本高等教育的未来》(*The Future of Higher Education*)为该战略明确了方向，建议"每一所大学都应根据其战略在功能上实现专业化"(Oba, 2008, p. 631)。2007 年，政府推出了 21 世纪卓越中心计划(21ˢᵗ Century COE Programme)，为数量有限的卓越中心(Centres of Excellence)、全球卓越中心(Global Centres of Excellence)和研究生院提供专项资金。"旗舰大学项目"(The Flagship University Project)旨在选出少数大学进行额外拨款(Mok, 2008)。2013 年，安倍政府宣布从 2014 年开始实施"超级全球大学"(Super Global University)政策，将集中资助 10 所大学在 2023 年前进入世界前 100 名，资助另外 20 所大学在某些特定领域跻身世界一流。这种筛选和将资源集中到部分院校的战略是日本政府对其面临的人口压力和资金问题做出的回应，旨在保持或提高日本在科技领域的竞争地位(Yonezawa & Yung Chi Hou, 2014)。

国际化是该战略的重要组成部分，并被视为国际竞争力的指标，因此国际化现在成为政府和大学的优先事项(Yonezawa et al., 2009; Szu-yu & Kao, 2010)。2008 年，政府宣布计划到 2020 年将留学生人数从目前的 12.4 万人增加到 30 万人,但达成目标仍然具有挑战。次年,政府启动了"全球 30 所"国际化核心大学建设项目(the "Global 30" Project for Establishing Core Universities for Internationalization),指定大约 30 所顶尖大学作为接收和培养国际学生的核心学校(Yonezawa,2007),2009 年有 13 所大学入选(MEXT,2010)。这些大学将获得额外资金,以支持其制定国际化战略并完善对外国研究人员和学生的支持体系。

　　乍一看,"全球 30 所计划"似乎是日本"开放"的一项举措。事实上,出生率下降意味着日本大学要想生存下去,就必须吸收更多的国际学生。强调用英语授课(即"全球标准")符合将日本高等教育机构转变为国际学习中心的目标,以与其他国家大学竞争生源(Burgess,2010)。

　　但是,要让日本高等教育为国际学生的涌入做好准备,就意味着要升级校园,改变选拔性的研究生/博士项目,特别是将英语引入科学课程——尽管 92％的外国学生来自亚洲,其中 60％是中国人,12％是韩国人(JASSO,2013;Yonezawa,2013,p.138)。计划要想取得成功,师资招聘是一个重要的组成部分。2013 年 5 月,日本首相宣布,"在未来 3 年内,8 所国立大学将从世界各地聘请 1 500 名顶尖研究人员",力争在未来 10 年内让 10 所日本大学进入前 100 名。该计划是为了配合未来三年 1 000 名日本教师的退休而设计的。然而,改革并非一帆风顺(Rappleye,2013)。

　　由于排名能够使一所院校在国内外拥有更高的知名度,因此排名的重要性与日俱增。可以说,日本政府的国际化战略意在提高日本在国际化指标上的表现,因为 THE 和 QS 都使用了该指标,且日本大学一直表现不佳(Klaphake,2010;Yonezawa et al.,2009)。学生国际化也是一种向外流动的手段。通过日本政府的"振兴计划"(Revitalization Plan),到 2020 年日本留学人数将从 6 万人增加到 12

万人,这代表着超过 10％的日本大学生要出国留学(Yonezawa &
Yung Chi Hou，2014)。

日本著名的教学型大学正在集中精力开展研究生培养活动,通
常集中在科学和技术领域。"法人化"(2004 年 4 月 1 日引入)赋予院
校的灵活性使大学提供个性化的任期合同和工资待遇成为可能,以
吸引具有国际竞争力的学者。在一所大学里,优秀的学者可以根据
工作表现获得基本工资两倍的收入;其他大学也在推出类似的举措。
这些学者将在研究生阶段任教,面向国际学生或具有国际视野的学
生,因此不需要日语知识,但新设施是不可或缺的。日本大学还面临
着其他挑战。在比较不同国家的竞争优势时,无国界高等教育观察
组织(Observatory on Borderless Higher Education)指出,日本只有低
学费这一项优势,学生签证受限、生活费用高,入学前没有预备课程
(Jaschik，2007c)。政策制定者认为,向英语课程转型是一种积极的
发展,但很少考虑到将高等教育系统的关键部分转变为英语所带来
的长期社会文化影响(Ishikawa，2009，p. 7)。黄(Huang，2009，
p. 155)指出"引进英语产品来提高日本学习和研究质量"与输出"有
特色的教育项目"之间存在内在矛盾。

日本大学正在变得更具战略性——确定研究优势,评估资源配
置,招聘国际学者,并对课程进行相应调整。老牌的帝国大学和新兴
的地区大学之间差异明显。后者在世界舞台上有一定的办学和招生
经验,而前者则基本上是被动地等待本地学生。但是,人们也意识到,
没有一所大学能幸免。大多数高等教育领导者意识到,这种状况已经
无以为继,但学术年龄特征可能不利于进行根本性变革或立即改变。
一个主要的挑战是,日本大学能够在多大程度上快速改变来适应竞
争。尽管进入全球排名最前列所需的资金水平确实是一个重大挑战,
但这绝非简单的投资水平问题。更确切地说,这个问题是如何将传统
的集权或政府监管的体制和院校转变为更具自主性、战略性、竞争力

和独特性的大学。米泽彰纯（Yonezawa，2007，p. 497-498）表示，"院校领导者、决策者及管理者之间需要共享并推动更广泛的政策愿景"。

虽然公务员们对"关注全球排名"和"相信排名准确性"进行了谨慎区分，但政客们似乎仍受到排名的影响（政府官员），这促成了重要的政策转变。考虑到日本的文化、历史和目前的全球地位，特别是在全球金融危机背景下，排名所赋予的国家地位和威望非常重要。大学追求世界一流的地位，代表着对二战后走向平均主义的拒绝，也代表着精英主义的回归。这也许可以解释为什么政府想要确认和推广30 所世界一流大学的愿望并没有受到公众的强烈质疑。但这加剧了各院校之间对传统生源、国际学生以及研究资金的竞争，导致许多偏远地区的小型私立大学消亡（Obara，2009，p. 17-18）。

> 在人口迅速老龄化、大学学龄人口持续减少的情况下，面对大学之间日益激烈的竞争，越来越多日本院校担心，如果不能在全球排名中取得好成绩，可能会对自己的未来产生负面影响（Ishikawa，2009，p. 10）。

最终，为了"资助研究密集型大学开展国际竞争，从而削弱对其他大学的资助"（Media stakeholder B；Kitigawa & Oba，2010，p. 515-516）。也有人说，"为了让日本高等教育参与全球竞争，政府将关闭一些地区大学和私立大学，并将资金直接投向重点大学"，一些大学将变成只开展教学活动的院校。"传统的观点，即教学应以研究为基础的观念正在改变"（政府政策研究员）。

澳大利亚

> ……政府非常希望看到澳大利亚的对外形象能够被视为拥有这些一流的大学，然后……对世界说，看看我们澳大利亚有一流的大学，来这里学习吧！你并不是只能去美国或英国

（高等教育政策利益相关者 A，澳大利亚）。

几十年来，澳大利亚高等教育在全国和全球的竞争环境中运行。1989 年的"道金斯革命"（Dawkins revolution）结束了二元系统，建立了统一的联邦高等教育系统，根据其历史和使命划分为五个群体：6 所古老的砂岩学府①（sandstone universities），3 所二战后成立的红砖大学（redbrick universities），10 所 1960 年后成立的"橡胶树大学"（gumtree universities），5 所联合技术大学和 13 所异质新大学（Marginson & Considine，2000，p. 188 - 196）。截至 2013 年 10 月，包括私立和营利性高等教育机构在内，澳大利亚总共有 90 所高等教育办学机构（WHED，2014）。在接下来的几年里，其他的重大变革包括"更强调领导力"，加强战略执行，"降低学术性学科在研究组织中的重要性"，以及更大的灵活性和持续的组织重建（Marginson & Considine，2000，p. 234）。这些变革加上财政激励和其他新自由主义政策，带来了强大的竞争因素，迫使大学从学费、绩效资助和国际学生中获得更高的收入比例。各派政府"自 20 世纪 80 年代末以来，在持续扩大公共资助的同时，也发出了关于市场和公共资助严肃问责的坚定信号"（Trade Unionist B）。自 2008 年的访谈以来，政府对教学补贴的一系列削减，使澳大利亚高等教育公共投资的 GDP 比重排名在经合组织国家中位于第四梯队，2010 年仅 0.8%，并且还在持续下降（OECD，2013，p. 193）。这促使高等教育机构不断提高市场收入，特别是扩大全额收费的国际教育市场。

国际教育让澳大利亚成为主要的学生输入国，拥有 6.1% 的国际学生市场，占澳大利亚高等教育学生总数的 19.8%（OECD，2013，p. 307，317）。在一些商学院，国际学生占学生总数的 50% 以上。2012—2013 学年，教育是澳大利亚第四大出口行业，贡献了 145 亿澳

---

① 注：指成立于第一次世界大战前的学府，在澳大利亚是建校历史最悠久的六所高等教育学府的雅称。

元(99.8亿欧元),仅次于煤炭、铁矿石和黄金,领先于旅游业和所有农产品出口(AEI, 2013)。在新加坡、中国和马来西亚等留学生输出国迅速扩大和完善本国高等教育系统,提高对国际教育质量期望的形势下,这种成绩既值得庆祝,也暴露出澳大利亚对国际学生的过度依赖,其中亚洲学生约占澳大利亚国际学生总量的76.6%。这一弱点最近暴露无遗,澳大利亚签证条例的变化以及针对印度学生暴力事件的报道,导致国际学生申请人数锐减40%(Healy, 2010),进一步导致高等教育学生人数的减少以及非大学院校学生人数的骤减,与2003—2009年学生人数的快速增长形成鲜明对比(Perry, 2009; Australia Bureau of Statistics, 2009)。2012—2013学年,澳大利亚高等教育出口总收入为19亿澳元(13亿欧元),低于2009—2010学年的峰值水平(AEI, 2013)。本科生和研究生之间的不平衡局面也令人担忧,因为博士生被各国政府视为经济发展和创新的指标。在目前的金融环境下,如果国际学生收入进一步下降,政府或大学难以找到合适的替代性收入来源。

传统上,学生倾向于使用"优秀大学指南",尽管在本科阶段他们全国性的流动很少。这不是一个排名,而是一个评级系统,使用5分制对院校的17个特征进行评级。尽管无论是澳大利亚研究委员会(Australian Research Council)在"澳大利亚卓越研究计划"(Excellence in Research in Australia)全国研究绩效比较的结果,还是之前的学习与教学表现基金(Learning and Teaching Performance Fund)的结果都没有以排名的形式公布,但它们很快就被视为排名并被使用。此外,墨尔本大学的墨尔本应用经济与社会研究所(Melbourne Institute of Applied Economics and Social Research)还制定了澳大利亚大学国际地位指数(Index of the International Standing of Australian Universities)。全球排名一经推出就立即渗透到了澳大利亚的公共话语中,对政策制定者、高等教育学生,特别是国际学生和其他利益相关者产生的影响越来越大。其中一种解释是基于国际层面。一位政府政策官员表示："澳大利亚人总是喜欢看到自己在全球比较中被提及"，而一位工会成员则承认："国际市场对澳大利亚院校非常重要，尤其是考虑到我们所处的区域位置……因此，我们很早就进入了国际市场"（工会成员 A）。全球排名凸显了全球竞争的激烈程度、澳大利亚面临的挑战以及在这种环境下生存的要求。

在澳大利亚有几所大学一直稳居 ARWU、THE 和 QS 排名前100 名（见表 5.1），但没有一所大学进入 ARWU 排名前 50 名。对此，那些热衷提高"澳大利亚品牌"知名度的人给予了积极的评价（高等教育政策利益相关者 B，澳大利亚），而那些表示澳大利亚缺乏"真正一流研究型大学"的人则提出了批评（Marginson，2008b）。根据一位高等教育政策利益相关者的说法，"全球排名让一切成了泡影"，政客们强调："我们没有一所大学进入世界前 40 名，我们必须有一所大学跻身其中"。当时的自由党政府特别热衷于提高排名所评价的绩效，并挑战大学教育的公平性（Fullerton，2005）。2007 年工党政府的换届迎来了不同的重点，"我们应该资助大学去做他们最擅长的事情，他们应该在某些方面追求卓越，而不是面面俱到"（政府政策官员，澳大利亚）。突出强调的是"建立一套多样化的、以全球为中心的高水平院校，每所院校都有自己明确的独特使命"（Gillard，2008）。2013 年自由党政府重新执政，再次发起了对澳大利亚大学进入前 40名或前 20 名的讨论。这些变化也高度说明了澳大利亚高等教育政策的意识形态基础。

这些回应反映了高等教育和政策团体内部的不同立场，这些立场被纳入到《澳大利亚高等教育评论》(*Review of Australian Higher Education*)及其后续报道中（Bradley et al.，2008）。那些"八校联盟"（Go8）中的精英"砂岩学府"可以作为其中一种主要立场的代表，他们以排名为"弹药"，主张放弃平均主义政策，优先资助少数有竞争力的一流大学,以使更多的澳大利亚大学获得更高的排名地位,吸引更多的国际学生,并更好地参与到竞争中(Chubb,2008;Gallagher,2009);另一种声音是敦促建立"前十制度"和"打造世界一流结构"(Gardner,Ma,2008;Reid,2008)。一所1970年后成立的教学密集型地区公立大学副校长对此表示担心:

> 如果政府同意资助那些力争进入全球排名的大学,另一些面向较低社会经济地位学生的大学将会受到影响,澳大利亚的发展也将面临威胁。

最终,《澳大利亚高等教育评论》(全文300多页对"排名"只字未提)认为,有必要"建立一个卓越的、具有国际竞争力的高等教育系统"。可以说,这种做法背后也有一种政治实用主义,因为政府希望许多地方性大学成为"地方社区强有力参与者……但他们目前仍处于(边缘)地位"(学生领袖)。然而,自相矛盾的是,几乎所有的大学都严重依赖国际学生的收入,因此没有哪所大学能够完全拒绝对排名地位的渴望。

排名提升了院校间的竞争水平,为高等教育系统注入了新的活力。排名也引发了一场关于大众高等教育作用和投资的辩论,并重新唤起了关于"道金斯革命"的争论:在为所有大学提供相同资金的同时,澳大利亚如何满足参与国际最高水平竞争所需的投资需求?是否太多大学使命雷同? 如果把教学和研究区分开来,以地区为中心的研究又将如何发展? 同样,2007年政府从自由主义向社会民主主义的转变再次影响了围绕这场辩论的走向。一位高等教育领导者苦笑道,排名位置靠前可能是"一个不利因素"(高等教育领导者,1900年前成立的公立研究密集型大学),因为政府可能会把经费用到其他地方;这"当然更多的是新政府的态度……(因为)他们更注重平等……"(学生领袖)。

澳大利亚是相对较早采用绩效资助方式的国家。

> 我怀疑……联邦政府很大程度上受到这样一种观念的驱使,即如果他们对大学某些方面的表现进行排名或采用绩效指标,并能将经费与之挂钩,那么就会被视为客观的评估,并开始根据表现进行奖励(工会成员 B)。

全球排名只是增加了院校绩效评价和对标比较的重要性,并将注意力集中在方法上:澳大利亚政府认真对待"国际比较,迄今为止,政府倾向于认为,全球排名表明澳大利亚的高等教育系统亟待改进。所以我想这就是他们对这些排名系统的看法"(政府政策官员)。事实上,利用一揽子指标对全球同类院校的表现进行对标比较,是排名系统的另一个贡献(Go8,20010)。

关于研究评估的辩论应在这一背景下进行。2005—2007 年期间,澳大利亚借鉴英国的研究评估活动(Research Assessment Exercise,简称 RAE),形成了研究质量框架(Research Quality Framework)。但新一届工党政府以其设计烦琐、缺乏透明度、实施成本过高且没有得到高等教育领域内有影响力的团体支持为由,放弃了该框架。澳大利亚政府 2010 年 6 月 1 日启动了"卓越研究计划"(Excellence in Research for Australia)。排名的影响不仅体现在评估原则上,而且体现在研究评估的建构和目标上;换言之,卓越研究计划很可能会将经费与结果挂钩,目前评估结果决定了基于绩效指标的部分或全部大学拨款,以及用于基础设施、研究培训和研究的经费。对于在有影响力的、高影响力的国际期刊和其他出版"渠道"上发表论文,将给予奖励。为了给这一过程提供信息,工党政府编制了一个全面的四级期刊排名指数,对 100 个学科的 1.7 万种期刊进行了排名。后来,工党政府放弃将该指数作为正式工具,但其仍继续发挥着非正式影响。多年后可能的效果(或目标)是,研究经费和研究活动将进一步集中在研究密集型大学,从而推动那些在自然科学和医学方面优势明显的大规模老牌大学的发展。这可能会扩大教师

的工资和工作量差异，换句话说，即在教学和研究方面的差异
（Europa，2010c，p. 84-87）。穆迪（Moodie，2010）认为，这将加剧大
学内部对研究资源的选拔性分配。

政府一直在"努力实现多样化，推动高等教育减少对特定市场的
依赖……显然，我们试图鼓励院校提高办学质量……进入硕士和博
士层次的教育"（政府政策官员，澳大利亚）。这需要加强国内本科生
的关注，尤其是对优等生的关注，他们的流动性可能变得更强；然而，
"国际学生市场已经变得越来越重要"。随着竞争的加剧，全球排名
已经成为一个关键的驱动力，因为"各国热衷于推销具有国际竞争力
的高等教育来吸引这些学生，而唯一的基准就是世界排名"（高等教
育领导者，1945 年后成立的公立研究型大学）。由于每一所大学都要
面对国际学生市场，有人认为，政策有必要继续强调世界一流系统的
方针。人们普遍认为，澳大利亚大学地位的任何变化都可能影响对
国际学生的吸引力，而大学和政府的大量收入有赖于国际学生
（Ross，2009；Marginson，2008a）。政府在院校多样性方面的意图和
实现机制上存在一些矛盾。一方面，政府热衷于"促进高等教育系统
的多样化、扩大学生的选择范围，并让大学继续发挥更广泛的社会福
利职能，否则在一个纯市场驱动的系统中将失去这些功能"
（Macklin，2006，p. 10）。政府建议使用基于使命的契约来影响这种
结果。另一方面，根据一位政策利益相关者的说法，政府称：

　　　　上大学是件好事，我们希望大家都有上大学的机会；但后
　　来，澳大利亚国立大学在 ARWU 排名中排在第 40 位，墨尔本
　　大学排在第 50 位，其他学校都为澳大利亚国立大学和墨尔本
　　大学的发展让行。可怜的老牌名校查尔斯特大学（Charles
　　Sturt University），尽管具有多元化的办学特色，提供大量短期
　　课程，为新南威尔士州的学生们提供了入学机会，但……，一言
　　难尽。因此，这完全扭曲了政府所声称的对大学部门的诉求

（高等教育政策利益相关者 A）。

因此，政府对研究型大学的支持是巨大的（Gallagher，2010；Slattery，2010）。THE 排名的变化，国际学生申请的变化以及政府资助的削减，都可能对全球排名所定义的澳大利亚大学的地位构成威胁（Thomson，V.，2010；Trounson，2010b；Lane，2010）。澳大利亚大学的排名（2013 年 THE 排名）已经出现了下滑，这可能是由于澳大利亚 2012 年和 2013 年连续两年教学和研究经费的预算削减引起了广泛关注。排名位置的变化可能会影响政府的应对措施。尽管政府声称排名并没有影响决策，但排名已遍布高等教育政策的讨论："他们使用的说法是世界一流大学……这是（前工党）部长吉拉德在所有演讲和公开声明中长期使用的口头语"（学生领袖）。

政策选择和战略选择

全球排名引发了一场关于高等教育对国家全球竞争力贡献的广泛辩论。特别是在全球金融危机之后，全球排名促发了大量的政策讨论，内容涉及平衡社会价值与通过普及高等教育发展人力资本的要求，以及一个国家在世界科学领域的竞争能力。澳大利亚政府（2008 年）简明扼要地提出了这样一个问题：研究和研究培训投资是"集中资助一两所高水平院校的研究基础设施"，还是"支持若干所高水平研究型大学"，或是"不区分院校类型，支持所有具有卓越水平的大学"？（DEEWR，2008，p. 50）

由于各国间以知识和创新体系为基础的竞争日益激烈，高等教育获得了更大的政策意义，需要对"学术资本"（Slault & Leslie，1997）进行投资，而"学术资本基本上储存在人的大脑中"（Castells，1996）。但即使在全球金融危机之前，"声誉竞赛"及其成本已经在加速上升。全球排名将各国的投资吸引力与高等教育的人才吸引和知识生产能力联系起来,使两者都置于国际监督之下,并在大衰退环境中引发政策恐慌。

　　与金融信用评级机构一样,排名有能力对特定地区和院校进行估值和去估值(Blumenstyk,2009),这就是为什么国家和地方政府经常参考排名来宣传其对流动人才和企业投资的吸引力。国际信贷评级机构穆迪(Moody's)和标准普尔(Standard and Poors)利用排名来验证高等教育机构的信誉,这可能对国家或地区的增长战略带来影响。排名和评级之间的关系可能并不总是直接的,尽管排名被视为"公立大学不断演变为市场驱动的组织,越来越依赖与私立大学相同的竞争战略"(Kedem,2011,p. 1;Armstrong,2009)。穆迪公司对"学生需求指标"(Kedem,2011,p. 4)评论道,"如果一所院校没有成长却提高选拔性,这可能比十年前更令人担忧"(Goodman转引自Hoover,2010)。这是因为选拔性是一个能力指标,能吸引自费学生、慈善家/投资者以及培养出高成就、有影响力的毕业生/校友。

　　尽管不乏听到与此相反的言论,但来自世界各地的证据表明,各国政府和政策制定者都对全球排名的宏观信息进行了回应,其中细微差别取决于政府意识形态的复杂性(见第六章)。大多数国家在排名与高等教育绩效和质量之间建立了简单的关联,而部分政府则将指标纳入工作进程,并利用这些指标来为具体决策或制定宏大的战略目标提供依据。然而,似乎很少有政府为这份雄心壮志分配预算。排名对政策和决策的影响超出了简单的基准或具体指标的选择,如研究生产力和产出、科学领域、教师招聘和研究生招生等。排名为政府关于提高院校竞争力、加强对市场和用户的反应能力、确定独特使命、提升效率或生产力以及跻身世界一流的建议提供了支撑(St. Aubyn et al.,2009,p. 9,29-31,76)。相应地,重点已转向有选择的资源配置和更集中的研究上,而高等教育机构之间的垂直分层更陡峭。在自由市场和竞争至上的信条下,排名不仅是全球竞争的结果和表现形式,也推动了竞争,加速了高等教育的市场化进程。排名正在影响高等教育系统的结构和形态。尽管事实上,排名(过度)强调研究而牺牲了教学或高等教育工作的全部。正如一位利益相关者所言,全球竞争力本质上被视为"一场声誉竞赛/博弈,因此,研究是有吸引力的。不得不承认,声誉总是建立在研究的基础上,……而研究能吸引最优秀的人才"(高等教育政策利益相关者 C,澳大利亚)。

澳大利亚、德国和日本都在不同程度上希望建立世界一流大学,通过竞争设立卓越中心和研究生院,重点关注研究绩效。德国的精英大学集群战略意味着用一种等级分明、公开竞争的系统,取代长期以来受教育机会和高等教育机构之间几乎零差别的平等主义原则。"精英"一词引起了一些紧张,勾起了人们对德国近代史的回忆。日本二战后已经停止摆脱精英主义的努力,转而支持和鼓励竞争。澳大利亚经常寻求(至少在公共场合)回避此类建议,强调横向(职能)区分,而不是纵向(声誉)等级。这一模式对区域院校带来影响,并在平等尊重的前提下包容院校的多样性;"选拔性卓越"策略不可避免地会招致对马太效应(德国、澳大利亚)的指责,因为它们是建立在资金的零和假设之上的,除非可以向高等教育系统投入更多的资源。在如何平衡卓越举措与支持全国"高水平大学"的问题上,德国、澳大利亚国内党派之间以及党派内部都出现了意识形态和政治分歧,这一点从 2013 年工党退位到自由党执政以来的政策重点(包括政策内容上)的调整最能说明。到目前为止,日本对世界一流大学的追求几乎没有引发公众冲突的迹象,可以归因于其国家和文化背景。

三个国家一致认为,院校之间有更多差异化是比较理想的,因为这样才最能满足教育和劳动力市场的需求(Birnbaum,1983)。他们一直批评所有希望在研究方面以同样的方式脱颖而出的高等教育机构。在德国,由于博洛尼亚进程的部分影响,传统的差异已经逐渐消失,而澳大利亚也在 1989 年采用了统一的系统。许多政府一直公开批评或谴责排名在加剧声誉竞争方面的不利影响,背地里却放纵或支持排名对差异化的推动。德国和日本专门为一些大学提供专项资助,而澳大利亚则利用国家评估程序(例如学习与教学表现基金或卓越研究)来实现更大的差异化。另一种策略是将排名或绩效指标与质量保证标准或认证联系起来。在这些情况下,排名扮演着一种准市场或资源配置工具的角色。

根据对这些国家进行回顾并汲取国际经验,可以看出两种主要的战略立场。政策选择最好是在世界一流大学与世界一流的高等教育系统之间进行(见第六章的进一步讨论)。

(1)新自由主义模式旨在通过加大纵向或声誉差异,创建世界一流大学,参与全球竞争。德国和日本(以及法国、俄罗斯、中国、韩国等)更倾向于建立少数世界一流大学(分别为 10 所和 30 所),通过卓越中心和研究生院的竞争来关注研究绩效。排名作为一种自由市场机制,以一种政府或公众可能会不屑一顾的方式将竞争引入到高等教育系统中。在这种情况下,排名被用作强有力的政策工具。这种模式有利于将研究集中在少数几所大学,这些大学将在全学科领域开展世界一流的研究;其余院校将集中于本科或专业教学,有限地开展与地方相关的应用研究。这种模式倾向于强化传统的学科知识形式或模式 1 的知识生产(Gibbons et. al., 1994)。案例出现了两种形式:抛弃传统公平价值的 A 版本(德国),重申传统地位和等级价值的 B 版本(日本)。

(2)社会民主模式旨在建立一个世界一流的系统,由多样化的、以全球为中心的、高水平的高等教育机构组成。澳大利亚(以及挪威、爱尔兰等国)寻求在教学和科研之间建立紧密的联系,以实现卓越与支持全国各地的"高水平大学"的平衡。在这种模式中,卓越的教学和研究在地理上是分散的,大学作为主要的近距离知识提供者,因其相关性和能力而被迫专业化(Gibbons,1998)。该模式等同于模式 2 和模式 3 的知识生产,强调与外部合作伙伴(包括更广泛的社区)进行协作和跨学科工作(Gibbons et al., 1994；Hazelkorn，2012c)。因此，挪威教育部长在回应那些批评挪威全球排名表现的言论时表示："我们选择不在挪威建立精英院校"(转引自 Sandelson，2013)。爱尔兰教育和技能部部长也表达了这一态度，并表示尊重环境对政策选择的影响：

> 在我们现有的资源范围内为更多的人口提供高质量的高等教育，这意味着我们需要保持对高等教育系统整体水平的明确关注，而不是只关注个别院校的表现(Quinn，2012；也见HEA，2012)。

纽约州立大学提出了"系统化"的概念，认为这是一种"比单个校园独立行动更强大、更具影响力的"利益最大化的手段(Zimpher，2013，p. 27)。在这种情况下，排名是政策的重要信息来源，但政府出于各种原因，如社会和(或)政治价值观、院校的地理分布、经济条件或历史发展阶段等，故意回避以侵入性的方式使用排名。重点是公平和公正，并支持任何地方的卓越。

争夺世界一流卓越的竞争已经将国家和院校的优先事项融合在一起，并将全球排名从基准工具转变为战略工具。毫无疑问，高等教育与一个国家参与世界科学和知识经济的能力之间的联系至关重要，并且有助于将高等教育推到政策议程的首位。虽然其中许多问题已经被提上议程，但排名却进一步强调了它们的重要性。迪尔(Dill，2009，p. 100)认为，排名产生了"矿坑里的金丝雀"效应，向发达国家及其他国家的决策者发出了"明确的信息"，加快了改革的步伐。如果需要提醒的话，各国政府应该清楚高等教育对世界新秩序的战略重要性。但是，通过给予某些高等教育属性的更多重视，排名是否正在推动一场只有某些国家和院校才能胜出的声誉竞赛？

第六章
重塑高等教育

医院、银行、航空公司等其他提供公众服务的公共和私营机构都会进行比较和排名,为何大学不可以?

——埃格隆-波拉克,2007

不是所有重要的东西都能算得清楚,也不是每一件算得清楚的东西就有价值。

——爱因斯坦

从学生信息到商业产品

现代排名之所以出现,是因为人们认为缺乏关于高等教育质量和绩效的公开信息。国家排名通常是一种商业产品,如美国的USNWR 排名或加拿大的《麦克林》杂志大学排名等,为大学生及其家长提供消费类信息。其他国家也制定了类似的大学指南或排行榜,大都由媒体公司制作。2003 年全球排名的出现产生了革命性的影响。ARWU 排名以及随后出现的 THE-QS 排名、Webometrics 排名等一众排名适逢全球经济的根本性变革,尤其是人力资本和知识资本的形成已成为全球竞争力的关键晴雨表。

　　　　高等教育是人力资本投资的重要形式。事实上,高等教育
　　可以看作是一种高水平或专业化的人力资本形式,对经济增长
　　的贡献非常显著。它有理由被认为是"世界经济发展的新引
　　擎"(Castells,1994b,p. 14)。

　　世界各国争夺全球市场份额的竞争加剧,加大了高等教育满足
更多社会和经济需求的压力,一些国家的资源减少,而另一些国家的
资源却大大增强。这在世界秩序和国际知识分工中产生了结构性的
变化,包括在吸引力强弱不同的国家和院校之间,在精英院校和扩招
院校(即更多入学机会)之间,在研究密集型大学(拥有世界一流品
牌)与其他大学之间(Baty,2010d;Marginson,2008b)。没有国家和
高等教育系统不受这股巨大力量的影响。

　　全球对排名的追求带来了数千篇同行评议、新闻和评论的发表,
也带来了若干政策和立法改革。汤森路透和爱思唯尔等公司已经成
为全球排名的参与者,提供了主要排名机构所使用的文献计量数据。
而后,汤森路透发现了另一个商机,即收集高等教育机构的概况信息,
再将其货币化,最终又转卖给高等教育机构用于战略规划,或出售给
政府、欧盟委员会或研究机构等第三方用以支持其政策、决策及分类
系统(见 GIPP,2009;Thomson Reuters,2010;Olds,2010a,2010b),这
种做法类似于彭博社(Bloomberg)对金融数据的商品化。THE 已经从一
个高等教育行业(客观)信息的传播者转变为全球排名的推动者,现在正
致力于开发"世界上最大和最全面的大学信息数据库"(THE,2014)。

　　排名组织和咨询机构着手开发了新的产品和服务,帮助已经进
入或力争进入全球排名前列的大学,例如世界百强声誉网络(World
100 Reputation Network)①、仿真模型以及手机应用程序(Baty,

---

① 世界百强声誉网络是为世界百强大学的高级管理人员设计的,他们负责通过与国际利益相关
　者的沟通和关系来管理声誉,包括高校合作伙伴、政府和非政府组织、校友、教师和学者团体以及
　媒体。在过去三年中,ARWU 或 THE 排名的百强大学都可以成为会员。其目标是积极(转下页)

2010e)。此外,为了回应对数据质量和方法透明度的广泛关注与批评,排名组织和咨询机构正在制定新的格式和排名。这些进步当然值得肯定,但对于那些因排名变化而受挫的校长、学生、教师和其他人来说,却是一种无奈的安慰。考虑到与 QS 或 THE 排名相关的方法变化和(或)大衰退可能会对院校地位和吸引力的影响,高等教育机构很早就开始让受众为其排名可能发生的变化做好准备(Kearns, 2010;Trounson,2010b;Lane,2010)。

　　多年来,排名的目标用户群体有了很大的增长。如今,排名的使用者除了学生和家长,还包括政策制定者、雇主、基金会和捐助者、潜在的合作者和合作伙伴、校友、院校和许多其他利益相关者。排名也引起了公众的关注。排名简单明了的信息极大地影响了公众舆论,而公众舆论反过来也成为了排名最大的推动者。排名语言已经渗透到世界各地几乎每一个决策层和公众评论的话语中。排名一开始只是小范围面向学生和家长的全国性指南,现在已经转变为一个迅速扩张的、具有地缘政治意义的全球情报信息业务,冲击、影响和激励着高等教育及其学术界内外的利益相关者。

　　根据全书所提供的证据,本章认为,排名正在帮助重塑高等教育和高等教育系统,重建我们对知识的理解以及对能够做出贡献的个体和院校的认识。国际证据展示了不同国家的战略锁定竞争优势的程度,以及为满足全球排名设定的标准引入政策变革的力度。这使人们更加关注高等教育对国家在竞争中取得成功的重要性,某些国家将注意力放到现有拨款体制的不足上,而另一些国家则选择将资源集中到塑造声誉的领域,但带来了社会公平

（接上页）地将成员扩大到欧洲、美国和亚洲以外的其他大陆地区。资料采集日期:2010 - 07 - 02, 资 料 来 源:http://www. theworld100. com/join/. See also http://www. timeshighereducation. co. uk/story. asp? sectioncode = 26&storycode = 411697&c = 1

方面的负面影响。同时,排名对质量的关注有助于提高院校绩效,提供了一定程度的公共问责和透明度。此外,排名还引发了一场广泛的争论,即如何更准确、公平地评估高等教育对社会经济的价值和贡献,并提高其知名度。在院校和个人层面,在追求地位和声誉的同时,院校文化和学术行为也在加速转型。由于排名和等级体系之间的相关性,学生、教师和利益相关者都是排名产品的积极消费者和倡导者。排名的总体影响是多方面的,既有积极的一面,也有消极的一面。

重塑高等教育机构

为巩固其作为区域性的知识行业、国家和(或)全球地位,高等教育机构正忙于制定各种战略,其中包括结构性改革和院校转型。排名是其战略规划的重要组成部分,高等教育机构正在以三种方式做出反应。他们正在学习:①从其排名地位或知名度中获益;②重组其组织、战略、招聘政策、教学等,提高排名;③尝试泰然处之。通常情况下,高等教育领导者们会经历这三种形式的"反应",但往往顺序相反。

> 当排名被引入时,大多数管理者都对其不屑一顾……随着时间的推移,法学院了解到排名是至关重要的,因为人们利用排名进行重要决策,学校开始斥巨资来提高排名。这加强了排名的影响力和合法性……(Espeland & Sauder, 2007, p. 23 - 24)。

第三章和第四章的讨论概述了各地大学"在选拔性博弈中"为保护其地位、声誉和(或)影响排名而采取的广泛措施(Ehrenberg, 2001, p. 4)。由于排名被认为会带来利益循环,这些措施推动和激励着院校的决策和学术行为;一项国际调查显示,74%的受访者认为,院校正在操纵其数据以提升排名(Adams & Baker,2010,p. 7)。

其操纵行为可能会呈现出多种形式,包括更正数据,或将资源投入到与提高排名有关的活动中,但这些活动并不会直接提高教育质量。

> 案例研究密集型大学排名上升的原因之一是,它在数据提交方面下足了功夫,此前一度苦于其学者在发表文章时没有提供完整的院校隶属信息。重塑品牌是另一个原因,尽管提高排名地位并不是其出发点,但该行动确保了所有诺贝尔奖获得者都被正确地归属于案例大学。这些都是游戏规则,但所有大学都很聪明,我们必须确保在游戏规则下行事并尽可能表现得更好(Locke et al. ,2008c,p. 40)。

"高等教育管理者们在目标确定、进展评估、同行评价、招生、教师招聘、奖学金发放、就业调查、新项目启动和预算编制时,都会参考排名"(Espeland & Sauder,2007,p. 11;Goodall,2010)。

> ……[学校]正在转变教育模式和研究模式,以便将国际项目纳为其关键属性。这就是我们应对大学排名的举措(教师,1940 年代的公立大学,墨西哥)。

> 另一些人则表示,需要确保"指标间的平衡"得到控制,以免过于偏向研究(Georghiou,2009a)。

美国一所排名前列的研究型大学在董事会的备忘录详细说明了为实现个位数排名所要采取的具体策略:包括增加生均支出,每年的私人筹款翻番,提高公共资金和捐赠基金。根据莱文(Levin,2002,p. 14)的研究,美国的大学校长们已经确定了具体的指标,其中包括:88%选择了学生保留率;84%选择了校友捐赠;75%选择了毕业率;71%选择了入学分数;63%选择了教师薪酬;31%选择了师生比。超过 25%的校长试图通过提高选拔性、提高教师工资、创建更好的新课程、改善资金和资源的使用、改变评聘程序以及改善市场推广来提高教育支出。虽然只有 7%的校长提到了提高研究能力,但其他校长则反映其资源从教学转向了研究、市场推广或奖学金(Espeland & Sauder,2007,p. 25‐27)。最新的调查发现,三分之二的院校制定了旨在支持占据全球排名"强势/稳固/更高"位置的战略,其余三分之一为提高排名设定了明确的目标(Anon,2010h)。69%的 RISP 受访者表示,所在院校至少有一项战略行动受到了排名的影响(Hazelkorn et al.,2014,p. 39)。

这些结果证实了一种观点,即排名正在或已经"改变了院校的行动,甚至战略,但不是出于提高办学质量的考虑,而是为了在所有排名标准下都能表现良好"(Adams & Baker,2010)。联合国教科文组织的一项研究发现泰国采取了类似的行为;马来西亚的大学也改变了他们的优先事项,因为其政府资助取决于排名的表现(Chapman et al.,2014,p. 67)。证据表明,在某些情况下,为使排名位置发生积极的改变,高等教育机构对报送的数据进行"操纵"或"造假",又或是进行其他一些调整;这通常是指美国的大学,特别是针对学生的入学数据或结果(见第四章),但所涉范围更为广泛,操纵对象甚至包括研究数据(Elder,2012;TEC,2012)。

如果说书中所描述的或表 6.1 中所总结的所有行动都直接归因于排名,而非应对正常的竞争环境、组织的专业化或质量的提高,这种说法肯定是有争议的。事实上,改革高等教育应对新的社会挑战和需求,采取行动提高教学和研究的质量和绩效是积极的发展;毕竟,没有任何一个组织或企业能够在几十年的时间里始终一成不变地运转。然而,由于各种行为与具体指标之间存在着很强的关联性,为此,院校行动受到质疑。行动主要论点是,无论高等教育领导们选择哪种行动,"排名总是悬在每个人的后脑勺上"(Espeland & Sauder,2007,p. 11)。

表 6.1　院校行动与代表性全球排名（2014 年）

院校应对排名的行动实例		大致权重
研究	• 提高产出、质量和引用率 • 招聘和奖励在高被引期刊上发表文章的教师 • 在英文期刊上发表文章 • 为教师和院系制定目标 • 增加博士生的数量/比例	ARWU= 100% THE-QS= 60% NTU= 100% THE= 93.25% QS= 70% USNWR= 100%
组织	• 院校合并，整合学科互补的院系 • 将自治科研机构纳入东道主院校 • 建立卓越中心和研究生院 • 建设/扩建英语教学设施、国际学生设施、实验室、宿舍 • 增强院校研究能力 • 将排名指标作为绩效指标或作为校方与各院系之间的合同约定 • 成立工作组，审查和报告排名情况	ARWU= 10% 研究相关指标同上
课程	• 与欧盟/美国的模式保持一致 • 偏重自然科学/生物科学学科 • 终止对绩效有负面影响的课程/活动 • 研究生活动较本科生有所增加 • 退出不能提高研究强度的课程 • 对师生比产生积极影响 • 提高教学质量 • 将结果纳入新的学习项目和学位的开发中	THE-QS= 20% THE= 30% QS= 30%
学生	• 有针对性地招收优等生（特别是博士生） • 提供有吸引力的优等奖学金和其他福利 • 开展更多的国际活动和交流项目 • 开设国际办事处并推动招生工作的专业化	THE= 9.25 QS= 5% USNWR= 10%
教师	• 招募/物色国际杰出学者/高被引学者 • 启用新的合同/任期合同 • 制定基于市场或基于绩效的薪酬 • 奖励表现优异者 • 甄别绩效不佳者 • 使最优秀的研究人员能够专注于研究/减轻其教学负担	ARWU= 80% THE-QS= 85% NTU= 100% THE= 97.5% QS= 95% USNWR= 100%
公共形象/市场推广	• 声誉因素 • 招生、市场推广和公共关系专业化 • 确保所有出版物使用统一品牌 • 在《自然》《科学》等著名期刊上刊登广告 • 突出教师/校友获得的奖项 • 扩大国际化联盟和全球网络的成员资格	ARWU= 50% THE-QS= 40% QS= 50% THE= 33% USNWR= 25%

资料来源：更新自 Hazelkorn，2011，p. 192‐193.

对排名最合理的应对是确定那些最容易被影响的指标，并为院校内的不同单位和层级设定目标。最具操作性且成本最低的行动是影响品牌和院校数据以及出版物或语言的选择。因此，大多数大学都在要求全体教师在学术出版物、演讲或公开声明中使用统一的院校名称或头衔，而许多非英语母语的院校则忙于鼓励其学者在高引用率/国际期刊上用英语发表文章。这个问题看似微不足道，但它已经成为整个高等教育界的普遍问题，因为一所院校的名称或头衔可能会被个人或院系以不同的方式使用。院校合并（合并前每个单位都有单独的身份或标识）或缺乏统一的院校名称，都会导致出版物和引文的统计不充分。准确的数据收集（无论重点是研究产出还是国际学生人数）非常关键，要确保所有活动都被排名机构和政府组织正确记录，并被正确归属到所属院校（例如研究产出、国际教师/学生比例等指标）。其他试图提高院校排名地位所需的行动成本会成倍增加。

由于排名通过汇总产出来奖励（老牌和）大型的综合院校，因此规模很重要；相应地，院校改革，特别是通过建立研究机构和研究生院（通常专项投资或有针对性的投资）来重组研究工作，在整个高等教育中普遍存在（例如：研究成果、研究质量/引文指数指标）。正如第二章所述，文献计量学方法更有利于生物医学，因为汤森路透或爱思唯尔的国际公共数据库中完整地记录了该领域的研究活动；目前正在采取措施努力改变这种状况，但尚未制定出令人满意的方法。因此，这些学科在新聘人员、设施、资源分配等方面往往受到青睐（例如：研究产出、研究质量/引文指数指标）。

许多高等教育机构正在通过招募国际学者和学生（例如：研究产出、教师质量和国际教师/学生等指标），发展或扩大英语设施和能力；通过昂贵和大规模的宣传，如在《自然》和《科学》等杂志刊登广告、制作精美的小册子或巡回宣讲（例如：同行评价、学术质量指标），改进院校的市场推广,提升同行认知度,奖励在高被引期刊上发表文章的教师和博士生(例如:研究产出等指标),并寻求对师生比(例如:教学质量指标)产生积极影响。世界各地的院校都在致力于招收更多优等生,尤其是博士生,他们跟国际学者一样,将成为声誉竞赛中的资本(例如:师资质量、国际教师/学生、研究产出、研究质量/引文指数、同行评价、毕业生就业能力指标)。

　　毫无疑问,对质量和绩效、国际化和生产力的关注是积极的发展,这可能解释了为何调查持续显示,总体上高等教育机构认为排名的影响利大于弊。这种看法也可能源自接受调查的院校类型。尽管如此,这些不同行动的集合表明,排名正在对高等教育系统和院校的形态、国家和院校层面的战略重点、学术行为以及利益相关者的意见和决策产生深远影响。

知识重塑

　　如上所述,几十年来,从简单知识到复杂知识的发展反映在新学科、新方法和新思维方式的出现,改变了经济和知识创造的方式。传统的知识生产(通常被称为模式 1)是学科性的或由"好奇心驱使"的,通常由个人在与世隔绝/半隔绝的环境("象牙塔")中进行,"社会稳健型"(socially robust)或模式 2 和模式 3 的知识是在实用主义的环境中创造的(见表 6.2)。它不再局限于大学,而是跨学科的,在与社会(更广泛的社区、民间社会、行业和区域)的积极接触和合作中进行(Gibbons et al. , 1994;Nowotny et al. , 2001)。对于本讨论至关重要的是,模式 1 的研究通过同行评议过程落实责任和质量控制,而模式 2 通过社会问责和反思落实责任和质量控制,模式 3 则通过社会和公共问责落实责任。模式 1 依赖于传统的精英知识创造模式,而模式 2 和模式 3 则实现了知识的生产、应用和交换的大众化

（Hazelkorn，2012c，p. 844）。正是在这种背景下，人们越来越清晰地认识到，世界上的"重大挑战"需要跨学科团队、协作式的解决方案以及相互连接和开放的创新系统（CFIR，2004，p. 2,188），这远远超出了二战后流行的线性科学推动的创新模式。相比之下，排名则重新肯定了传统的知识生产等级模型，举两个例子就足以说明（Hazelkorn，2009a）。

表 6.2　知识生产的模式 1、模式 2 和模式 3

模式 1: 同行问责	模式 2: 同行和社会问责	模式 3: 社会和公共问责
围绕"纯学科"，从好奇心出发，追求对基本原理的理解，无关（直接或即时的）商业利益。由有限的研究人员在隔绝/半隔绝的环境中进行。通过同行评议程序落实责任（Gibbons et al.，1994）。	除了为知识而获取知识外，还追求对原理的理解，解决现代世界的实际问题。跨学科/研究领域的研究人员开展。通过同行和社会问责来落实责任（Gibbons et al.，1994）。	研究重点是通过不受国界或学科限制的双边、区域间和全球网络解决复杂问题。知识生产是大众化的，研究人员延伸到涉及"学术界之外"。强调与更广泛的社会共同生产并对社会做出反应的"反思性知识"，其重点是影响和收益。通过社会和公共问责落实责任（Hazelkorn，2012c，p.843）。

- 注重知识和自然科学学科。排名和类似形式的跨国比较主要依靠文献计量数据库。如第二章所述，这导致了对生物科学和传统学术产出的过度强调，如同行评议的期刊文章，因为其数据最容易收集和获取。开放源代码和网络支持的机构知识库有可能挑战传统概念并促进知识的大众化，但它们迄今仍未成为文献计量数据处理的权力经纪人。虽然部分排名试图控制院校规模、校龄和学科实践，但对量化的倚重使一些学科和研究的价值凌驾于其他形式的调查之上，导致了对科学的扭曲和"误判"（Lawrence，2007）。此外，文献计量和引文惯例使发达国家的研究人员在用英语写作以及在这些国家出版的期刊上发表文章享有特权。对全球影响的强调削弱了与国家相关的重要知识，忽视了跨学科和协作解决问题的重要性。

因此,排名偏向研究的狭隘定义,削弱了艺术、人文和社会科学的价值,未能充分认识到知识对社会和经济的广泛贡献。通过对知识进行等级排序或分层(例如,对期刊进行排名),排名巩固了精英院校和特定国家作为主要知识生产者和知识产权创造者的地位。

- 注重传统产出和影响。排名(及其基础数据库)的一个主要缺陷在于,它们无法准确、充分地反映不同学科生产和传播知识的方式,以及反映学术界以外的影响。排名仅从同行发表和引用的角度来量化研究活动和影响,从而将影响狭隘地限定在学术同行之间。如今,政策关注点已经转向"从教育到经济影响的整个创新链"(Schuurmans,2009),即欧盟委员会所称的教育、研究和创新的"知识三角"或爱尔兰政府所指的"研究、创新与商业化生态系统"(Europa,2010d)。转化研究传统上与生物医学研究的"从实验室到临床"的概念相联系,现在则与缩小"科学-政策鸿沟"(WHO,2009,p. 12–13)或鼓励从"创意到收入"(NDRC)的发展广泛相关。

当社会在寻求高等教育来满足更广泛的社会、文化和经济需求时,政府却在许多情况下不知不觉地依赖那些相反目标的评价指标。换言之,政策开始转向模式2并更多地转向模式3,将重点从简单地评价投入(例如人力、物力和财力)转向关注产出(绩效或成就水平,包括研究对科学-学术知识进步的贡献)以及影响和收益(例如研究成果对社会、文化、环境和经济的贡献)(Europa,2010c,p. 36–37)。然而,排名却恰恰相反。

排名只注重评价投入和产出,只关注研究过程的一端,作为知识唯一"合理"的评价标准。这样一来,通过强化一种科学推动创新的简化观点,排名扭曲了研究/创新过程(Rothwell,1994)。同样存在问题的是,那些因研究而在世界范围内享有较高排名和声望的大学,并不一定最擅长将这种"卓越"转化为创新,服务国民经济。

　　就研究促进经济发展而言,有针对性地支持那些在具有战略重要性的领域拥有卓越计划的大学,可能与只关注那些综合排名靠前院校的成效旗鼓相当,甚至更有成效(Chapman et al.,2014,p.69)。

　　因此,排名(和政府政策)实际上给了世界一流大学"与'最佳'合作者(不论其身处何地)开展合作的特权",而不考虑其对国家或地区的影响和利益(Goddard,2013b)。而且,由于生物科学在研究中的重要地位,排名忽略了创意/创新文化产业对创新的贡献,也忽略了社会创新(通过新的相互作用形式、新的经济管理方式、新的消费形式)给社会经济、政府组织和财政带来根本性变革所作出的贡献(Hazelkorn,2010a)。

　　归根结底,精英知识创造模式能否创造出对社会有用的、可充分开发的专利知识,这一点并不明显。事实上,特别是对于小型国家和发展中国家来说,应该注意不要仅仅根据一个国家的大学排名来推断其科学能力。

重塑高等教育系统

　　2003年全球排名公布后,政策制定者做出了迅速反应。此后多年,仍有人对排名持怀疑态度,另一些人则乐于让排名推动系统层面的变革,加速竞争,而第三类人则将排名直接纳入决策。无论采取何种公开立场,毫无疑问,排名话语已经公开或分散地被纳入了世界大多数地区的政策话语(Europa,2010e)。许多系统层面的变革正在发生或有可能发生,但排名给关于变革的争论带来紧迫感,加快了变革的速度。高等教育可能是最后一个需要重组和监管的经济部门(Duderstadt转引自 Fischer & Wilhelm,2010)。高等教育变革有问责制和透明度、国际化与人才争夺、世界一流大学与世界一流系统三种主要趋势。

1. 问责制和透明度

排名进一步加剧了在院校和研究人员个人学术水平上评估高等教育绩效的讨论,导致了公众对质量和生产力问题越来越多地关注和审视。时任法国总统萨科齐(Sarkozy)宣称,法国在全球排名中表现不佳,"首先归咎于缺乏持续评估,这滋生了惰性"(Cousin & Lamont,2009,p. 34)。国际比较并不是一个新现象,但其扩散无疑是全球化和全球流动性的必然结果(Robertson,2009a;Henry et al.,2001,p. 83 – 105)。排名最初是一个方便学生和家长使用的工具,现在则是一个制定基准和全球定位的必不可缺的工具,因此,排名不太可能很快消失。在院校和研究人员个人层面,排名经常被用于将资源和资金分配与绩效挂钩,在全球金融危机之后,排名导致了问责制或透明度战略和工具的激增,它们被用于评价投资回报率和资金带来的价值。

排名鼓励并支持了数字决策的趋势(Hazelkorn,2010c)。在许多国家,政府直接或"折中"采用排名指标作为其绩效评价标准,或利用排名设定系统重组的目标。正如福柯所言,这实际上将排名变成了一种准则,强加了一个标准化的过程,肯定了一种狭隘的高等教育绩效和质量。绩效的量化已经成为一种强有力的工具,因为给人以"科学客观性的表象"(Ehrenberg,2001,p. 1),而这种表象很难消除,因此其影响超出了实际活动本身。根据塞拉和林加德(Sellar & Lingard,2013)的说法,表现良好的社会被誉为"参照社会……全球领域的表现都以之为标准"。指标的选择和决策往往没有充分了解方法上的缺陷或数据的局限性。而且,由于排名作为其他绩效工具并激励行动,政府可能为了满足排名组织变化无常的标准而歪曲公共政策的要求。

2. 国际化与人才争夺

在人们认识到人力资本是全球经济成功先决条件的同时,许多国家的人口结构也发生了重大变化。现在,人才争夺战与争夺自然资源的地缘政治斗争并驾齐驱;国际化不再仅仅是一种文化交流手段,而是一种国家和院校吸引力指标。中国、韩国、新加坡和印度等国家为满足其国内需求,都在大力投资扩大本国的高等教育系统,建设世界一流大学作为移动投资和人才的"灯塔"。这种对人才的重视鼓励了对特定类型学术表现的推崇和过度强调,这些学术表现最容易被文献计量和引文数据库收集和评价。随着"对地位的需求增加,排名正在导致更多精英院校的产生"(Samuelson,2004)以及"数百所(其他)院校及其教师的贬值……这些院校不符合排名的标准"(Lovett,2005)。

尽管教师们受到这些政策的影响,但他们并不是无辜的受害者。专业化进程相关的文献指出,教师们"如何制定新战略来保护和加强院校和学科层面的专业特权"(Slault & Leslie,1997),而贝歇尔和特罗勒(Becher & Trowler,2001)则用学术"等级"(pecking orders)和"守门人"(gatekeepers)来描述教师寻求"地位和自尊"的方式。由于"高等教育机构的大多数教师都从事教学工作和参与公共服务,因此,研究是区分院校(和教师个人)的活动,能够赋予其较高的地位和声望"(Slaughter & Leslie,1997,p. 117)。排名具有"在聘用和晋升时塑造学术生涯的能力"(Marginson,2008b,p. 17)。卡尔霍恩(Calhoun,2006,p. 31)也表示,研究的回报与学术等级的产生……与院校的相对地位密切相关。甚至连"研究"(research)这个词也引起了争议,它已经取代了更广泛的"学术"(scholarship)概念:

> 我们现在对学术的看法更加狭隘,只局限于功能层面。基础研究已被视为首要和最基本的学术活动形式,其他功能都来自于此(Boyer,1990,p. 15)。

那些高居学术排行榜顶端的院校，在保有"研究实力"和随之而来的回报方面有着既得利益。关于某一特定排名是否比其他排名拥有更多"可信"指标的辩论应该在这样一个背景下展开，即哪一方应该参与世界科学权力竞争。

3. 世界一流大学与世界一流系统

排名被指责是以美国私立研究型大学的经验为基础来规范高等教育，宣扬单一形式的卓越（Tierney，2009）。时任法国总统萨科齐在访问纽约哥伦比亚大学时宣布，他打算"根据你们的模式来改革法国的大学"（Anon，2010f）。高等教育的两大政策模式正在形成：世界一流大学与世界一流系统。

新自由主义模式受到许多政府和院校的青睐，其试图通过采用或效仿全球前 20、前 50 或前 100 所大学的特点来建立世界一流大学。根据摩曼等人（Mohrman et al.，2008，p. 21）的研究，这种新兴全球模式的特点是：①超越民族国家的使命；②加强知识生产的集约化程度；③变革学术角色、生产力和绩效体系；④提供政府拨款和学生收费以外的多元化资助；⑤国家成为高等教育与私营部门之间伙伴关系的促进者；⑥全球招聘；⑦组织模型不断复杂化，包括半自治的中心与研究所；⑧通过网络节点进行全球合作。萨尔米（Salmi，2009，p. 8）表示，世界一流大学拥有一定的人才集中度（如学生、教师、研究人员、国际化程度高）、良好的治理水平（如支持性的监管框架、自主性、学术自由、领导团队、战略愿景、卓越文化）和丰富的资源（如公共预算资源、捐赠收入、学费、研究经费）。

对许多政府来说，世界一流大学已经成为确保其在全球经济中取得成功的灵丹妙药，而大学则将之视为必不可少的品牌（Birnbaum，2007；Huisman，2008；Mok & Wei，2008；Deem et al.，2009；Salmi，2009；Altbach & Salmi，2011；Lao，2010；Smolentseva，2010；Aula & Tienari，2011；Liu et al.，2011；Shin &

Kehm，2013；Turner，2014）。

	领域 1	领域 2	领域 3	领域……
博士学位及研究密集型			院校 A1	
硕士学位及部分研究			院校 B1 院校 B2	
学士学位和奖学金			院校 C1 院校 C2 院校 C3 院校 C4	
证书课程和继续教育			院校 D1 院校 D2 院校 D3 院校 D4 院校 D5	

图 6.1　哈佛大学或世界一流大学模式

资料来源：经授权使用（G. Moodie，2009）。

这些政府的目标是（重新）建立"本土哈佛"（Harvard here）模式（Moodie，2009；见图 6.1），其中少数院校在一个等级化的高等教育系统中占据主导地位。由于世界一流大学的战略依赖于对少数精英大学的投资，政府采取了"筛选和集中"（selection and concentration）的战略（Shin & Kehm，2013，p. 11）。

在财政紧缩和全球竞争的时代，为了应对扩大入学机会和资助卓越大学的挑战，许多国家选择对服务不同需求和人口的各类院校进行等级区分。然而，由于研究型精英院校和教学型大众院校之间及学生之间的社会经济分层和不平等加剧，院校使命的区分正变得模糊，对社会团结和国家发展有着不确定的影响。这是因为，选拔性卓越的战略需要长期持续的高水平投资政策，很可能会损害其他政策目标。对大多数国家来说,这是一场零和博弈。

值得思考的是,在社会更加依赖高等教育的时候,世界一流大学却越来越不受民族国家的约束,对社会的响应也越来越迟缓,这是因为世界一流大学资金来源多样化、私有化,招募国际人才并在全球范围内开展活动。这同时也是政府去杠杆化的(预期外的)后果,在寻求全球认可的过程中,世界一流大学被鼓励淡化"地域认同感,并建立与……地方和区域公众对……教育、研究和公民使命的支持……的联系"(Christopherson et al.,2014,p. 4)。地方、区域、国家和全球以前被视为一个平衡、互补和协同的活动组合,而今天,他们被描绘成大学的矛盾面,因为"全球层面在质量上变得更加重要"(Marginson,2013,p. 59)。

这种以创造"某地硅谷"为目的的重组最初被认为是可取的(Florida,2002),但现在已经被证实存在诸多限制,对于规模较小(和较不富裕)的国家来说,可能既不可行也不可取(Moodie,2009)。一段时间以来,评论家们一直强调,将资源和研究活动集中在少数院校只会适得其反,最糟的结果甚至会破坏国家的经济能力(Evidence Ltd,2003,p. 28,31;Lambert,2003;Adams & Smith,2004;Adams & Gurney,2010)。专注于研究不仅扩大了特权差距,影响到其他高等教育机构及其学生,还可能威胁到他们所在的城市和地区,激化长期存在的不平等问题。

> 尽管一些大学可能在全球研究市场上蓬勃发展,但学术人员和国内外学生的流动将产生"马太效应"……,即强者更强,而其他院校则沦为牺牲品。因此,那些在促进地方经济增长方面发挥重要作用的院校可能受到损害。市场产生赢家和输家,就高等教育市场而言,也不可避免地会产生地域影响(Goddard,2013A;Goddard et al.,2014)。

联合国教科文组织的一份报告同样警告道:

　　　　集中经费资助顶尖的世界一流大学，……（政府）可能会忽略更多普通院校对高质量研究做出的微小但重要的贡献……这些院校在优势领域的成就尤为突出（Chapman et al.，2014，p. 13）。

　　此外，没有证据表明，更集中的国家系统可以比产出分布更均匀的国家系统产生更高的引文影响，因为集中只与"大科学"（big science）的四个学科最为相关：生物科学、临床医学、分子生物学/生物化学和物理学（Moed，2006）。

　　柯里（Currie，2009a，1198；Currie，2009b）将资源集中在少数精英大学的策略称为"诺丁汉警长"（Sheriff of Nottingham）模式，因为要求将"有限"的资金转移到少数院校，从而有效地"劫贫济富"。这是因为一所世界一流大学的财政需求远远超出了许多国家的预算，每年的预算估计约为 15 亿～20 亿美元（13 亿～17 亿欧元），尚未包括大量的捐赠收入（Usher，2006；Sadlak & Liu，2007b；见 CAE，2009，2013）。厄舍（Usher，2012）也同样认为，"在过去 60 年里支撑高等教育的研究投资模式可能已经过时了"。

　　审视资源缺口的另一种方法是了解改善单个指标的成本①。上述讨论列举了院校为提高在不同排名常用指标上的地位而采取的一系列行动。以此为基础，尼奥莱克等人（Gnolek et al.，2014）认为，提高排名可能成本巨大且过程漫长。除了改变学生的入学标准，将

---

① 根据 THE 排名（2014），前 200 名大学具有以下特点：

　　（1）教师人均年度收入为 751,139 美元（634,900 欧元），前 400 名大学为 606 345 美元（512 500 欧元）；

　　（2）生师比为 11. 7：1（前 400 名大学为 12. 5：1）；

　　（3）20% 的教师来自国外（前 400 名大学为 18%）；

　　（4）教师人均研究收入为 229 109 美元（193 600 欧元），前 400 名大学为 168 739 美元（142 600 欧元）；

　　（5）在所有研究论文中，43% 的论文至少有一名国际合作者（前 400 名大学为 42%）；

　　（6）学生中 19% 为国际学生（前 400 名大学为 16%）。

奖学金从按需分配改为按成绩分配外：

> 　　要想在教师薪酬方面使排名上升一位，罗切斯特大学
> （University of Rochester）就必须将教师平均工资提高约 1 万
> 美元（7 352 欧元）。如果要想在学生资源方面使排名提高一个
> 名次，就必须为每位学生多花 1.2 万美元（8 823 欧元）。仅这两
> 方面，学校每年支出要增加 1.12 亿美元（8 230 万欧元）。

　　尽管投入了大量资金，但从统计学上看，排名上升的幅度并不明显（Rivard，2014b）。特纳（Turner，2014）同样表示，在一个政府被迫寻求节省支出但社会需要扩大高等教育的时期，把目光集中在哈佛和牛津等院校上会鼓励一种不可持续的高等教育图景；与其瞄准这些精英大学，不如寻找更合适的模式。

　　肯塔基大学就遭遇了这样的困境，州立法机构最初为其制定的目标是，到 2020 年进入 USNWR 排名的前 20 名。作为该战略的一部分，"学校确定需要额外招收 6 200 名本科生、750 名研究生和专业研究生，引进 374 名博士后研究人员、625 名教师，授予 3 065 个学士学位和 189 个博士学位，并将研究支出提高到 4.7 亿美元（3.455 亿欧元）"（DeYoung & Baas，2012，p. 98；University of Kentucky，2005）。然而，州政府和学校面临着窘迫的经济和预算环境；到 2009—2010 学年，学校已经落后于 2006 年的指标，加上超过 4.2 亿美元（3.098 亿欧元）的严重资金缺口，这一战略实际上已被放弃。

　　肯塔基大学的经验与法国、马来西亚、芬兰和德国类似。这些国家在实现其雄心勃勃的排名目标方面也遇到了困难。其中一些问题无疑要归咎于对立杆见影的结果抱着不切实际的期望（Sondermann et al.，2008，p. 112；Kehm & Pasternack，2008），但这也由于从未对这种雄心壮志所需的财政或社会成本进行适当的估算。

　　从另一个角度来看，肯塔基大学的故事也很有意思。为了达成目标，这所大学不得不提高学生入学标准，变得更具选拔性，使其达到

USNWR 排名规定的毕业率和就业水平,包括毕业生的工资。作为一所赠地大学,这可能意味着肯塔基大学要重新聚焦办学使命,进一步提高声望和排他性(DeYoung & Baas,2012,p. 102 - 109)。第三章讲述了类似的故事,即大学重新调整其优先事项或放弃不符合研究密集型大学核心功能的优先事项。这是因为排名具有以下特点:鼓励通过提高选拔性的方式追求声望,即关注能够带来收入并吸引有助实现绩效指标的杰出人士;限制班级/学生规模;奖学金从按需分配转变为择优分配;强调研究而不是教学;重视研究生而非本科生。随着这种情况的发生,越来越多的证据表明,系统内的分层现象愈发显著。

许多政府无视巨大的资源缺口和广泛的社会影响,继续使用与排名指标相一致的资助工具,推动更大的等级分化,致力于实现世界一流地位。大衰退加速扩大了知识丰富国家和知识贫乏国家之间教育和研发投资差距。经合组织(OECD,2013,p. 196 - 220;2014)指出,面对来自邻国和新兴经济体国家投资的大幅增长,即使是发达国家也很难在世界秩序中保持竞争地位(Cookson,2010)。

另一种社会民主模式追求的是建立一个世界一流系统。根据穆迪(Moodie,2009)和哈泽尔科恩(Hazelkorn,2009b)的观点,世界一流系统模式强调与专业领域相关的横向差异,不同院校是与其专业知识和区域/国家能力相匹配的直接知识生产者(见图 6.2)。高等教育机构的使命各具特色,相互补充,以最大限度地发挥超越单一院校的能力。

从历史上看,院校类型的分界比较明显,也比较规范。老牌大学教授哲学、语言和神学等传统科目或基础知识,而新成立的大学/理工学院教授自然和工程科学或应用知识。在精英教育阶段,高等教育是为了塑造统治阶级,而研究是在一个隔绝/半隔绝的环境中进行的(Neave,2000;Clark,1983)。随着经济的发展,全球化和知识密集型社会为知识和人才创造了单一的世界市场。今天,教育关注的是确保大多数人拥有适应社会和技术快速变革的知识和技能

（Trow，1974）。在追求理解现代世界的原则和解决实际问题的过程中，办学者的数量随着学科和研究领域的广度一起增长。因此，研究是共同产生和交换的，重点是通过双边、区域间和全球网络解决复杂问题，不受国家、院校或学科边界的约束（Gibbons et al.，1994）。研究曾被指责为使命偏离，现在可以更准确地描述为使命演化（Guri Rosenblit et al.，2007）。

	领域1	领域2	领域3	领域4	领域5	领域6	领域7	领域8	领域9	领域10
博士学位及研究密集型										
硕士学位及部分研究	校1		院校2		院校3		院校4		院校5	
学士学位和奖学金										
证书课程和继续教育										

图6.2　世界一流系统模型（按专业领域划分）

资料来源：经作者授权使用（G. Moodie，2009）。

关键的一点是，如果启蒙运动的特点是"一种在学术象牙塔中为知识而知识的知识生产模式"（Delanty，2001，p. 154），那么最近几十年则见证了高等教育与社会之间更紧密的结合。公民或公众参与型研究是一种描述变革过程的方式，它将终端用户带入研究过程，并使其成为帮助制定研究议程的积极参与者以及价值、影响和效益的评估者（Hazelkorn，2012c，p. 842 - 846）。这不仅改变了学术工作、领域/学科和院校本身，也重新强调了高等教育的"公益"性质及其与社会的互动，成为今天关于问责制、影响和效益（以及公立大学最终目标）讨论的基础（Calhoun，2006）。在此背景下，人们重新肯定了美国赠地大学的价值和使命，围绕"创业大学"（entrepreneurial university）、"城市大学"（civic university）和"旗舰大学"（flagship university)不断涌现出新的文献,即高等教育机构促进了教学和研究的融合,同时也保持了地方、地区和国家以及全球之间的平衡(特别是 Clark,1998;Goddard,2009;Douglass,2014)。

世界一流系统战略借鉴了成功的全球城市和超级区域(如 Florida,2002;Sassen,2001)的经验教训,这些地方通过建立高等教育机构、企业、公民社会和政府的集群,最大限度地提高其整体能力,该战略的原则是明确界定的专业领域可以支撑社会、文化和经济的进步(Porter,2003)。同样,模式2研究网络承认,大众化意味着传统大学不再是新思想或创新的唯一提供者;事实上,随着毕业生数量的增加,知识生产的替代场所也越来越多(Gibbons et al.,1994)。当研究"越来越受到政府和公众关注时,模式3就出现了。政府和公众对于公共资金应该花在何处,以及如果投资高等教育,应该如何使用这些资金,都有合理的构想"(Trow,1974,p. 91)。开放式创新涉及组织内外的多个合作伙伴;边界是可渗透的,创新可以很容易地向内和向外转移。最后,从生态学的角度来看,生态系统的概念(在这个系统中,每个物种都扮演着关键的角色,相互支持,如果没有彼此,整个系统可能会崩溃)已经延伸到了高等教育系统的讨论上(见 Lane & Johnstone,2013;Hazelkorn,2011a;Goddard et al.,2015)。关键的信息是,高等教育是社会和经济生态系统的重要组成部分,系统将高等教育、工商业、公共和私营部门以及公民社会连接在一起,形成一个四重螺旋结构。

何去何从? 高等教育及其政策面临的挑战

排名掀起了一场席卷全球的风暴,本书所呈证据表明,世界上很少有地区或院校能幸免。随着全球化的加剧,排名将高等教育推到了政策议程的首位,使人们关注到院校和系统的优缺点。在这一过程中,排名被用来对全球知识和知识生产者进行排序,确定全球竞争力,评价国家在新的世界秩序中的成就。在大衰退时期,排名已经成为推动加强公共问责制和透明度的标志,为现代化议程和采用新的公共管理实践提供科学依据,并支持对资金效益和投资回报的呼吁。通过促进竞争,排名打破了自满情绪。虽然人们可能会质疑这些指标的适当性,但指标充其量只能确定"决定大学在主要利益相关者声誉"中的一些关键因素(Cyrenne & Grant, 2009, p. 247)。

作为回应,高等教育的管理和组织变得更专业化和更具战略性;更加注重质量和绩效,并为卓越的主张提供证据支持;减少自主申报,增加外部验证。政策制定者、学生和所有其他高等教育的利益相关者都对排名地位带来的利益做出了理性或非理性的回应。排名改变了我们对高等教育的看法,也改变了卓越的许多特征。世界各地讨论指标和其他评价形式的团体和倡议数量爆炸式增长,他们都致力于改进或取代现有的排名。目前排名已经形成了一套三管齐下的关系:作为基准和质量保证的延伸、作为管理工具与作为政策工具。

这些发展并非没有争议。通过将排名及其指标奉上神坛,排名和众多拥护者可能会削弱高等教育对社会经济的贡献广度。他们不厌其烦地问哪所院校更好,却不问办学者是谁,提供怎样的教育。有大量证据表明,排名(或者更准确地说,排名表现出色和被认为表现出色)现在是推动院校和政府政策的一个重要因素,优先事项和资源都与排名指标相一致。高等教育机构被指控操纵其排名结果,篡改数据或重新配置基本要素(如招生),以确保更好的统计表现。研究非但没有接受教学与研究的联系,"反而可能正在成为高等教育的敌人,而非其补充"(Boulton, 2010, p. 6)。这导致高等教育的重点从以研究为基础的启发性教学退回到最狭义的研究;当社会需要跨学科的解决方案来应对全球挑战时,排名奖励的是模式 1 里的知识。而且,由于在全球声誉竞争中的高昂成本,许多国家都在积极调整自己的高等教育系统,其中一些国家在全球金融危机到来之前就已经付诸行动。排名给政策辩论带来道德恐慌,鼓励排名与全球竞争力之间过于简化的关联。公共政策的必要性已经丧失在(自利的)信念中,即认为研究型精英院校对社会和经济拥有更大的影响,或拥有更高的质量。

如上所述,表 6.3 总结了两种主流政策范式的问题和特点以及其对高等教育系统、知识和院校的影响。世界一流系统战略与上述工党政府领导下的澳大利亚最为接近,而世界一流大学战略则由德国和日本颁布(见第五章)。

表 6.3　系统、知识和院校层面的高等教育改革

政策选择	意识形态方向	系统特点	知识特点	院校特点
世界一流大学	新自由主义:A 抛弃传统的公平价值观;B 重新确立传统的地位和等级价值观,以支持精英知识的创造。	推动全球研究密集型大学与本土大众教学型院校之间的纵向或声誉差异;将绩效集中在少数精英大学;通过竞争、市场化和基于绩效的资助来推动卓越;强调世界一流大学的成功。	强化知识生产;侧重模式 1/基础研究实践;通过文献计量和引文实践评价研究的卓越程度;通过同行评议程序实现问责。	教学与研究之间的关系薄弱;强调全球认可和合作关系;强调选拔性招生;招聘国际人才。
世界一流系统	社会民主:支持任何地方的卓越,以巩固国家的平衡发展。	推动院校之间的横向差异,根据专业领域进行区分;在追求卓越与支持全国各地的"高质量大学"之间找到平衡;推动资金和契约的差异化组合;强调生态系统的整体能力。	贯穿知识创新全过程的专业化研究,强调以使用为导向、以应用为重点的研究;注重模式 2 和模式 3 的研究和复杂问题的解决;用影响力和相关性来评价研究的卓越程度;通过社会和公众问责落实责任。	多样化和差异化的院校组合;教学和研究之间有很强的相关性;强调院校作为区域"主力军",但与全球相联系;在区域、国家和国际上招生。

这些经验为院校和政府以及其他利益相关者提供了重要的教训。有些人对排名及其同类产品的反应是忽略它们或假装它们不存在。排名本身可能是当下一时的现象,但跨国比较可能成为未来若干年生活的一个特点,而不仅仅存在于高等教育。世界变得越来越扁平化,交流也越来越快捷。社交网络工具及其后继者将促进即时比较和信息共享。工具可能会越来越多。

近年来的发展体现了排名的适应性和弹性;柏林原则(IREG,2006)为排名行业制定了指导方针和最佳实践(Stolz et al.,2010)。新的排名和合作伙伴已经出现,同时其他排名也在对方法进行重大修改。高等教育学习成果测评项目和 U-Multirank 都在努力重新定义高等教育比较。其他一些举措已经将"重点从大学个体转移到系统整体",以确保社会有足够的"规模与质量来满足其未来需求"(Gardner,Ma,2008)。基于系统的新排名和那些强调研究以外的其他方面(例如环境保护主义和合同)的排名,是对各种批评和评论的积极回应。通过提出高等教育相关的问题和我们对高等教育的期望,其隐藏的信息是:"大学系统拥有更广泛的使命,而不仅仅是培养一大批诺贝尔奖得主或拥有终身教职和专利的教授"(Ederer et al.,2008,p.6)。

这些发展都会以各自的方式帮助消除现有排名系统中某些最糟糕的方面,但缺乏有意义的国际可比信息将使所有新的系统出现问题,并可能受到数据推动全球和国家比较的指控(Hazelkorn,2014f)。有些人认为这是不可避免的,这些问题会随着时间的推移而消失,但前提是排名对环境的影响是中性的。同时,有证据表明,太多的决策和意见是在简单的投入/产出指标以及不充分、不完善的数据技术上形成的。指标和目标的选择是至关重要的,需要结合其预期和非预期的后果综合考量,嵌入到设计阶段,而非作为一个事后评价过程(post-evaluation process)。这不是一个简单的评价和比较苹果与桔子的问题；如第二章所示，更大的问题是决定什么是重要的内容以及为什么要评价它们。

目前的排名之争掩盖了这些严重的隐患。排名的发展历史凸显了这样一个事实：在不同的社会、经济和国家背景下，没有一种现成的简单方法能用来评价不同公立和私立高等教育机构的质量和绩效。使用排名或其他不完善的指标来为政策提供信息会带来很多风险。如果不解决这些问题，这些新的排名最终将回到最狭隘的评价标准（因为这是唯一可用的数据，其所有问题都已经暴露）。本章开篇所引用的爱因斯坦的箴言，在今天更有意义。

任何替代方法都应采用以系统为重点的方法论，使用一套成熟的问责和透明度工具：①强调并尊重不同的院校特点，以促进可比性、民主决策和院校基准；②确定高等教育的重要内容并对其进行评估，包括绩效的改善，而不仅仅是绝对绩效（Grillo et al.，2010，p. 19）；③使不同的用户和利益相关者能够设计适合于个人需求的指标和方案，但不是设计等级顺序的排名。可比性不等同于排名；虽然排名可能是当下最受欢迎的系统，但它们并不是最佳形式。年度排名是由商业标准驱动的，因为高等教育机构的排名每年的变化都不大；要想更有意义，任何比较都应该以五年为周期进行。此外，评估和评价过程必须采用一些方法，能够认可、激励和奖励高等教育在教学、研究和参与方面的全部努力，这很重要。尽管政府和院校领导者们赞成旨在解决全球挑战或鼓励第三使命和地区参与的跨学科合作研究，但任期、晋升和声望仍然强调传统学术成果。这是适用于校长的激励措施，他们的聘用和奖励基础通常使其院校更加精英化。

最后，经验表明，数据的收集和控制以及方法过程的验证不应由私营/商业机构和自行任命的审计员负责。根据 2006 年的国际调查，高等教育领域的受访者倾向于由独立研究组织、认证机构、非政府组织或国际组织来承担这一职责。一些受访者建议，高等教育机构应该自己完成这项工作（Hazelkorn，2007）。开放存取、机构知识库、交互式同行评议和网络搜索引擎的蓬勃发展为挑战排名提供了最佳途径，同时使高等教育信息和研究成果大众化，并使利益相关者、公共政策、院校和学术受益。

高等教育必须以建设性的方式回应关于质量和绩效的辩论，并找出更明智的方式来评估和展示影响和效益。教学和研究的可比信息使学生和教师更容易就学习或工作的地点和内容做出明智的选择。改进数据收集为自主的战略领导和循证决策提供了依据，并为质量保证和关于什么是成功的讨论奠定了基础。对标管理使高等教育机构能够找到同类院校和项目，分享最佳实践。最终，对依赖公共资金和学费的高等教育系统来说，只有通过质量分析、提高绩效和性价比来维持政治和社会对高等教育的支持，从而为（公众）投资者提供信心（Sponsler，2009；Callan et al.，2007；Brink，2009；Carey，2006b）。

在国家层面，风险甚至更高。如果根据别国出于商业或其他目的制定的指标来调整系统，将威胁到国家主权和社会基础。排名使公平与卓越相互对立，支持精英模式，而不是世界一流系统。由于社会价值体系和政策选择之间存在着直接的相关性，因此，重要的是政府如何优先考虑熟练劳动力、公平、区域增长、更优秀的公民、未来的顶尖人才和全球竞争力等目标，并将其转化为政策。这意味着要确保系统具有以下特征：开放和有竞争力的教育，为广大学生提供最广泛的教育机会；高绩效和积极参与的多样化院校组合，提供广泛的教育、研究和学生体验；发展公民终身为社会做贡献所需的知识和技能，并吸引国际人才；毕业生能够在劳动力市场取得成功，促进和维持个人、社会和经济发展，支撑公民社会的实现；在全球市场成功运作，具有国际视野和应变能力。各国政府不应对院校进行排名，而应采用定性和定量相结合的成熟方法，其涵盖了教学/学习、研究/发现、创新/参与等各个方面,将重点放在基准系统上——世界一流系统,而不是世界一流大学(Salmi,2013)。这为理解和发展为全体公民和子孙后代提供最大机会和社会效益的高等教育系统提供了最佳战略。

附录：
研究方法

本研究采用扎根理论方法,利用访谈材料来说明排名现象,并通过广泛的访谈和焦点小组、国际文献和其他国际数据对问卷调查结果进行分析。扎根理论方法对于了解高等教育的观念与其他现实情况的映射程度非常重要。本研究的开展符合研究伦理的最佳实践,并得到了都柏林理工学院研究伦理委员会(DIT Research Ethics Committee)的批准,也获得了所有参与者的知情同意,并保护所有参与者的匿名性。数据已被安全存储。研究过程分为四个阶段:

第一阶段(2006 年):国际问卷调查;

第二阶段(2008 年):德国、澳大利亚和日本的院校及利益相关者访谈;

第三阶段(2009 年):补充问卷调查;

第四阶段(2014 年):新一轮问卷调查。

1. 国际问卷调查(2006 年)

第一阶段与经合组织高等教育机构管理委员会和国际大学协会合作进行。在"调查猴子"(Survey Monkey)软件的支持下,编制在线调查表,并在 2006 年 6 月至 9 月间向 639 位调查对象发放。调查对象从各组织的成员名单中抽取。本轮调查共收到来自 41 个国家 202 所院校的答复,回复率达到 31.6％。67％的答复来自欧洲;32％的答复来自德国,原因是调查院校热情地邀请了其他院校也参与到研究中来,继而产生了一些无法估量的滚雪球效应(snowballing effect)。在其余的答复中,10%来自亚洲,7%来自澳大利亚,南美/中美和中东各5%,4%来自北美,2%来自非洲。研究结果由 SPSS 软件分析得出。

各项问题答复者数量上存在一定差异,其原因是,某些问题对一些受访者不适用,例如,所在国家是否有国家排行榜或排名系统。所有结果都是根据适用该问题的答复者和适用人群中的答复者来计算的。在结果分析中,排除了缺失的数据,均以百分比呈现。

德国的调查分析表明,其回复数量并没有对结果产生不当影响。采用皮尔逊卡方检验(Pearson chi-square test)和费舍尔精确检验(Fisher's exact test)来检验德国人和非德国人的问卷答复差异显示,除了关于院校类型和排名对资助机构影响的问题外,两组之间没有统计学上的显著差异。问卷征求了高等教育领导者们对排名在影响其院校和本国高等教育的若干问题的作用与影响的看法,问题涉及四个部分:

- 各国排名概况
- 排名对院校决策的重要性
- 排名对主要利益相关者的影响
- 排名对高等教育的影响

由于院校的校龄、规模和使命(以及对排名的态度和反应)之间可能存在关联,因此本问卷调查了院校的概况信息。按照校龄,院校被分为三组:36%的院校成立于 1970 年以后,24%的院校成立于1945 年至 1969 年之间(简称二战后),40%的院校成立于 1945 年以前。83%的受访院校由政府资助,其余则完全或主要由私人资助。受访院校中,教学密集型(30.4%)和研究密集型(29.2%)各占一半;19.3%的院校自称研究型大学,其余自称纯研究型、专业型或其他类型院校。

2. 院校和利益相关者访谈（2008 年）

第二阶段在美国卢米纳基金会的资助下，与都柏林理工学院高等教育政策研究所合作进行。其目标是通过考察澳大利亚、德国和日本院校的做法，进一步了解排名如何影响高等教育的日常。2008 年，对高等教育领导者、高级管理人员、学生、教师、企业界、工会和政策制定者进行了访谈。这项工作也得到了经合组织高等教育机构管理委员会和国际大学协会的支持。2008 年 5 月，高等教育政策研究所发表了他们的研究报告《大学排名对院校决策的影响：四个国家案例研究》。该报告可通过以下网址获取：http://www. ihep. org/publications/publications-detail. cfm? id = 126。

之所以选择德国、澳大利亚和日本进行案例研究，是因为三者具有若干共同特点和经验：①拥有国家排名系统。德国的 CHE 大学排名，澳大利亚墨尔本学院的澳大利亚大学全球排名和好大学指南，日本的《朝日新闻》、瑞可利公司等排名（Yonezawa et al. ，2002）；②面临对国家历史和假定全球地位的竞争性挑战；③政府政策力求改革/重组高等教育，以应对不断升级的竞争，例如国家竞赛、卓越计划和国际化；④国际化已被确定为首要目标。三个国家选出四所院校，以代表不同的院校使命和地理分布。总共访问了 29 个组织（包括院校和利益相关者），进行了 75 次访谈（包括焦点小组）。此外，来自南非和丹麦的两所大学提供了一份研究报告，该报告严格遵循了访谈格式。访谈进行了记录并完整转录，以便进行编码和分析。数据使用行业标准的定性数据分析软件包 NVivo 7 进行分析。

3. 补充问卷调查（2009 年）

第三阶段向第一阶段和第二阶段的参与者进行简短的问卷调查。其目的是确定任何新问题或正在出现的问题，或在此期间发生的重大变化。问卷发给第一阶段和第二阶段的参与人员。这并不是一项科学工作，而只是为了提供最新情况。总计发出约 770 份电子调查问卷，回收 49 份。回收率较低（6.3%）的原因很可能是，这些问题只是寻求补充新信息。

4. 新一轮问卷调查（2014 年）

第四阶段是将第一阶段在线问卷的简版分发给从经合组织高等教育机构管理委员会和国际大学协会成员名单中抽取的非概率样本。调查问卷的目的是确定排名对高等教育机构战略的影响是否高于或低于 2006 年。511 名高等教育机构领导者被邀请参加，共回收 109 份，有效问卷 63 份，有效回收率 12.3%。与 2006 年的问卷相比，回收率较低，这可能是由多种因素造成，包括 2006 年和 2009 年的电子邮件名单中的许多人已经离开所在院校或职位，且许多电子邮件地址已经失效。

2014 年问卷中包含的项目和评价方法沿用了 2006 年的问卷，并绘制各年的回答前后对照。从在线问卷软件中获取各变量的频率分布，并通过 Excel 与 2006 年的答复进行图形对比。第三章的每张图都标明了每个问题的回复率。研究结果仅用于报告总结，并不代表高等教育机构的整体情况。

主要参考文献

Adams, J. and D. Smith (2004) *Research and Regions: An Overview of the Distribution of Research in UK Regions, Regional Research Capacity and Links Between Strategic Research Partners*, Oxford: Higher Education Policy Institute, Accessed 1 July 2010, from http://www. hepi. ac. uk/ 466 - 1094/Research-and-regions-An-overview-of-the distribution-of-research-in-UK-regions,-regional-research-capacity-and-link sbetween-strategic-research-partners. html

Bowman, N. A. and M. N. Bastedo (2009) "Getting on the Front Page: Organisational Reputation, Status Signals and the Impact of *U. S. News and World Report* on Student Decisions", *Research in Higher Education*, 50(5): 415 - 436.

Brewer, D. J. , C. A. Gates and S. M. Goldman (2001) *In Pursuit of Prestige: Strategy and Competition in U. S. Higher Education*, New Brunswick, N. J. : Transaction Publishers.

Castells, M. (1996) *Rise of the Network Society, the Information Age: Economy, Society and Culture*, Malden, Massachusetts: Blackwell Publishers.

Chapman, D. W. , C. -L. Chien, P. Haddawy, G. Halevi, S. Hassan, I. B. Lee, H. F. Moed, P. Montjourides, M. Schaaper, S. Sigdel and N. V. Vafghese (2014) *Higher Education in Asia: Expanding Out, Expanding Up. The Rise of Graduate Education and University Research*, Montreal: UNESCO Institute of Statistics.

Clarke, M. (2007) "The Impact of Higher Education Rankings on Student Access, Choice, and Opportunity", *College and University Ranking Systems-Global Perspectives American Challenges*, Washington D. C. :

Institute of Higher Education Policy, 35 – 49.

DeYoung, A. J. and T. K. Baas (2012) "Making the Case for a Strong Public Research University: The University of Kentucky Top-20 Business Plan", in W. Bienkowski, J. C. Brada and G. Stanley (eds) *The University in the Age of Globalization. Rankings, Resources and Reform*, Basingstoke: Palgrave Macmillan, 82 – 112.

Dill, D. D. and M. Soo (2005) "Academic Quality, League Tables and Public Policy: A Cross-National Analysis of University Ranking Systems", *Higher Education*, 49(4): 495 – 537.

Ehrenberg, R. G. (2004) "Econometric Studies of Higher Education", *Journal of Econometrics*, 121: 19 – 37.

Espeland, W. N. and M. Sauder (2007) "Rankings and Reactivity: How Public Measures Recreate Social Worlds", *American Journal of Sociology*, 113(1): 1 – 40.

Farrell, E. and M. van der Werf (2007) "Playing the Rankings Game", *Chronicle of Higher Education*, 25 May, Accessed 1 June 2010, from http://chronicle. com/article/Playing-the-Rankings-Game/4451

Georghiou, L. (2009b) "Strategy to Join the Elite: Merger and the 2015 Agenda at the University of Manchester", in M. McKelvey and M. Holmén (eds) *Learning to Compete in European Universities. From Social Institution to Knowledge Business*, Cheltenham: Edward Elgar, 48 – 64.

Gibbons, M. , C. Limoges, H. Nowotny, S. Schwartzman, P. Scott and M. Trow (1994) *The New Production of Knowledge. The Dynamics of Science and Research in Contemporary Societies*, London: Sage.

Hazelkorn, E. (2013b) "Striving for 'World Class Excellence': Rankings and Emerging Societies", in D. Araya and P. Marber (eds) *Higher Education in the Global Age: Universities, Interconnections and Emerging Societies, Routledge Studies in Emerging Societies*, London: Routledge, 246 – 270.

Hazelkorn, E. , T. Loukkola and T. Zhang (2014) *Rankings in Institutional Strategies and Processes: Impact or Illusion?* Brussels: European University Association.

Howard, J. (2008) "New Ratings of Humanities Journals Do More than Rank-They Rankle", *The Chronicle of Higher Education*, 10 October.

Kuh, G. D. and E. T. Pascarella (2004) "What does Institution Selectivity

Tell Us about Educational Quality?", *Change*: *The Magazine of Higher Learning*, 36(5): 52 – 58.

Levin, D. J. (2002) "Uses and Abuses of the U. S. News Rankings", *Priorities*, Fall, Washington, D. C. : Association of Governing Boards of Universities and Colleges.

Luo, Y. (2013) "Building World-Class Universities in China", in J. C. Shin and B. M. Kehm (eds) (2013) *Institutionalization of World-Class University in Global Competition*, Dordrecht: Springer, 165 – 183.

McDonough, P. M. , A. L. Antonio, M. Walpole and L. X. Perez (1998) "College Rankings: Democratized College Knowledge for Whom?", *Research in Higher Education*, 39(5): 513 – 537.

McManus-Howard, M. (2002) *Student Use Of Rankings in National Magazines in the College Decision-Making Process*, EdD Thesis, University of Tennessee, Knoxville.

Meredith, M. (2004) "Why Do Universities Compete in the Ratings Game? An Empirical Analysis of the Effects of the *U. S. News & World Report* College Rankings", *Research in Higher Education*, 45(5): 443 – 461.

Monks, J. and R. G. Ehrenberg (1999) "The Impact of *U. S. News and World Report* College Rankings on Admissions Outcomes and Pricing Policies at Selective Private Institutions", *Working Paper Series*, Cambridge, MA: National Bureau of Economic Research.

Moodie, G. (2009) Correspondence, 7 June.

Myers, L. and J. Robe (2009) *College Rankings. History*, *Criticism and Reform. Center for College Affordability and Productivity*, Washington D. C. : Center for College Affordability and Productivity.

OECD (2013) *Education at a Glance*, *OECD Indicators*, Paris, Accessed 11 March 2014, from http://www. oecd. org/edu/eag2013% 20 (eng)— FINAL%2020%20June%202013. pdf

Roberts, D. and L. Thompson (2007) *University League Tables and the Impact on Student Recruitment*; *Reputation Management for Universities*, *Working Paper Series* 2, Leeds, Cambridge and Brisbane: The Knowledge Partnership.

Salmi, J. (2009) *The Challenge of Establishing World-Class Universities*, Washington, D. C. : The World Bank.

Sauder, M. and W. N. Espeland (2009) "The Discipline of Rankings: Tight Coupling and Organizational Change", *American Sociological Review*, 74

(1): 63 - 82.

Sauder, M. and R. Lancaster (2006) "Do Rankings Matter? The Effects of *U. S. News and World Report* Rankings on the Admissions Process of Law Schools", *Law and Society Review*, 40(1): 105 - 134.

Slaughter, S. and L. Leslie (1997) *Academic Capitalism. Politics, Policies and the Entrepreneurial University*, Baltimore: Johns Hopkins University Press.

Usher, A. and J. Medow (2009) "A Global Survey of University Rankings and League Tables", in B. M. Kehm and B. Stensaker (eds) *University Rankings, Diversity, and the New Landscape of Higher Education*, Rotterdam: Sense Publishers, 3 - 18.

Webster, D. S. A. (1986) *Academic Quality Rankings of American Colleges and Universities*, Springfield: Charles C. Thomas.

Webster, T. J. (2001) "A Principal Component Analysis of the *U. S. News & World Report* Tier Rankings of Colleges and Universities", *Economics of Education Review*, 20: 235 - 244.

Yonezawa, A. , H. Akiba and D. Hirouchi (2009) "Japanese University Leaders'Perceptions of Internationalization: The Role of Government in Review and Support", *Journal of Studies in International Education*, 13 (2): 125 - 142.

缩略语

ARWU	Academic Ranking of World Universities	世界大学学术排名
AAU	American Association of Universities	美国大学协会
BK21	Brain 21 Korea	21世纪智慧韩国工程
CHE	Centre for Higher Education	高等教育发展中心（德国）
CWCU	Center for World-Class Universities	世界一流大学研究中心（中国）
CWTS	Centre for Science and Technology Studies	科技研究中心（荷兰）
DIT	Dublin Institute of Technology	都柏林理工学院
HEEACT	Higher Education Evaluation and Accreditation Council of Taiwan	中国台湾财团法人高等教育评鉴中心基金会
H指数	Hirsch Index	赫希指数
i-graduate	International Graduate Insight Group	国际毕业生研究团体数据库
IHEP	Institute of Higher Education Policy	高等教育政策研究所
NSSE	National Survey of Student Engagement	全美大学生参与度调查
PIRS	Postsecondary Institution Rating System	高等教育机构评级系统
PISA	Programme for International Student Assessment	国际学生评估项目
RISP	Institutional Strategies and Processes Survey	院校战略与发展进程的排名影响调查
SAT	Scholastic Achievement Test	学术能力水平考试
THE-QS	Times Higher Education-QS World University Rankings	泰晤士高等教育-QS世界大学排名
THE	Times Higher Education World University Rankings	泰晤士高等教育世界大学排名

(续　表)

ARWU	Academic Ranking of World Universities	世界大学学术排名
USNWR	US News & World Report Best Colleges Ranking	美国新闻与世界报道排名
WCU	World-Class University	世界一流大学
WRWU	Webometrics Rankings of World Univ-ersities	世界大学网络计量学排名